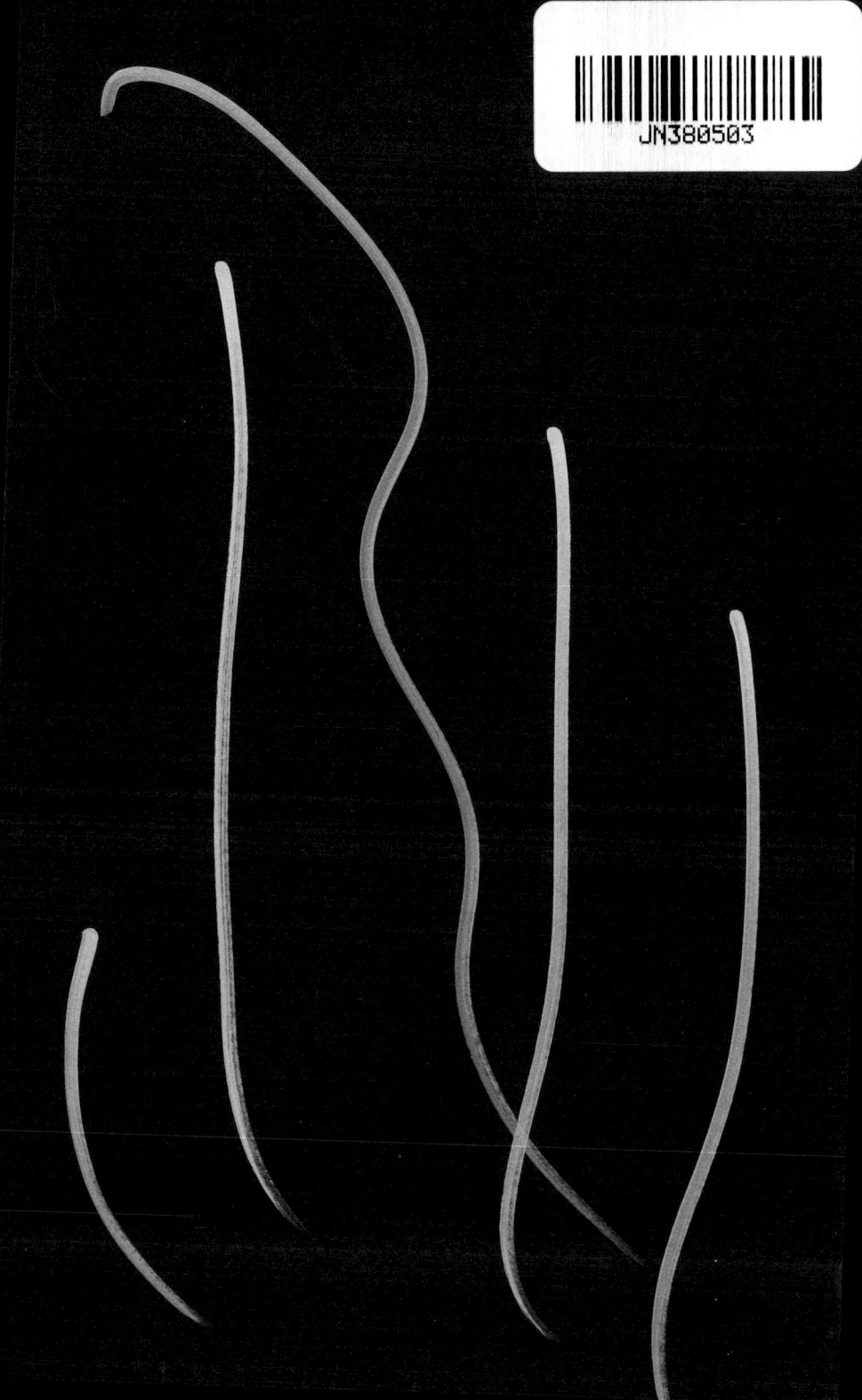

국민이
지키는 나라

국민이
지키는 나라

싸우고 증명하며 기록한
112일간의 탄핵심판 이야기

대통령(윤석열) 탄핵소추위원 법률 대리인단
국회 소추위원 국회 법제사법위원회 위원장

지음

푸른숲

12·3 비상계엄과 대통령 탄핵심판 타임라인

2024년

12월 3일 밤 10시 28분
윤석열 대통령, 비상계엄 선포

12월 4일 새벽 1시
국회, '비상계엄 해제 요구 결의안' 만장일치로 가결(재석 190명)

12월 4일 새벽 4시 30분
윤석열 대통령, 비상계엄 해제 선언

국무회의, 계엄해제안 의결

12월 7일
국회, 첫 번째 '윤석열 대통령 탄핵소추안' 의결정족수 부족(195/200명)으로 투표 불성립

12월 14일
국회, 두 번째 '윤석열 대통령 탄핵소추안' 가결(찬성 204표, 반대 85표, 무효 8표, 기권 3표)

국회, 윤석열 대통령 탄핵소추 의결서 정본 제출

헌법재판소(이하 헌재), 탄핵심판 절차 시작(사건번호 2024헌나8)

12월 16일
헌재, 첫 재판관 회의, 이미선·정형식 수명재판관 지정, 주심재판관 비공개

12월 19일

국회, 탄핵소추 대리인단 발표

12월 23일

헌재, 윤석열 탄핵심판 서류 20일에 받은 것으로 송달 간주하겠다 밝힘

12월 26일

국회, 헌법재판관 후보자 3인 임명동의안 통과

한덕수 대통령 권한대행 겸 국무총리, 헌법재판관 임명 거부

12월 27일

국회, '한덕수 국무총리 탄핵소추안' 만장일치로 가결(재석 192명)

헌재, 윤석열 탄핵심판 1차 변론준비기일

12월 31일

최상목 대통령 권한대행 부총리 겸 기획재정부 장관, 헌법재판관 후보자 3인 중 2인 임명

국회, '12·3 내란 사태의 진상규명을 위한 국정조사특별위원회'(내란 국조특위) 출범

서울서부지법, 윤석열 체포·수색영장 발부

2025년

1월 2일

헌재, 조한창·정계선 헌법재판관 취임

1월 3일

헌재, 2차 변론준비기일

국회 측 대리인단, 탄핵소추 사유에서 내란죄 철회

고위공직자범죄수사처(이하 공수처), 윤석열 체포영장 집행 시도 실패

우원식 국회의장, 최상목 대통령 권한대행의 마은혁 헌법재판관 후보자 미임명에 대해 헌재에 권한쟁의심판 청구

1월 4일

키세스 시위대, '윤석열 체포 촉구' 시위(1월 6일까지 진행)

1월 14일

헌재, 윤석열 탄핵심판 1차 변론기일 개최, 윤석열 불출석으로 4분 만에 종료

1월 15일

공수처, 윤석열 2차 체포영장 집행

1월 16일

헌재, 2차 변론기일

1월 18일

윤석열, 영장실질심사 출석

1월 19일

서울서부지법, 윤석열 구속영장 발부

서울서부지법 폭동

1월 21일

헌재, 3차 변론기일, 윤석열 첫 출석

1월 22일

국회 내란 국조특위, 1차 청문회

헌재, 최상목 대통령 권한대행 권한쟁의심판 첫 변론

1월 23일

헌재, 4차 변론기일

1월 26일

검찰 특별수사본부, 윤석열 내란 우두머리 혐의로 구속기소

2월 3일

헌재, 최상목 대통령 권한대행 권한쟁의심판 선고기일 연기

2월 4일

헌재, 5차 변론기일

국회 내란 국조특위, 2차 청문회

2월 6일

헌재, 6차 변론기일, 곽종근 전 육군 특수전사령관 증인 출석

국회 내란 국조특위, 3차 청문회

2월 10일

헌재, 최상목 대통령 권한대행 권한쟁의심판 변론 재개

2월 11일
헌재, 7차 변론기일

2월 12일
국회, 내란 국조특위 활동 기간 15일 연장안 가결

2월 13일
헌재, 8차 변론기일, 조성현 육군 수도방위사령부 1경비단장 증인 출석

2월 18일
헌재, 9차 변론기일

2월 20일
헌재, 10차 변론기일

2월 21일
국회 내란 국조특위, 4차 청문회

2월 25일
헌재, 11차 변론기일, 양측 최종변론

국회 내란 국조특위, 5차 청문회(마지막)

2월 27일
헌재, 최상목 대통령 권한대행 권한쟁의심판 권한침해 부분 인용

최상목 대통령 권한대행, 마은혁 헌법재판관 후보자 임명 보류

2월 28일
국회 내란 국조특위, 윤석열 등 증인 10명 고발

3월 7일
서울중앙지방법원 형사25부, 윤석열 구속취소 결정

3월 8일
대검찰청, 윤석열 구속취소 즉시항고 포기, 석방 지휘

3월 24일
헌재, 한덕수 국무총리 탄핵심판 기각, 권한대행 직무 복귀

4월 1일
헌재, 윤석열 대통령 탄핵심판 선고기일 4월 4일로 지정

4월 4일
헌재, 윤석열 대통령 파면

12·3 비상계엄 선포 후 국회 진입을 준비하는 군인들 ©연합뉴스

2024년 12월 14일, 찬성 204표로 윤석열 대통령 탄핵소추안 가결 ©연합뉴스

윤석열 대통령 탄핵소추안 가결에 기뻐하는 시민들 ©연합뉴스

헌법재판소 민원실에 탄핵소추의결서를 제출하는 정청래 법제사법위원장 ©연합뉴스

2024년 12월 20일, 여의도 국회 의원회관에서 열린
국회 탄핵소추단·탄핵소추 대리인단 간담회 ⓒ연합뉴스

윤석열 대통령 탄핵심판 2차 변론기일, 심판정에 입장하는
국회 탄핵소추 대리인단 김이수 변호사 ©연합뉴스

한남대로에서 은박 담요를 덮고 윤석열 대통령 체포 촉구 시위를 하는
'키세스 시위대' ©이로운넷

윤석열 대통령 탄핵을 촉구하며 집회에 참석한 시민들이 응원봉을 든 모습 ⓒ연합뉴스

2025년 4월 4일, 윤석열 대통령 탄핵을 인용한
헌법재판소 선고 결과에 기뻐하는 시민들 ©연합뉴스

2월 25일 최종변론 직후 함께 자리한
정청래 법사위원장과 국회 탄핵소추 대리인단 ©정청래 의원실

송두환 변호사가 언제나 옷 주머니에 소중하게 넣고 다니는 대한민국 헌법 소책자
ⓒ푸른숲

차례

우리에게는 용기가 필요하다
김진한 변호사 28

| 최종변론문 | 헌법재판소, 그리고 2025년 우리에게 필요한 용기

법률가라면 피해서는 안 되는 일이 있다
이광범 변호사 50

| 최종변론문 | 피청구인에 대한 신속한 파면만이 답입니다

헌법의 언어를 제자리로 돌려놓는 시간
장순욱 변호사 76

| 최종변론문 | 피청구인이 오염시킨 '헌법의 말'을
원래의 의미로 돌려놓아야 합니다

대한국민, 이 땅의 주인된 자의 이름
이금규 변호사 94

| 최종변론문 | 피청구인의 거짓말과 심판정 태도에 대하여

당연히 지켜내야 할 것에 관하여
성관정 변호사 116

| 최종변론문 | 대한민국 공동체가 입은 상처

국민을 지켜주는 헌법
김현권 변호사 130

| 최종변론문 | 대통령으로서의 자격

군인의 용기를 보호하고 존중하는 나라
김선휴 변호사 144

| 최종변론문 | 군대를 내란의 도구로 삼은 군통수권자를 파면해야 합니다

대한민국 임시정부의 법통이 민주주의의 법통이다
김정민 변호사 164

| 최종변론문 | 우리 곁을 떠난 젊은 해병을 기억합니다

헌법에서 출발하는 새로운 시대의 희망
서상범 변호사 178

| 최종변론문 | 통합은 신실의 기반 위에서만 시작될 수 있습니다

국민주권이 기득권의 망동을 이겨낸 역사로 기록될 것이다
김남준 변호사 188

| 최종변론문 | 역사의 교훈을 잊지 않고 대한민국 민주주의를 수호해야 합니다

스스로 누웠던 풀이 일으켜 세운 법치주의
전형호 변호사 202

| 최종변론문 | 법치주의를 다시 세우는 결정

대한민국은 ○○○○○이다
황영민 변호사 222

| 최종변론문 | 우리 아이들에게 12·3 비상계엄을 어떤 역사로 알려줄 것인가

헌법의 정언명령을 지킨다는 것
박혁 변호사 246

| 최종변론문 | 우리 헌법은 천명하고 있습니다

부정선거 주장은 선거패배를 부정하고 싶다는 말이다
이원재 변호사 254

| 최종변론문 | 부정선거 음모론 반박

내란 잔불 정리는 주권의 완성
권영빈 변호사 268

| 최종변론문 | 모든 것은 사필귀정입니다!

헌법은 우리들의 지향점
송두환 변호사 282

| 최종변론문 | 탄핵은 헌법과 역사의 명령

헌법의 마음
김이수 변호사 302

| 최종변론문 | 신뢰와 헌법

관용과 통합은 단죄에서 시작된다
정청래 국회의원 324

| 탄핵소추요지 | 헌법의 적을 헌법으로 물리치자

감사의 말 347

우리에게는
용기가 필요하다

김진한 변호사

"위법한 명령에 대해서 재검토를 요청하고 시민들을 보호하기 위해서 고민하는 그런 군인이 있었기에 우리들이 이렇게 안전하게, 심판정에서 과연 헌법을 어떻게 지켜야 하는가를 고민하는 시간을 갖게 된 것 같습니다. 진심으로 감사드립니다."

2025년 2월 13일, 윤석열 대통령 탄핵심판 8차 변론기일,
증인으로 나온 조성현 대령에게 질문 대신 전한 감사 인사

1997년 사법고시에 합격했고 헌법재판소에서 12년간 헌법연구관으로 재직했다. 미국과 독일을 오가며 20년간 헌법 연구에 매진해온 헌법 전문가로 《헌법을 쓰는 시간》, 《법의 주인을 찾습니다》 등의 책을 썼다.

　국회 탄핵소추단으로부터 윤석열 대통령 탄핵소추위원 법률 대리인단으로 합류해줄 것을 가장 먼저 요청받은 법률 대리인이다. 이번 탄핵심판 사건의 실무총괄을 맡았으며, 변론준비 업무에서는 쟁점별 위헌성을 밝힌 본안준비팀을 이끌었다.

국회 측으로부터 변호인으로 합류해줄 것을 제안받은 그날, 곧바로 정청래 법제사법위원장을 만났다. 정청래 위원장과 직접 만난 것은 이번이 처음이었다. 대리인으로 참여하게 되리라고는 어느 정도 예상하고 있었던 터라 직전 주말부터 급한 사건들을 미리 처리해 두었다. 시간이 부족해서 이 사건을 맡지 못하면 안 된다는 마음이었다. 그런데 정 위원장은 단지 한 사람의 대리인으로 참여하는 것이 아닌, 실무총괄을 맡아달라고 말했다. 총괄의 책임은 그 무게가 다른데 내가 과연 할 수 있을지 고민이 컸다.

고민하게 된 데에는 내 능력에 대한 문제도 있었다. 이 사건은 늘 해오던 헌법적 논리나 주장만이 아니라 소송 절차, 증인심문 그리고 증거조사까지 모든 것들을 완벽하게 준비해야 했기 때문이다. 나는 헌법에 관한 주장이나 연구에는 자신 있었지만, 그 외에 변론의 실무적인 부분에 있어서는 전문성이 약했다. 헌법연구관, 교수로서 오랫동안 경력을 이어왔지만, 변호사 경력은 2년 정도밖에 되지 않았기 때문이다. 더불어 고민하게 된 이유를 고백하자면, 내가 법조계 전체로 놓고 본다면 아웃사이더라는 점 때문이다.

법조계의 중심 세계는 주로 서울대 출신 법관이나 검사 출신, 특히 고위직을 거친 엘리트 법조인 출신들로 구성되어 있다. 그런데 나는 서울대도, 판사, 검사 출신도 아니다. 법조계 주류 집단에서 한마디로 나는 '듣보잡'인 존재다. 혹여나 나로 인해서 탄핵소추 대리인단이 신뢰를 받지 못하거나, 힘이 있어 보이지 않는다면 과연 내가 총괄을 맡는 게 맞는 것일까 하는 걱정을 많이 했다.

걱정이 되었지만, 결론은 해야겠다고 생각했다. 이 사건이 헌법 수호와 민수공화국의 정체성을 다시 확인하는 사건이 되어야 했기 때문이다. 다시 말해, 이 사건을 이기려면 중요한 헌법적 관점들을 놓치지 않고 잘 찾아서 헌법재판관들을 설득해야 했다. 우리나라의 법조계 엘리트 집단의 경우, 본인들은 잘 안다고 생각하지만 실질적으로는 헌법적 관점이 취약한 편이다. 무엇이 헌법적으로 문제되는 것인지 중요한 헌법적인 논점들에 대한 관념이 부족하고, 새로운 헌법적 상상을 잘 하지 못하는 경우가 많다. 스스로 비주류라고 생각하는 내가 대리인단 총괄이 아닌 일원으로 참여하게 된다면, 혹시라도 중요한 헌법적 관점과 논점들이 무시되거나 경시될 가능성도 배제할 수 없었다. 그렇게 '이왕 내게 기회가 온 이상 이것도 이 사건의 운명'이라 생각하며, 고민 끝에 총괄을 맡아야겠다고 결심했다.

일치된 마음, 원팀을 구성하다

총괄을 맡아달라는 제안을 수락했는데, 나아가 변호인단을 구성하는 일까지 맡아 달라는 요청을 받았다. 이건 또 다른 문제였다. 성격이 내성적이다 보니 네트워크가 좁은 편이어서 이렇게 중요한 국가적인 사건을 해결할 팀을 구성할 수 있을지 걱정이 많이 되었다. 좀 자조적으로 말하자면, 이런 중요한 사건을 함께할 멋진 팀을 단숨에 만들 수 있는 사람이 되었어야 했는데 인생을 헛산 거 아닌가 하는 생각이 들었다. 그래도 이왕 디딘 걸음이니 가보자는 마음으로 함께할 사람을 찾기 시작했다.

우선은 사건기록 조사와 증인신문을 맡아줄 사람이 가장 필요했다. 그때 장순욱 변호사가 떠올랐다. 헌법재판소 연구관 시절 파견 법관으로 함께 근무했던 인연이 있다. 실력은 물론이고, 인간적으로 마음속 깊이 존경하는 분이다. 이분과 함께하면 자신 있겠다고 생각했다. 그다음으로 법학전문대학원 교수시절의 제자였던 전형호 변호사, 황영민 변호사 그리고 헌법재판소에서 나의 지도를 받았던 김선휴 변호사를 선정했다. 그리고 나와 같은 법인에 근무하는 선배 변호사 분들을 초대했다. 이 사건에 대해 열어놓고 항상 함께 대화하며 토론할 수 있는 팀이 필요했기 때문이다. 박혁, 이원재, 권영빈 변호사가 그분들이다. 재판 기간 내내 같은 회사에 속해있던 이들 그리고 국가인권위원장을 막 퇴임하셔서 소속이 없으셨던 송두환 대표님과 함께 밥을 먹으면서 사건 토론을 했다. 이광범 대표님, 장순욱 변호사를 통해 법무법인 엘케이비앤파트너스의 젊은 변호사 분들이 팀에 들어왔다. 증거조사팀의 큰 일꾼이 되어준 김현권, 성관정 변호사가 그분들이다. 대리인단 한 사람, 한 사람이 뛰어난 실력을 가지고 있지만, 그보다 더 돋보이는 것은 나라와 공동체에 관한 깊이 있는 생각을 하는 사람들이 한데 모였다는 점이다. 이분들이야말로 나는 진정한 변호사라고 생각한다.

'이 사건은 우리나라를 위하여, 민주주의를 위하여 반드시 인용되어야 한다.'

이번 국회 측 대리인단은 이렇게 한마음으로 뭉쳤다. 누가, 누구에게 일을 시키거나 독촉할 필요가 없었다. 대리인 모두가 스스로 나서서 일을 맡았고, 그야말로 모두 다 같이 헌신하며 최선을 다해 이 사건에 임했다. 우리 대리인단과 함께 일한 것은 앞으로 평생의 영광이고 두고두고 이야기할 자랑거리다.

'부도덕한 변론'을 마주하며

변호사는 잘못을 저지른 사람이라도 그 사람 편이 돼서 대신 싸워주는 역할을 한다. 하지만 변호사의 변론이라고 해도 넘으면 안 되는 선이 분명 있다. 피청구인 쪽 변호사들이 피청구인 윤석열을 방어하고 보호하는 입장에서 변호했다면 충분히 동의할 수 있다. 내가 그쪽의 변호를 맡아도 그렇게 했을 것이다. 하지만 피청구인 측 변호인단은 피청구인에게 도움이 되지도 않는 변론을 하면서 그 변론으로 헌법 질서를 무너뜨리고, 국민들이 서로

혐오하고 증오하게 만들었다. 그런 변론은 부도덕한 변론이고, 나라를 망가뜨리는 변론임이 자명하다. 변호사는 그런 부도덕한 변론을 하면 안 된다. 더군다나 피청구인은 헌법을 준수하겠다고 선서를 했으며, 국민들의 신뢰를 받아 대통령으로 선출된 사람으로서 헌법의 보호에 앞장서야 하는 사람, 국민과 나라를 제일 위해야 하는 사람이다. 변호사가 그런 사람을 변호한다면 그 사람이 갖고 있는 위치와 그 사람이 지켜야 할 처신이라는 관점을 잃어서는 안 된다고 생각한다.

피청구인 측 변호사들은 선거 부정을 계속 주장했다. 설령 정말 부정선거가 있었다고 해도 피청구인의 비상계엄 선포를 정당화할 수 없으니 피청구인한테는 전혀 도움이 안 되는 변론이다. 게다가 이런 변론은 우리 민주주의 체제의 기초인 '선거의 정당성'을 파괴하는 변론이다. 근거도 없이 부정선거 주장을 계속하는 것은 우리 민주주의에 오물을 뿌려대는 변론이며, 우리나라를 망가뜨리는 부도덕한 변론이다.

'계몽령'과 '경고성 계엄' 같은 주장을 하는 변론 역시 마찬가지다. 비상계엄을 아무것도 아닌, 언제든지 대통령이 원하면 할 수도 있는 행위라고 말하는 것과 같다. 이는 말장난으로 치부할 수 없는 극도로 위험한 주장이다. 민주주의와 헌법을 파괴하는 행위를 아무것도 아닌 해프닝으로 만들어버리는 말이다. 앞으로 우리가 그런 왜곡된, 반헌법적 주장을 하는 사람들은 공동체에서 추방시키는 문화와 제도를 만들어나가야 한다고 생각한다.

내란 행위에 대해
'헌법적인 평가'를 받아야 했다

　변론 순비에 돌입했을 때 탄핵심판에서 내란죄 부분은 제외하자고 제안했다. 헌법재판의 성격에 맞게 내란 행위들에 대하여 형법이 아닌 헌법적인 평가를 받겠다고 요청한 것이다. 종전 헌법재판소 판례에 따른 지극히 합당한 판단이었고, 신속한 재판을 하고자 하는 재판부 의도와도 부합했다. 그런데 내가 말한 '철회'와 '재판부 권유'라는 단어 때문에 프레임에 걸려버렸다. 사기 탄핵이라는 말까지 쏟아질 때는 내가 한 말들로 인해 이 재판의 정당성이 흔들릴까 봐 조마조마한 마음으로 기도를 했다.

　'이 사건 끝나고 나서 내 인생이 망하고 망가져도 좋으니까 이 사건은 꼭 이기게 해주세요. 제 개인적인 인생과는 비교할 수도 없는 정말 중요한 사건입니다.'

　변론이 진행되면서 중심이 잡히기 시작했다. 많은 국민이 심판정에서 프레젠테이션으로 정리한 탄핵소추 사유 동영상을 시청했다. 대리인단의 탄핵 논리가 더없이 명확하고 당연했기에 대다수 국민이 위로받을 수 있었다. 여러 변호사가 증인신문을 멋지게 해냈고, 특히 장순욱 변호사가 맹활약했다. 대리인단 9명이 참여한 최종변론은 그야말로 압권이었다. 변론을 모두 아름

답게 잘 마무리했기 때문에 우리는 재판이 잘 진행됐고, 우리 대리인단이 승리했다고 자부하며 한두 주만 기다리면 좋은 결론이 날 거라고 생각했다. 그런데 기다리는 시간이 길어지면서 다시 마음고생을 해야 했다. 선고기일을 기다리면서 변론 초반에 했던 그 기도를 다시 간절히 드리고 또 드렸다.

민주주의자가 필요하다

어떤 사건은 단순히 법 적용과 해석의 문제가 아니라 헌법과 민주주의를 지키는 것이 문제인 사건이 있다. 이번 대통령 탄핵심판 사건과 지금도 진행되고 있는 내란죄에 대한 형사재판 사건 등이 그렇다. 비상계엄 이후 일련의 과정을 겪으면서 독일 바이마르 공화국의 초대 대통령 프리드리히 에베르트의 말이 여러 번 떠올랐다. "민주주의를 위해서는 민주주의자가 필요하다." 우리 모두가 마음에 새겨야 할 문장이라고 생각한다.

프리드리히 에베르트는 독일 최초의 민주공화국, 바이마르 공화국의 첫 대통령이다. 교육을 전혀 받지 못한 채 14살부터 노동자로 일했고, 나이가 들면서 본격적으로 노동운동을 시작해 정치에 뛰어들었다. 제1차 세계대전 패전과 함께 민주공화국 독일의 최초의 대통령이 된 그에게 종전 황제국가의 귀족들과 엘리트층의 공격은 노골적이었다. 천박하고 무식하다는 비난이 이어졌고, 그런 비난 속에서 민주주의를 지키기 위한 혼신의 노력을 하다가 죽음에 이른 인물이다. 그가 세상을 뜬 뒤 나치 전체주의 세력들이 권력을 잡았고, 결국 민주주의는 무너지고 말았다. 그의 인생 역정을 돌아보면 '민주주의를 위해서는 민주주의자가 필요하다'는 말이 더욱 가슴에 와닿는다.

　결국 민주주의는 그냥 지켜지는 것이 아니다. 민주주의자 없이 민주주의가 지켜질 수 없다. 이번 사태 속에서 우리는 법의 이름으로 민주주의를 파괴하는 세력들을 봤다. 민주주의를 망가뜨리고도 떳떳하게 살려는 사람들이 있었지만, 다행히 광장의 시민들이 민주주의자가 되어 민주주의를 지켜냈다. 그러나 그것이 민주주의의 전부일 수는 없다. '평상시에 민주주의를 지키는 방법은 뭘까?', '나는 지금 민주주의자로 행동하고 있나?' 우리는 나아가 늘 스스로 생각하고 질문해야 한다.

민주주의 시스템이 잘 작동하고 있는가

　최근 10년 동안 선출된 2명의 대통령이 탄핵됐다는 것은 민주주의 시스템이 제대로 작동하지 못하고 있다는 걸 여실히 보여준다. 어떻게 하면 민주주의가 제대로 작동해 기능할 수 있을지 우리 모두가 더 깊이 고민하고 방법을 모색해야 한다. 그 방법 가운데 하나가 민주주의 교육이다. 우리와 비슷하게 민주주의 시스템의 위기를 겪었던 독일 국민들의 사례를 참고해보자.

 제1차 세계대전을 일으키고 패전한 뒤, 민주주의 국가를 처음 경험한 독일 사람들은 처음에는 민주주의가 자국에 적합하지 않은 사상이라고 생각했다. 이어서 나치 정권의 무도함과 제2차 세계대전에서의 처참한 패전으로 나라가 분단되었고, 동독 지역에는 다시 전체주의 국가가 들어섰다. 제2차 세계대전의 패전 이후 서독 사람들은 자신들의 문화와 의식 수준이 과연 민주주의를 성공시키기에 적합한 것인지에 대한 회의감을 품었다. 하지만 분명한 깨달음도 있었다. 국민 스스로 민주주의를 받아들이지 않는다면 또 다시 국가 실패를 경험할 것이라는 사실이었다.

 1960년대 들어서 세계적인 냉전 분위기 속에서 다시 한 번 민주주의의 위기가 도래했다. 공산주의에 반대하는 보수 진영과 민주주의를 더 발전시키려는 진보 진영이 갈등했다. 정치교육이 필요하다는 사실은 양쪽 모두 공감하면서도 그 방향을 놓고 합의하지 못했다. 토론회를 열어 양쪽 진영이 정치교육의 방향에 관하여 가까스로 합의를 해냈고, 민주주의와 정치교육의 내용을 교육자가 정하면 안 된다는 합의를 비롯해 몇 가지를 대원칙으로 정했다. 그것이 '보이텔스바흐 협약'이다. 독일에서는 학교에서뿐 아니라 사회에서도 정치교육을 중요시하는데, 모든 직장인은 1년에 수십 시간 이상 정치교육을 받을 권리가 있다. 나는 이런 요소들이야말로 독일 사회의 민주주의를 튼튼하게 만든다고 생각한다.

 그런데 우리는 민주주의의 위기를 겪고 있음에도 불구하고,

어떻게 민주주의가 제대로 작동할 수 있게 만들지에 관한 합의가 거의 이루어지지 않은 실정이다. 지금의 우리 정치제도가 가진 문제에 관한 토론이 반드시 필요하다. 예를 들면 지역감정을 기반으로 결과가 나오는 지금의 선거제도는 반헌법적인 계엄을 일으킨 대통령의 탄핵을 계속 반대하는 정당의 후보자들이 당선될 기회를 준다. 나라의 근간을 흔들며 위태롭게 만드는 주장을 해도 당선될 수 있는 이 선거제도가 우리 민주주의를 지키는 길은 아니지 않을까. 진정 민주주의를 주장하고, 이번 비상계엄에 대해서 분노하고, 우리나라 민주주의를 다시 튼튼하게 만들어야겠다는 결심이 있고 헌신할 마음이 있다면 선거제도 개혁 문제를 먼저 논의할 필요가 있다고 생각한다.

헌법재판소는 국민의 신뢰를 기반으로 한다

헌법재판소는 일반 법원과 비교했을 때 사실상 그 규모나 힘이 미미한 기관이라고 할 수 있다. 일단 일반 법원은 인력이 많고 조직도 어마어마하게 크다. 그에 비해 헌법재판소는 조직이나 인력 면에서 규모가 작다. 쉽게 말해 지방의 작은 군청 정도의 규모다. 그리고 재판의 대상이 다르다. 일반 법원의 재판 대상은 통상적으로 강도 사건이나 채무 관계로 인한 분쟁 같은 사건들, 국가권력이 결정하면 충분히 집행할 수 있는 사건들이다. 사건의 총량이 많은 만큼 직접적으로 행사할 수 있는 힘의 총량이 크다.

　이에 비해서 헌법재판소가 재판을 통해서 다루는 대상들은 최고 권력들이다. 헌법재판소는 국회가 만든 법이 위헌인지 합헌인지, 어떤 국가 공권력이 어떤 사람의 자유를 침범한 것이 맞는지 아닌지 판단한다. 그러니까 재판정에 서야 하는 사람들이 정작 헌법재판소가 지닌 권위와 힘보다 훨씬 더 큰 힘을 가지고 있다는 말이다. 그러므로 국민의 신뢰와 지지가 없다면, 헌법재판소는 재판의 대상이 되는 권력의 손아귀에 놓여 힘을 발휘하지 못하게 된다.

　국민의 신뢰는 헌법재판소가 살아 숨 쉴 수 있게 하는 공기와도 같다. 국민의 신뢰가 없다면 헌법재판소는 존립 자체가 위태롭다. 예컨대 대법원에서 윤석열에 대해 무죄 판단을 하더라도 대법원을 개혁하자는 이야기는 나올 수 있어도, 없애자는 말은 나오기 힘들다. 반면에 이번에 헌법재판소에서 장시간 판결이 나오지 않으니 헌법재판소를 없애자는 이야기가 아주 쉽게 나왔다. 이런 사례만 보더라도 헌법재판소가 놓여있는 상황과 위치를 확인할 수 있다.

　헌법재판소의 판단이 여론의 목소리에 직접적으로 좌우되는 것은 아니다. 하지만 이번 사건 같은 민주주의 붕괴 사태라면 상황이 다르다. 민주공화국을 지키기 위한 시민들의 목소리는 당연히 헌법재판소에 전달된다. 광장의 목소리는 사실은 수면 위에 튀어나온 빙산의 아주 작은 일부분에 불과하다. 그 이면에는 훨씬 더 거대한 여론이 있다. 헌법재판소가 국민의 목소리를 경청하고, 주권자들의 지혜롭고 공정한 여론에 연결되어 있기에 헌법재판소의 질문과 판단이 국민의 공감을 받을 수 있는 것이다. 국민들의 신뢰를 받고 있다는 자신감은 헌법재판소가 그들의 목소리를 자신 있게 낼 수 있는 엄청난 힘으로 작용한다.

우리가 중요하게 기억하고 실천해야 할 것

우리가 기억해야 할 것이 있다. 첫 번째로 우리 국민이 민주공화국을 지켰다. 정말 위태로웠다. 우리 국민들이 수십 일간 추운 광장에서 밤새며 민주주의를 지키기 위해 헌신했다. 자랑스럽고 감사하다. 이는 후세에도 반드시 기억해야 한다.

다른 측면에서 기억해야 할 것이 또 하나 있다. 우리 민주주의가 지금 실패하고 있다. 만약 우리가 이번에도 교훈을 얻지 못하고 민주주의를 제대로 작동시키기 위한 노력을 하지 않는다면, 앞으로 10년 안에 세 번째 탄핵, 네 번째 탄핵이 또 나오지 않으리라는 법이 없고, 그럴 때마다 더 심각한 위기에 봉착할 것이다. 2016년 박근혜 대통령 탄핵심판 때는 민주주의가 위기에 처했다는 생각까지는 하지 않았다. 그러나 이번에는 분위기가 달랐다. 헌법에 대한 직접적 침해를 가한 세력이 국민을 분열시켰고, 헌법적 위기가 점입가경에 이르렀다. 이번에는 천만다행으로 계엄해제요구 결의안을 의결할 수 있었고 독재나 민주주의 파괴를 막을 수 있었지만, 다음번에는 더욱 위태로운 상황이 닥칠 수도 있다.

우리가 이 시기를 아무 노력도 하지 않고 보낸다면, 그래서 미래에 민주주의가 위협받는 일이 또 생긴다면 지금 이 시점을 되돌아보면서 이야기하게 될 것이다. '그때 왜 우리가 배우지 못했을까?', '그때 왜 비상계엄과 내란 사태를 막은 것만으로 만족했을까?' 단순히 내란을 수습하는 데 그칠 것이 아니라 제도의 설계를 다시 점검해야 한다. 헌법의 권력분립 시스템을 다시 복구하여 권력남용이 발생하지 않게 만들어야 한다. 우리 국민들이 민주주의에 대한 확신을 잃지 않도록 제도적으로 뒷받침해야 한다. 우리 국민 일부가 '계몽령', '중국인 해커에 의해 조작된 부정선거'라는 터무니없는 생각에 동감하고 있는 이 상황을 내버려둬서는 안 된다.

각자의 역할과 책임을 다하면서 민주주의를 지켜나가기 위한 고민을 해야 할 필요가 있다. 어떻게 하면 군인들이 상관의 위법한 명령에 갈등하지 않고, 국가와 국민들에게 충성하는 본연의 사명에 충실할 수 있을지, 법조인들이 헌법과 진실을 왜곡하는 부도덕한 주장을 하고, 법기술을 동원한 궤변적인 판단을 하는 것을 방지할 수 있을 것인지 우리 모두가 함께 고민해야 한다. 헌법에 대한 충성심이 정치 성향과 진영 논리에 따라 좌고우면하지 않고, 국민 모두의 철학이며 양심이 될 수 있는 공동체를 만들기 위해 우리 모두 노력해야 한다.

김진한 변호사 최종변론

헌법재판소, 그리고 2025년 우리에게 필요한 용기

저는 헌법재판소, 그리고 2025년 우리에게 필요한 **'진실과 용기'**라는 주제에 관하여 말씀드리려고 합니다.

헌법재판소는 대한민국의 헌법 질서를 지키는 최후의 보루입니다. 하지만, 권력자나 다른 국가기관을 압도할 수 있는 힘을 갖고 있지 못합니다. 헌법재판소가 갖는 재판의 권한도 사실 다른 권력기관이 갖는 힘과 비교할 때 그 힘이 미미합니다. 판단하는 힘이라기보다는 오히려 질문하는 힘에 가깝습니다. 헌재가 갖는 유일한 힘은 바로 그 질문하는 힘, 그리고 그 질문이 갖는 설득력입니다.

헌법재판소는 그동안 이런 질문의 힘을 공정하고 정의롭게 사용해 왔습니다. 그 덕분에 우리 사회는 한 걸음 더 성장할 수 있었습니다. 우리의 민주주의가 성숙하게 된 데에 기여한 수많은 요인 중 헌법재판소의 업적을 빼놓을 수 없습니다. 40년도 되지 않는 길지 않은 역사를 가진 헌법재판소는 대한민국 공동체가 나아가고, 민주주의에 대한 신뢰를 굳건히 하는 나침반과 안전판의 역할을 수행해 왔습니다. 무엇보다도 그 전까지 무시되고 배척되었던 힘없는 사람들의 목소리를 존중하고 경청하였습니다. 정치, 사회 세력이 서로 치열하게 대치하여 어떤 결론도 내리지 못하고 갈등할 때 헌법재판소의 판단으로 평화적으로 처리할 수 있었습니다. 이런 헌법재판소의 성취가 가능하였던 가장 중요한 이유는 우리 국민들이 헌법재판소의 질문과 판단을 신뢰하고 존중하였기 때문입니다.

광장에서 충돌과 대립이 벌어지고 있습니다. 피청구인의 위헌적 행위를 옹호하는 일부 정치세력과 사회세력들이 헌법을 부정하며, 헌법재판소를 흔들고 있습니다. 앞장서서 헌법질서를 존중해야 할 이들이 오히려 헌법재판소에 대한 불신을 선동하고, 편견과 선입관을 조장합니다. 자신들의 정치적 이익을 달성하기 위한 도구로 삼고자 헌법재판소의 위기를 부추기고 있습니다.

정치 세력들에게 헌법재판소를 흔드는 행위를 중단할 것을 호소합니다. 헌법재판소가 우리 사회에 던지는 질문에 공감하지 않더라도, 그래서 질문의 내용을 비판하더라도, 질문하는 재판관들이 편향된 사람이라고 선동해서는 안 됩니다. 그것은 자신들의 편견 가득한 이념 틀로 재판관들의 생각과 양심을 함부로 규정짓는 행위며, 헌법재판소의 질문하는 입을 폭력의 손으로 틀어막는 행위입니다.

사실 이것은 어느 진영의 일방을 위한 호소가 아닙니다. 헌법재판소는 자의적인 권력으로부터 국민을 지켜주는 가장 최후의 기관입니다. 지금은 헌재 흔들기에 여념 없는 정치세력도 언젠가 권력의 횡포로부터 보호받아야 할 때는 헌재 심판정 앞에서 호소할 수밖에 없습니다. 만일 헌법재판소에 대한 신뢰마저도 흔들어 무너뜨린다면 우리 사회는 헌법 이전의 '만인 대 만인의 투쟁' 상태로 돌아갈 것입니다. 우리에게 남아 있는 것이라고는 미움과 혐오, 그리고 중단 없고 한계 없는 최악의 갈등이 될 것입니다.

우리에게 필요한 진실과 용기

1987년 이후 도도하게 흐르고 있는 대한민국의 민주주의는 우리 역사의 거스를 수 없는 성취입니다. 때로는 민주주의가 흔들리는 순간과 마주하기도 했습니다. 불의한 권력이 법과 정의를 무너뜨리려 했던 순간, 공동체가 분열되고 서로에 대한 신뢰가 흔들렸던 순간, 우리는 무엇을 해야 할지 고민해야 했습니다.

우리 국민들은 그 순간마다 더 나은 대한민국을 만들기 위해서는 더 강한 민주주의가 필요하다는 것을 깨달았고, 진실과 정의를 향한 용기로 지켜왔습니다. 이제 민주주의와 기본권 보장은 단순한 헌법 제도가 아니라 국민들의 보편적 합의이며, 그 의미를 내면화한 우리 모두의 가치이고 양심입니다.

그리고 우리는 지금 다시 한 번 중요한 선택의 기로에 서 있습니다. 현재 우리에게는 어떤 진실과 용기가 필요할까요? 제가 생각하는, 우리에게 필요한 진실과 용기는 이런 것들입니다.

첫째, 있는 그대로의 사실을 직시하는 것입니다. 민주주의를 위협하는 행위가 있거나 그것을 정당화하려는 시도가 있을 때, 우리는 그것을 있는 그대로 바라보고 판단해야 합니다. 진실을 외면하는 순간, 무이성과 비합리가 지배하던 시대로 돌아갈 수밖에 없습니다.

이 탄핵심판 사건은 헌법의 본질에 관한 질문을 담고 있습니다. "우리의 민주주의는 최고 권력자가 비상계엄과 군을 동원해서 권력 전체의 사유화를 노리는 행위를 허용하는가?"

이 사건의 본질을 바꾸어 보려고 시도하는 세력들은 주장합니다. 이것은 '야당과 여당 간의 권력투쟁이다', '좌파와 우파의 정치 대결이다', '극한의 투쟁을 벌인 야당을 응징하기 위한 불가피한 조치였을 뿐이다.'

하지만 우리 헌법은 정치적 반대파를 제거하기 위해 비상계엄과 군을 동원하는 것을 어떠한 경우에도 허용하고 있지 않습니다. 어떤 거짓 명분과 허위의 주장으로 분칠을 한다고 해도 민주주의 헌법의 근간을 침해한 행위의 본질이 바뀔 수 없습니다.

둘째, 우리는 민주주의를 파괴한 자들에게 반드시 책임을 물어야 합니다.

헌법을 보호하고 준수하겠다고 선서한 대통령이 날벼락 같은 비상계엄을 선포해 민주공화국을 해체하려 하였고, 선거관리위원회에 군대를 투입하여 선거관리의 과정과 결과를 왜곡하려 하였습니다. 언론·출판·집회·결사의 자유를 모두 빼앗는 포고령을 발표하였습니다. 군대를 실은 헬리콥터를 국회에 보냈고, 계엄해제 요구 결의 중인 국회의원들을 회의장 밖으로 끌어내라고 명령했습니다. 이런 행위를 하고서도 일말의 반성도 없이 온갖 변명만을 늘어놓는 피청구인에게 책임을 묻지 않을 수 없습니다. 피청구인을 다시 권좌로 돌려보낸다면 나와 우리 가족의 미래는 결코 안전할 수 없습니다. 책임을 묻는 것은 과거 행위에 대한 응보나 복수를 위한 것이 아닙니다. 그것은 우리 모두의 미래를 위한 것입니다.

셋째, 우리는 서로를 신뢰해야 합니다.

불신과 분열은 우리를 가장 쉽게 무너뜨립니다. 우리는 역사 속에서, 함께 나아갈 때 더 강해진다는 것을 배웠습니다. 우리를 갈라놓으려는 거짓과 선동을 이겨내고, 민주주의를 지키기 위해 손을 잡아야 합니다. 같은 목표를 향해 가는 동료 시민으로서, 우리는 다시 협력하고 연결되어야 합니다.

그리고 생각하고, 행동해야 합니다. 우리들 자신이 직접 나서지 않는다면, 그 어떤 권력도 우리의 자유를 대신 지켜주지 않습니다. 우리가 올바른 질문을 던지고, 잘못된 것에 맞서며, 행동할 때, 민주주의는 회복될 수 있습니다. 민주주의는 쉽게 얻어지거나, 저절로 지켜지는 것이 아닙니다.

이번 헌법적 위기 상황 속에서 우리가 지켜보아야 했던 가장 안타까운 장면은, 경찰과 사법기관을 향해 폭력을 행사하는 일부 젊은이들의 모습이었습니다. 우리는 이들 젊은이들을 비난하는 데 그쳐서는 안 될 것입니다. 우리 사회의 법과 제도, 현실과 관행이 우리 젊은이들의 꿈을 좌절하도록 만들지는 않았는지, 우리 사회가 그들에게 합당하고 공정한 희망을 나누어주었던 것인지 돌아보아야 할 것입니다.

민주주의는 단순한 법과 절차로 유지될 수 없습니다. 구성원 모두가 그 공동체, 그리고 그 공동체의 가치 속에서 희망과 신뢰를 찾을 수 있을 때 지속될 수 있습니다.

2025년 대한민국 민주주의 위기 속에서 우리는 진지하게 고민해야 할 것입니다.

우리 젊은이들이 대한민국을 사랑하고, 이 사회를 신뢰할 수 있도록 하기 위해서 우리는 과연 어떤 나라를 만들어야 할 것인가에 관하여서 말입니다.

결론

우리는 민주주의 헌법의 기초를 다시 세우기 위해 이 사건 탄핵심판정에 모였습니다.

저희 국회 대리인단 모두는 확신합니다. 헌법재판소가 내릴 판단은 우리의 민주주의를 더욱 강하게 만들어줄 것이며, 우리 국민들은 그 판단 속에서 희망을 발견하고 대한민국에 대한 신뢰를 일구어 나갈 것입니다.

이제 헌법재판소가 결단해야 할 시간입니다. 우리 대리인단 모두는 숨죽여 헌법재판소의 판단을 기다리겠습니다. 그리고 국민들과 함께 간절한 마음으로 헌법재판소의 정의로운 판단을 기도하고 염원하겠습니다.

법률가라면
피해서는
안 되는 일이 있다

이광범 변호사

"모두 뜻을 모아 치유와 전진의 역사에 동참해야 합니다. 그 시작은 승복입니다. 불복은 12·3 비상계엄보다 더 중한 헌법 파괴이자 민주공화국 전복 시도라는 점을 명심해야 합니다. 포용과 화해가 이어져야 합니다. 훗날 후손들이 우리를 역사의 죄인이 아닌 자랑스러운 조상으로 기억할 수 있도록 해야 합니다. 확신합니다. 대한민국은 위대하고 국민은 현명하기 때문입니다. 윤석열 탄핵소추 대리인단의 임무를 마치고 물러갑니다. 저희와 뜻을 같이한 국민 여러분께 감사드립니다. 뜻이 달랐던 분들께는 위로의 말씀을 전합니다. 감사합니다."

2025년 4월 4일,
윤석열 대통령 탄핵 선고 뒤 헌법재판소 대심판정 앞에서

1981년 사법시험에 합격해 1986년부터 2010년까지 판사로 지냈다. 1994년 미국 스탠퍼드대로스쿨 연수 및 2000년에 서울대 법학 대학원을 졸업했고, 같은 해 사법연수원 교수로 근무했다. 2012년 '이명박 대통령 내곡동 사저부지 매입의혹' 특검으로 일했다. 2011년부터 2025년 현재까지 이광범 법률사무소와 법무법인 엘케이비앤파트너스 대표변호사로 활동 중이다.

    탄핵소추 대리인단 3명의 대표변호인 중 한 명으로, 그가 이끄는 엘케이비앤파트너스 소속 변호사 3명과 함께 대리인단에 합류했다. 선배인 두 대표변호사와 실무진을 연결하고, 실무총괄 변호사를 돕고 뒷받침하는 역할을 맡았다. 2024년 12월 21일 1차 회의부터 2025년 2월 22일 10차 회의까지 매 회의 때마다 '맛동산' 같은 과자와 과일 등 간식거리를 준비해가며 대리인단을 챙겼다.

충격적인 밤이었다. 대부분 똑같이 느꼈겠지만 어떤 의미에서는 있어서는 안 될 일이 벌어졌다. 뒤숭숭한 시간을 보내던 어느 날 대통령 윤석열 탄핵소추 사건의 대리인으로 참여해주면 좋겠다는 전화를 받자마자, 첫마디에 "그럽시다"라고 답했다. 별다른 고민은 필요 없었다. 법률가라면 피할 수도 없고, 피해서도 안 되는 일이 있다. 당연히 해야 할 일이었다.

첫 미팅을 나가기 전부터 내 역할은 명확했다. 각자 다른 경험과 다양한 세대로 구성된 17명의 변호사가 모인 탄핵소추 대리인단을 '원팀'으로 만들기. 이번 대리인단은 나 포함 3명의 대표변호사와 2명의 실무총괄, 그리고 실무진으로 구성되었다. 대표변호사 중 가장 나이가 어린 내가 원로이자 선배인 두 분을 잘 도우면서 실무자들과 적절히 연결해드리고, 또 재판 경험이 비교적 많은 편이니 재판 준비 단계부터 실무총괄 변호사들의 뒤에서 찬찬히 살펴가며 의견을 조율하고 부족한 부분은 뒷받침하는 데 주력했다.

큰 그림을 설계하는 등의 방향 설정은 필요 없었다. 처음부터 방향은 정해져 있었으니 나머지는 실무의 영역이었다. 그리고 실무적인 일들은 실무자들이 제일 잘한다. 실무총괄을 맡은 김진한 변호사는 헌법 이론으로, 장순욱 변호사는 재판 실무 쪽으로 거의 첫 손가락에 손꼽히는 인물이라 딱히 내가 무언가를 더할 건 없었다. 그나마 내가 가장 신경 쓴 건 회의가 있는 토요일 아침마다 가급적 제일 먼저 도착해 회의장의 준비 상황을 살펴보고, 회의가 끝나면 정리를 마무리하고 돌아가는 거였다. 나머지는 알아서 잘 돌아갔다.

각자의 경험을 가진 변호사 17명이 일사분란하게 한 목소리를 내기란 쉽지 않은 일이다. 그런데 실무총괄 변호사 두 명의 합이 절묘하게 잘 맞아 떨어지면서 일정한 성과가 초반부터 나왔다. 게다가 의뢰인인 국회 측을 대리해서 온 윤혜연 정청래 의원 보좌관이 처음부터 끝까지 회의를 참관하고 지원할 부분들을 실시간으로 챙기면서 우리 대리인단뿐 아니라 의뢰인 측과도 한 자리에서 의견을 나누며 원활하게 소통했다. 이런 팀을 다시 만들 수 있을까? 만날 수 있을까? 사실 굉장히 힘든 일이다. 오랜 변호사 생활을 하면서 여러 차례 팀플레이를 해봤지만 이번처럼 팀워크가 좋았던 경험은 처음이었다. 내가 보고 들었던 모든 팀 중 최고였다.

재판의 백미는 김용현의 증언이었다

이번 재판의 백미를 꼽자면 김용현 전 국방부 장관의 증언이다. 첫 번째 증인으로 나온, 한 국가의 국방부 장관이었다는 사람의 증언은 이번 탄핵심판에서 가장 인상적인 순간이자 결정적인 장면이었다. 일반적으로 입증 책임이 있는 측에서 증인을 신청하고 증언 순서까지 정한다. 당연히 우리에게 적대적일 것이라 판단한 김용현 장관은 우리가 신청한 첫 번째 증인이 아니었다. 그런데 재판관들이 그를 첫 증인으로 바꿔놔서 다소 당황스러웠다.

처음에는 예상대로 증언을 거부했다. 그런데 어느 순간 내부 논의를 하더니 갑자기 증언을 하겠다고 입장을 바꿨다. 우리는 그가 입만 열면 된다고 생각했으니 굴러온 기회였다. 워낙에 재판관들의 생각과 동떨어져 있는 인물인지라, 자신에게 유리하다고 생각하는 말을 하면 할수록 불리한 이야기를 줄줄이 내뱉을 수밖에 없다고 판단했다. 아니나 다를까 장순욱 변호사가 "포고령이 집행 가능성도 없고 실효성도 없다, 피청구인이 그렇게 말씀하셨어요"라고 말하자 "대통령께서 그렇게 말씀하셨지만 주무 장관은 그렇게 생각하지 않습니다"라고 답했다. 이 순간 사실상 끝난 거다. 공범 중에 하나가 자백했으니 윤석열 대통령은 형사적으로 공범이 된 셈이다. 그의 증언은 우리에게 큰 도움을 줬다. 긴장했다가 안도했다가 나중에는 고맙다는 생각까지 들 정도였다. 이후 재판은 순조롭게 흘렀고, 2월 25일 최종변론을 마칠 때까지 덕분에 큰 걱정이 들지 않았다.

모든 가능성이 사라진다

재판은 순조로웠다. 그런데 선고기일이 나오지 않자 시간이 지나갈수록 점점 패닉 상태에 빠질 정도로 긴장감이 높아졌다. 선고기일이 안 나오면 헌법과 법률에 의해서 이 나라를 평안하게 할 수 있는 모든 가능성은 사라진다. 한마디로 질 수 없는 재판이라는 믿음이 있었는데 3월이 묵묵부답으로 지나가고 4월이 다가왔다. 혹시나 선고 없이 4월 18일을 맞이해야 하는 건가, 만약 그렇다면 어떻게 받아들일지 마음의 안정을 찾을 수 없었다. 하루하루 지나갈수록 극단적인 상황을 점점 더 자주 그려보게 됐다. 3월의 마지막 날에는 지인들과 이런 이야기까지 나눴다. '만약 4월 10일까지 선고기일이 나오지 않는다면, 나라가 극도의 혼란 상태로 접어들 수밖에 없다. 이건 재판이나 법 해석의 문제가 아니다. 그 다음부터는 헌법과 법률을 근간 삼아 이 나라를 평안하게 유지할 수 있는 모든 가능성이 사라진다'

자다가도 일어나서 뉴스 검색하고, 낮에는 하루 종일 같은 이야기를 반복하는 YTN 채널을 틀어 놓고 화면만 그저 멍하니 쳐다보고 있었다. 선고기일이 안 나온다는 건 딱 한 가지 경우의 수밖에 없다. 재판관 3명 이상이 선고기일을 잡는 데 반대한다는 것. 언론에서 재판관의 성향에 대해 이런저런 이야기와 예측을 할 때도 공적 임무를 수행함에 있어서 사적인 성향이 판결에 영향을 미치지 않을 것이란 믿음은 있었기에 별 걱정은 없었다. 하지만 시간이 하염없이 흐르자 혹시나 하는 불안이 커져만 갔다. 내란죄 혐의로 구속된 피의자가 석방되는 전혀 예상하지 못한 사태도 벌어졌으니, 또다시 예상 밖의 결과가 다시 벌어질 수도 있겠다 싶어 점점 초조해졌다. 이 시기가 대리인단에 합류한 이래 가장 힘들었던 순간이었다.

이제 우리에게 남은 시간이 일주일에서 열흘밖에 없다고 생각한 4월 1일, 선고기일이 드디어 나왔다. 이제 최악은 면했구나 라는 안도감이 들었다. 정말 만에 하나 기각이 되더라도 일단 선고가 된다는 것은 시스템이 정상적으로 작동하고 있다는 뜻이니까. 솔직히 희망이 보였다. 선고기일이 잡힌 이후 나는 주변에 판결은 무조건 '8 대 0'으로 나올 것이라며 자신했다.

설득의 노력으로 이뤄낸 통합의 순간

오랜 경험상 선고를 시작한 지 30초도 지나지 않아서 결론은 전원 합의라는 걸 확신했다. 문형배 헌법재판소장 권한대행은 아무런 다른 말없이 이렇게 선고를 시작했다.

> "지금부터 2024헌나8 대통령 윤석열 탄핵사건에 대한 선고를 시작하겠습니다. 먼저, 적법요건에 관하여 살펴보겠습니다"

재판관들의 의견이 쪼개져 있으면 도저히 나올 수 없는 '워딩'이었다. 문형배 헌법재판소장 권한대행이 이렇게 선고를 시작했다는 것은 견해가 일치되었다는 뜻이고, 일치돼 있다면 결론은 단 하나밖에 없다. 경험으로도 논리로도 다른 경우의 수가 존재할 수 없다는 강한 확신이 들었지만 사람 마음이란 게 또 그렇지 않더라. 판결문을 읽는 22분 동안 내 몸은 바싹 긴장해 있었다. 물론, 결과는 모두가 아는 그대로였다. 소수 보충의견도 우리 예상보다 강도가 약했다. 사실상 별다른 이견이 없는 전원 일치다.

법조인 입장에서 이번 판결문에서 가장 크게 와닿은 부분은 통합을 이루기 위한 헌법재판관 여덟 명의 노력이었다. 실제로 문형배 소장대행이 퇴임 하루 전날 인하대 법학전문대학원 특강에서 '통합을 이루기 위해서 노력했다'라고 하지 않았나. 그들이 어떤 방식으로 통합을 이루었는지 그 과정은 역사 아래 묻히겠지만, 추측해보자면 다음과 같을 것이다. 처음에는 사실 확정부터 시작했을 거다. 어떤 증거를 가지고 어떤 사실을 어떻게 인정할 것인가에 관해서도 갑론을박했을 거다. 긴긴 논의 끝에 사실 인정까지 해놓고 나면 그 다음은 법률적인 평가, 헌법적인 평가를 했을 테고 그다음이 표결이다. 그런데 평가를 내리기 전 단계까지 끊임없이 서로 설득해야 한다. 이미 결론을 내린 재판관들이 아직 결론을 못 내린 재판관들이 충분히 우호적인 결론을 내릴 수 있도록 다양한 논거, 자료, 증거 들을 제시하는 등의 치열한 설득 과정이 있었을 것이다. 그리고 그 과정의 마지막 순간, 어쩌면 반대 의견을 가졌던 몇몇 분들이 선고에 동의하기로 결정한 순간, 결론까지도 다 동의했을 거다.

인간의 한계를 인정하기 때문

이번 계엄 사태는 시작부터 끝까지 전국민 앞에 생중계됐다. 법률적 용어로 표현하자면 증거가 필요 없는 '법원에 현저한 사실', '공지의 사실'이다. 생중계되어서 판사가 다 본 것과 다름없이 바로 인식했기 때문에 어떤 의미에서는 증거가 필요 없다. 그러나 그럼에도 불구하고 사법제도는 형식과 절차에 따라서 결론을 이끌어 가도록 돼 있다. 혹시나 있을 잘못된 판단, 누군가의 억울함마저도 걸러서 배제할 수 있도록 형식과 절차가 필요한 거다. 눈앞에서 보는 일은 직관적으로 결론이 나온다. 그리고 그 결론대로 판단했을 때 99.99퍼센트는 맞다. 하지만 사법제도, 사법절차는 0.01퍼센트의 틀릴 가능성조차 배제하기 위해서 존재하는 것이다.

실제로 그 어떤 세상일도 100퍼센트 다 우리 모두의 눈앞에서 벌어지지 않는다. 재판이나 사법절차가 모든 것을 100퍼센트 그대로 동영상 틀어 보듯이 재생하는 것이 아니다. 특정 범죄가 있을 경우, 그중에서 구성요건적 요소에 맞춰 사실을 뽑아서 재구성한다. 왜냐하면 모든 사실을 다 볼 수가 없기 때문이다. 누군가의 일생을 다 볼 수도 없고, 개입된 모든 사람을 그 사람의 입장에서 볼 수도 없다. 내란죄에 대한 심판 또한 내란죄에 해당하는 행위만 뽑아놓고 평가할 수밖에 없다. 12월 3일 국회에 온 특전사 헬기에 군인들이 타는 과정은 우리 눈앞에 안 보였다. 따라서 그것은 증거를 통해서 인정할 수밖에 없다. 제도적 장치와 절차의 틀 안에서 증거를 찾고 그렇게 나온 건조한 사실들을 재구성해서 평가해야 한다. 이처럼 제도에 의해서 심판하는 이유는 인간의 한계를 인성할 수밖에 없기 때문이다. 신이 아닌 인간이 인간의 한계를 안고서 다른 인간을 심판하는 것이니, 그 한계를 인정하고 만든 법과 제도라는 틀 안에서 하라는 거다.

'신이 아니다. 모든 걸 재단하지 마라'는 말이 있다. 간혹 판사가 신의 행세를 하려는 경우가 있다. 예컨대 '너는 인간이 나빠' 이렇게 말을 하려면 그 사람에 대한 모든 걸 알아야 하는데 이는 불가능하다. 또 판사라는 한 인간한테 그런 자격을 준 것도 아니다. 즉 판사는 법률과 사법제도의 틀과 범위 안에서만 판단한다. 판사의 역할은 법정에 드러난 사실에 의해서, 양형 요소에 따라 한 사람의 죄를 인정하고 벌을 주는 거다.

법률가의 이름으로 저지른 궤변

헌법재판소가 긴 시간을 들여 통합의 메시지를 담은 결론을 냈지만 여전히 동의하지 않는 사람들도 있다. 앞으로 어떻게 함께 살아가야 하나 두려움도 있고 좌절감도 든다. 그런데 무엇보다 내게 큰 상처를 남긴 건 다름 아닌 같은 법을 공부한 법률가의 입에서 나오는 말과 생각이 이렇게나 다를 수가 있다는 사실이었다.

우리는 탄핵 정국에서 나온 온갖 궤변, 요설 들이 법률가의 이름으로 저지른 말이라는 것을 반드시 기억해야 된다. 법률가의 양성부터 모든 걸 다시 설계해야 된다. 법률가는 정상적인 정서와 판단을 가진 사람들이 되어야 한다. 자기들만의 사고와 언어와 행동 패턴을 대단히 가치 있는 것처럼 과시하는 것을 경계해야 한다. 이번 탄핵 정국에서 법률가 출신들이 했던 말과 행동들, 예를 들어서 아래의 나경원 의원이나 권성동 의원의 말들을 이런 기회에 기록해둘 가치가 있다고 생각한다. 법을 공부한 다음에 국회의원, 심지어 공당의 대표까지 된 사람이 공식 석상에서 한 발언들은 모조리 기록해 역사적 교훈으로 삼아야 된다.

> "입법 독재, 줄탄핵, 예산 삭감으로 국정을 마비시킨 민주당은 계엄 유발자의 역할을 했다. 대통령은 계엄을 꺼낼 수밖에 없는 상황이 됐다"
> – 국민의힘 국회의원 나경원. 2025년 2월 15일 고위공직자범죄수사처 앞에서 열린 집회에서

> "헌재가 민주당식 독재에 제동을 걸어야 하지만 문형배 소장 대행과 정계선·이미선 재판관 모두 우리법연구회 출신으로 오히려 공정성 논란을 키우고 있다"
> – 국민의힘 원내대표 권성동. 2025년 1월 30일 국회 기자간담회에서

파면은 끝이 아닌 시작이다

나는 광주 사람이다. 1980년과 2025년 두 번의 계엄을 겪었다. 1980년, 대학 4학년 때 광주를 겪었기 때문에 1979년부터 시작된 비상계엄이 어떤 것이었는지 시간이 꽤나 흘렀음에도 정신적으로나 감각적으로나 여전히 바로 어제 일처럼 즉각적으로 느껴진다. 솔직히 말해서 첫 번째 계엄은 나의 나머지 인생을 규정했다. 광주에서 그걸 겪은 사람들이 행동할 수 있는 패턴이라는 게 있다. 지금도 호남 사람 90퍼센트가 민주당을 지지하는 정서와 같은 맥락에서 다른 선택을 벗어나기가 굉장히 어렵다. 어떤 의미에서는 도저히, 어떤 경우에도 태극기를 들고 나갈 수 없다. 첫 번째 계엄이 마음 깊은 곳에 남긴 이토록 큰 트라우마가 있는데 다시 또 그 인생을, 또 그 45년을 다시 반복할 수는 없다. 전두환 등등이 해왔던 짓들을 볼 수 없고 보라고 할 수도 없다.

그렇기 때문에 이번 계엄은 최대한 빨리 진압을 해야 하고 단절을 해야 하고 그 흔적을 지워야 된다. 그래서 나는 이번에는 용서라는 말을 꺼내서는 안 된다고 생각한다. 최소한 아직까지는. 재판정에서 본 그들은 잘못했다고 하지 않았다. 오히려 잘했다고 생각하는 사람들한테 화합이나 용서는 가당치가 않다. 용서 없는 단죄를 확실하게 해야 다시는 이런 일이 반복되지 않는다. 신속, 완벽하게 진압해서 다시는 이런 일이 벌어지지 않게 해야 된다. 이번 탄핵재판은 끝이 아니라 그 과정의 일환일 뿐이다. 거대한 바다를 건너가는 길을 만드는 와중에 조그마한 디딤돌 하나 둔 셈이다. 앞으로 우리나라에서 이런 슬프고 말도 안 되는 역사가 반복되지 않도록, 단죄의 과정을 최대한 압축해 신속하고 확실하고 정교하게 마무리해야 한다.

이광범 변호사 최종변론

피청구인에 대한 신속한 파면만이 답입니다

'유구한 역사와 전통에 빛나는 우리 대한국민은 3·1운동으로 건립된 대한민국 임시정부의 법통과 불의에 항거한 4·19 민주이념을 계승하고, 조국의 민주개혁과 평화적 통일의 사명에 입각하여 정의·인도와 동포애로써 민족의 단결을 공고히 하고, 모든 사회적 폐습과 불의를 타파하며, 자율과 조화를 바탕으로 자유민주적 기본질서를 더욱 확고히 하여 정치·경제·사회·문화의 모든 영역에 있어서 각인의 기회를 균등히 하고, 능력을 최고도로 발휘하게 하며, 자유와 권리에 따르는 책임과 의무를 완수하게 하여, 안으로는 국민생활의 균등한 향상을 기하고 밖으로는 항구적인 세계평화와 인류공영에 이바지함으로써 우리들과 우리들의 자손의 안전과 자유와 행복을 영원히 확보할 것을 다짐하면서 1948년 7월 12일에 제정되고 8차에 걸쳐 개정된 헌법을 이제 국회의 의결을 거쳐 국민투표에 의하여 개정한다'

대한민국 헌법 전문입니다.

헌법 전문을 낭독한 이유는, 이 심판정에 계신 여덟 분의 재판관님들, 그리고 청구인 측이건 피청구인 측이건, 아니면 제3자라 할

지라도, 대한민국 국민이라면 과연 우리 대한민국이 어떤 나라이고, 대한민국이 지향하고 있는 목표가 무엇이며, 그렇게 하기 위하여 무엇을 어떻게 하여야 하는가를 성찰해 보자는 뜻에서입니다.

1. 대한민국은 민주공화국입니다.

민주공화국은 국민주권을 출발점으로 합니다.

그래서, 헌법 제1조 제1항은 '대한민국은 민주공화국이다', 제2항은 '대한민국의 주권은 국민에게 있고, 모든 권력은 국민으로부터 나온다'라고 선언하고 있습니다.

또한 민주공화국은 대의민주제를 바탕으로 하고 있습니다.

국민이 국가의사를 직접 결정하지 않고 대표자를 선출하여 결정하게 하는 것입니다. 대의민주제 실현을 위해서는 선거가 필수적입니다. 선거와 선출직 공무원의 임기제는 민주공화국 국민이 공존하기 위한 최소한의 법칙입니다. 피청구인처럼 선거에 의하여 선출된 사람 스스로가 선거의 공정성에 의문을 제기한다면 민주공화국은 존립할 수 없습니다.

선거제를 전제로 하더라도 한 사람이나 특정 집단이 국가권력을 오용하거나 남용하면, 민주공화국의 근본이 훼손될 수 있습니다. 그래서 권력분립이 필수적입니다. 입법·사법·행정의 3권분립은 기본이고, 우리 헌법은 여기에서 더 나아가 헌법재판소와 선거관리위원회까지 헌법기관으로 두고 국가권력의 분산과 상호 견제를 도모하고 있습니다.

세계 각국이 우리나라 헌법재판소를 모델로 삼고 있고, 대한민국 헌법재판소는 세계 헌법재판소의 중심에 서 있습니다. 세계 각국이 우리나라 선거관리를 부러워하고 선거관리 시스템을 공부하고 있습니다. 헌법재판소와 선거관리위원회는 대한민국의 자랑거리입니다.

2. 대한민국은 이처럼 훌륭한 민주공화국을 포기한 적이 없습니다.

여러 차례 헌법 침탈이 있었지만, 대한민국이 민주공화국임을 포기한 적은 없습니다. 민주공화국의 위기마다 국민이 들고일어나 무너진 헌법 질서를 회복하고 지켜냈습니다.

이승만 대통령은, 6·25 동란 와중인 1952년 폭력을 동원하고 국회의원들을 위협하여 '발췌 개헌안'을 통과시켰습니다. 여소야대 정국에서 간선제로는 대통령이 될 가능성이 없자, 저지른 짓입니다. 1954년에는 3선 제한을 철폐하는 개헌안을 '사사오입'이라는 황당한 계산법을 적용하여 통과시켰습니다. 이승만이 종신 독재의 야욕을 드러내자, 민심은 등을 돌렸습니다. 그러자 이승만 정권은 1960년 그 유명한 '3·15 부정선거'를 저지르고 맙니다.

박정희 대통령은 어떠하였습니까? 4·19혁명 후 민주주의 회복 과정에서 혼란을 빚자, 5·16 군사 쿠데타로 정권을 잡았습니다. 1969년 대통령 3선 금지규정을 폐지하는 헌법개정을 했습니다. 1972년 비상계엄을 선포하고 '유신헌법'을 만들었습니다. 통일주체국민회의를 설치하여 간선제로 대통령과 국회의원 정수의 1/3을 선출하도록 하였습니다. 대통령에게 국회해산권을 부여했습니다. 국민은 저항하였고, 박정희 독재정권은 긴급조치 남발로 연명하였습니다.

전두환 대통령은 12·12 군사 쿠데타로 정권을 잡았습니다. 친위 쿠데타입니다. 대통령 간선제는 유지되었고, 국가보위입법회의가 만들어져 국회를 대체하기도 하였습니다.

이승만, 박정희, 전두환 대통령은 모두 전시 비상계엄이나 스스로 선포한 비상계엄하에서 헌법개정을 통해 독재의 길로 접어들었습니다.

그러나 영구집권을 꿈꾸던 이들은, 모두 비참한 최후를 맞이해야만 했습니다. 이승만은 4·19혁명 후 미국으로 망명하였습니다. 국민으로부터 버림받은 초대 대통령은 하와이에서 쓸쓸하게 숨졌습니다. 박정희는 산업화의 업적을 뒤로 하고 부하가 쏜 총탄을 맞아 비명횡사하였습니다. 전두환은 권좌에서 내려왔지만 반란 및 내란 수괴죄로 법정에 서는 것을 피할 수 없었습니다.

수많은 대한민국 국민이 역사의 고비마다 민주공화국 수호를 위하여 피 흘리고, 목숨 바치고, 옥살이를 마다하지 않은 결과입니다.

1960년 4·19 혁명, 1979년 부마 민주항쟁, 1980년 5·18 광주 민주화 운동, 1987년 6월 민주항쟁이 대표적입니다.

3. 피청구인은 2024. 12. 3. 심야에 우리 대한민국 국민이 피와 목숨을 바쳐 지켜온 민주헌정질서를 무참하게 짓밟았습니다.

1987년 헌법개정 이후 대한민국 국민은 민주공화국의 이념과 원칙을 더욱 공고히 하여 왔습니다. 세계가 대한민국의 민주주의를 칭송하였습니다.

감히 현직 대통령에 의한 헌법 파괴와 민주공화국 전복 행위가 있을 것이라고는 꿈에도 생각하지 못했습니다.

그런데, 2024. 12. 3. 밤 10시 23분경, 한 해가 저무는 그날 밤, 피청구인은 정규방송을 중단시키고 나타나, 국민 앞에 마주 앉아서 비상계엄 선포 담화문을 낭독하는 장면을 시청하도록 강요했습니다. 그 순간 우리는 여기저기 전화했고, 이후 거의 모든 국민이 집에서, 식당에서, 길거리에서, TV나 휴대전화로 비상계엄 전개 상황을 실시간으로 시청하였습니다. 어떤 이들은 국회의사당으로 달려갔습니다.

피청구인은 담화에서, 국회를 '범죄자 집단의 소굴', '자유민주주의 체제를 붕괴시키는 괴물'이라고 단정하였습니다. '파렴치한 종북 반국가 세력', '패악질을 일삼는 망국의 원흉 반국가 세력'을 반드시 일거에 척결하겠다고 결기를 보이기도 했습니다.

우리는 대한민국 국군이 완전무장을 하고 헬기로 국회에 착륙하는 장면을 지켜봤습니다. 무장군인은 유리 창문을 깨부수고 국회의사당에 난입했습니다. 경찰은 국회의원 출입까지 막아서면서 국회를 봉쇄했습니다. 시민들은 국회 밖에서 경찰에 맞섰습니다. 국회 안에서는 몸으로, 심지어는 소화기 분말을 분사해서 내부에 진입한 무장군인의 본회의장 출입을 저지했습니다.

한마디로 영화나 드라마에서도 볼 수 없었던 초현실적인 장면들이었습니다.

동시에 생중계되는 국회의사당 본회의장은 긴박한 바깥 사정과는 달리 차분했습니다. 국회의장은 절차 준수를 강조하였습니다. 본회의장 안팎을 동시에 지켜보고 있는 국민은 '저러다 저지선이 뚫리면 어쩌나' 하면서 초조하게, 애타게 지켜봐야 했습니다.

여기에 더하여, 계엄군이 중앙선거관리위원회 과천청사 등을 봉쇄·점거하고 선거정보센터에 무단침입하였으며, 직원들의 휴대전화를 빼앗았다는 사실이 드러났습니다. 중앙선거관리위원회에 대한 이러한 행위는 피청구인의 비상계엄 선포 담화나 계엄포고문에서는 전혀 예정되어 있지 않은 행위입니다. 국회의장, 여당 및 야당 대표, 전직 대법원장, 언론인 등을 체포·감금하려 계획하였던 사실이 밝혀졌고, 피청구인이 직접 나서서 계엄군의 국회 진입과 국회의 계엄해제결의 저지를 명령·지휘하였다는 증언과 진술이 잇따랐습니다.

현장에 동원된 군인과 경찰 병력이 수천 명에 이르렀습니다. 육군 최정예 부대인 특수전사령부, 수도방위사령부, 대외 군사정보 수집부내인 정보사령부, 군사보안, 군 방첩 및 군에 관한 정보의 수집·처리 등에 관한 업무를 수행하는 국군방첩사령부 등 우리 국군의 핵심 전력을 동원하였습니다.

한마디로 대한민국 헌법 파괴행위이자 민주공화국 전복행위입니다.

4. 비상계엄 선포를 전후한 피청구인의 인식과 언행에 대하여 한 말씀드리겠습니다.

피청구인은 여소야대 정국에서 대통령에 당선되었습니다. 표차는 0.73%, 초박빙이었습니다. 그럼에도 피청구인은 다수당인 야당의 존재를 인정하지 않고 무시하였습니다. 현실적이거나 잠재적인 정적 제거에 몰두하였습니다. 자신과 소속을 같이하고 있는 집권 여당 내부 인사도 예외가 아니었습니다.

집권 여당은 작년 국회의원 총선에서도 참패하였습니다. 참패의 원인으로는 피청구인의 총선 기간 중 여러 언행이 지목되었습니다. 깊은 성찰에 터 잡은 다수 야당과의 협치만이 피청구인 자신이 생존할 수 있는 유일한 선택지였습니다. 그러나 피청구인은 총선참

패가 부정선거의 결과라는 망상에 빠졌습니다. 다수 야당이 이끄는 국회가 '자유대한민국의 헌정질서를 짓밟고, 정당한 국가기관을 교란시키는 내란을 획책하는 명백한 반국가행위'를 자행한다고 소리를 높입니다.

적반하장입니다. 피청구인이 듣기 싫은 소리는 입틀막으로 듣지 않고, 듣고 싶고 보고 싶은 것만 골라 보고 들은 결과입니다.

피청구인은 2024년 12월 12일 담화에서, '병력을 국회에 투입한 이유는 거대 야당의 망국적 행태를 상징적으로 알리고, 질서 유지를 하기 위한 것이지, 국회를 해산시키거나 기능을 마비시키려는 것이 아니다', '계엄령을 발동하되, 그 목적은 국민에게 거대 야당의 반국가적 패악행위를 알려 이를 멈추도록 경고하는 것'이었다고 강변하고 있습니다. 그러면서 '도대체 2시간짜리 내란이라는 것이 있습니까?', '질서 유지를 위해 소수의 병력을 잠시 투입한 것이 폭동이라는 말입니까?'라고 외치고 있습니다. 피청구인이 그날 밤 일선 지휘관들에게 직접 내린 명령이나 우리가 지켜본 현장 상황에 정면으로 배치되는 주장입니다.

이 심판정에서는, 내란 프레임을 짜고 자신에 대한 '탄핵 공작'을 하고 있다면서 음모론까지 제기하고 있습니다. 비상계엄을 계몽령이라고 주장하고 있습니다.

누가 누구를 계몽하겠다는 것입니까? 법꾸라지, 법비法匪의 요설妖說이라는 말까지 나오고 있습니다.

5. 그래서 우리는 피청구인에게서 이승만, 박정희, 전두환을 연상할 수밖에 없는 것입니다.

   피청구인은 자신의 지시 한마디가 헌법이 되는 세상을 만들고자 한 것입니다. 국가를 사유화하고, 대한민국 헌법 위에 군림하고자 하였습니다. 우리는 이것을 '독재'라고 합니다.
   피청구인이 비상계엄을 선포하는 그 순간 피청구인은 더 이상 민주공화국 대한민국의 대통령이기를 스스로 포기한 것입니다.

6. 헌법재판소는 피청구인 주장의 부정선거 논란에 대하여 명백한 입장을 밝혀야 합니다.

   피청구인은 2025. 1. 15. 공개된 자필 메시지에서 '우리나라 선거에서 부정선거의 증거는 너무나 많습니다', '칼에 찔려 사망한 시신이 다수 발견되었는데, 살인범을 특정하지 못했다고 해서 살인사건이 없었고 정상적인 자연사라 우길 수 없는 것입니다'라고 주장하고 있습니다. 선거에 의하여 당선된 대한민국 대통령이라면 도저히 입에 담을 수 없는 말입니다. 부정선거가 권력을 가진 자에 의하여 자행되었다는 역사적 사실에도 반합니다.
   대의명분으로 삼았던 거창한 구호는 사라지고, 부정선거 의혹 규명, 선거시스템 점검이 비상계엄 선포의 목적이라고 이야기하고 있습니다. 구차합니다.

여기서 잠시 과거 어느 헌법재판관의 말씀을 살펴보겠습니다.

'이 사건 탄핵심판은 보수와 진보라는 이념의 문제가 아니라 헌법적 가치를 실현하고 헌법질서를 수호하는 문제이다. 그리고 이 사건 탄핵심판은 단순히 대통령의 과거 행위의 위법과 파면 여부만을 판단하는 것이 아니라 미래 대한민국이 지향해야 할 헌법적 가치와 질서의 규범적 표준을 설정하는 것이기도 하다.'

이것은 박근혜 전 대통령에 대한 탄핵사건 결정문에서 안창호 재판관이 밝힌 보충의견입니다. 피청구인으로부터 임명받아 현재 국가인권위원회 위원장으로 재직중인 분입니다.

맞는 말씀입니다. 헌법재판소의 결정은 주문도 중요하지만, 결정 이유에 담겨있는 내용도 중요합니다. 우리가 구현하고자 하는 헌법 가치를 담고 있기 때문입니다. 결정문은 민주공화국 대한민국의 민주주의를 한 단계 승화시키고, 대한민국이 나아가야 할 방향을 제시하여야 합니다.

이번 기회에 망국적 역병인 부정선거음모론에 철퇴를 가함으로써 민주공화국의 기반을 굳건히 할 수 있도록 하여야 합니다.

오늘 이 심판정이 존재할 수 있도록 계엄군과 경찰에 맞서 싸운 민주시민, 국회의원과 국회 관계자, 부당한 지시와 명령을 거부한 정의로운 군인들에 대하여, 헌법재판소가 할 수 있는 최소한의 보답이라 할 것입니다.

7. 피청구인은 한날한시라도 신속하게 파면되어야 합니다.

피청구인은 내란우두머리죄로 구속 기소되어 재판을 받고 있습니다. 전 국방부장관, 군고위장성, 경찰수뇌부도 내란중요임무종사죄나 내란부화수행죄로 기소되어 구속 상태로 재판을 받고 있습니다.

피청구인이 파면을 면한다고 해서 처벌을 면할 수 있겠습니까? 다시 국정을 맡길 수 있겠습니까?

피청구인은 이 순간에도 거짓과 과장으로 자신의 지지 세력 결집을 시도하고 있습니다. 국민을 편 가르고 있습니다. 폭도들이 법원에 난입하여 폭동을 일으켰습니다. 어떤 국회의원은 헌법재판소를 해체하여야 한다고 주장하고 있고, 국가인권위원회 위원이라는 사람이 '헌법재판소를 두들겨 부수어 흔적도 남김없이 없애버려야 한다'고 선동하고 있습니다. 극도의 혼돈과 혼란 상태가 지속되고 있습니다.

비상계엄이 우리 경제에 미치고 있는 부정적 영향은 날로 심화되고 있습니다. 소비가 위축되고, 주가는 폭락하였으며, 치솟은 환율은 제자리를 찾지 못하고 있습니다. 국제사회의 우려도 커지고 있습니다.

하루하루가 고통스럽습니다. '이게 나라입니까?'라는 절망의 목소리가 귓가를 맴돌고 있습니다.

피청구인이 선포한 비상계엄이 지금까지 계속되고 있다면, 우리는 어떤 장면들을 목격하고 있을까요? 피청구인이 복귀한다면 제2, 제3의 비상계엄을 선포하지 않을 것이라고 누가 보장할 수 있습니까?

국민과 더불어, 재판부의 현명한 판단을 앙망합니다.

헌법의 언어를 제자리로 돌려놓는 시간

장순욱 변호사

"피청구인은 자유민주주의를 무너뜨리는 언동을 하면서도 자유민주주의의 수호를 말했습니다. 헌법을 파괴하는 순간에도 헌법 수호를 말했습니다. 이것은 아름다운 헌법의 말, 헌법의 풍경을 오염시킨 것입니다. 제가 좋아하는 노래 가사에 이런 구절이 있습니다. 세상 풍경 중에서 제일 아름다운 풍경, 모든 것들이 제자리로 돌아가는 풍경, 이 노랫말처럼 모든 것들이 제자리로 돌아가고 우리도 하루빨리 평온한 일상으로 돌아갈 수 있기를 소망합니다."

최종변론문 중에서

1993년 사법고시에 합격했고 1996년부터 2017년까지 판사로 재직했으며, 2008년부터 2010년까지 헌법재판소 헌법연구관으로도 일했다. 2025년 현재 법무법인 엘케이비앤파트너스 변호사로 활동 중이다.

    이번 탄핵심판에서 증거조사와 사실인정을 담당한 증거조사팀을 이끌었다. 대통령 탄핵소추위원 법률 대리인단 중 줄곧 차분하고 날카로운 어조로 가장 많은 질문을 던졌다.

전 국민이 결론이 빤하다고 여기는 사건에서 혹시 예상치 못한 변수가 생기면 어떻게 하나 하는 부담이 있었다. 그렇다고 이 일을 못하겠다고 할 수는 없었다. 내가 대학을 다닐 때는 학생운동의 열기가 대단했는데 당시 나는 쉽게 나서지 못했고, 그때 목소리를 냈던 친구들에게 부채 의식을 가지고 있었다. 내가 먼저 손들고 나서지는 못 했지만 함께 하자는 제안을 받고도 하지 않는다면, 비슷한 부채 의식을 세월이 흐른 뒤에도 두고두고 갖게 될 것 같았다.

소중한 증인, 조성현 대령

증언이나 진술이 재판관한테 어떻게 받아들여지는지가 판결에 중요하게 작용한다는 점에서 수도방위사령부 제1경비단장 조성현 대령의 증언은 매우 소중했다. 진술 내용 자체도 그렇지만, 그 태도가 대단히 설득력 있었다. 눈앞에 자신의 상관인 대통령이 앉아 있음에도 진실을 얘기하는 데 한 치의 주저함이 없는 모습이었다. 본인이 의인이라서가 아니라, 부하들이 다 알고 있기 때문에 거짓말을 하려고 해도 할 수 없다는 증언을 두고, 그 누가 그 신빙성을 의심할 수 있겠나. 우리 측의 진정성이 재판부에 전달되는 데는 조성현 대령의 증언이 가장 큰 역할을 했다고 생각한다.

사실 군대라는 위계가 확실한 조직에서 조성현 대령이 상관인 이진우 수방사령관에게 명령을 재고해달라는 요청을 하기도 정말 쉽지 않았을 거다. 재판이 끝나고 알게 되었는데 국회 본청에 진입해 국회의원을 끌어내라는 명령을 막은 조성현 대령, 의원을 끌어내라는 지시를 거역한 특전사의 김형기 중령, 계엄군 헬기의 서울 진입을 지연시킨 수방사의 김문상 대령은 모두 '비육사' 출신이다. 사령관급들은 다 육사 출신이다. 인과관계가 연결되는지는 모르겠는데 시사하는 바는 있을 것 같다. 육사를 졸업해 사령관 위치에 가 있는 사람들은 군부 내에서는 가장 영향력 있는 이른바 '이너서클'이다. 그들 사이에서는 상관의 지시가 부당한 명령이라는 생각이 들더라도 조성현 대령처럼 명령권자한테 재고를 요청하고, 따를 수 없다는 의사를 표시하는 게 불가능한 문화가 아닐까 한다.

　이런 측면에서 피청구인에게 그가 했던 거짓말보다도 더 화가 났던 건 최소한 자신을 따랐던 사람들에게조차도 보스가 못 된다는 거였다. 어쨌든 본인이 명령을 해서 시행이 되었고, 이런 결과가 발생했으면 자신의 지시를 따랐던 사람들이 다치지 않게 하거나 조금이라도 덜 다치게 해주는 것이 소위 말해 보스로서의 자세 아닌가. 그는 그 정도의 염치도 없는 비루한 사람이었다.

김용현의 증언은 기대 이상이었다

　반대신문할 증인은 우리 쪽에 유리한 얘기는 절대 하지 않겠다고 단단히 마음을 먹고 나온 사람이다. 그래서 반대신문은 보통 상대의 경계심을 허물기 위해 노력하면서 증언 내용이 앞뒤가 안 맞거나 혹시라도 우리 쪽에 유리한 얘기가 있다면 놓치지 않고 짚어내 재판부에 전달하는 정도를 기대하며 진행한다.

　반대신문 증인 중에서도 김용현 전 국방부 장관의 증언은 기대 이상이었다. 그는 증언을 거부할 생각이었기 때문에 우리 측의 반대신문에 대해서는 전혀 준비를 하지 않은 채 심판정에 나온 듯 보였다. 그런데 문형배 헌법재판소장 권한대행이 "본인이 안 하겠다면 어쩔 수 없는데, 일반적으로 판사들은 (일방의 신문에만 응하고, 상대방의 신문에 대해서는 증언을 거부할 경우) 그 증언의 신빙성을 낮게 판단한다"라고 짚어주었다. 윤 대통령 측 대리인이 요청하자 그제서야 김용현은 우리 증인신문에 대답을 하기 시작했다. 반대신문에 응하지 않을 마음으로 나왔지만, 막상 내가 질문을 하니 설명을 해줘야 된다는 책임감 같은 게 발동했던 것 같다. 예컨대 '포고령 1호 초안을 전두환 신군부가 1980년 5월 17일에 발령한 계엄포고령 10호에 근거해 작성했다'는 증언은 우리 입장에서는 쾌재를 부를 만했다. 만약 베꼈다면 1980년 당시의 계엄포고령을 베꼈을 것으로 짐작은 했지만 기록으로는 확인을 할 수 없는 상황이었는데, 본인 입으로 명백히 확인을 해준 것이었다.

최종적인 목표는 헌법 제10조

이번 사태를 겪으면서 헌법과 일상적으로 가깝지 않다고 생각했던 많은 국민들이 헌법 조항을 들춰보셨을 것 같다. 우리 헌법은 전문과 10장으로 구성되어 있는데 전문에는 대한민국의 정통성, 즉 우리나라가 어떤 나라를 지향하는지를 밝혀놓았다. 그다음 헌법 1장에는 주권의 소재와 우리나라가 어떤 형태의 정치체제인지(국체와 정체)를 선언하고 바로 다음 2장이 국민의 기본권 조항이다. 그리고 3장 국회, 4장 대통령, 5장 법원, 6장 헌법재판소 등에는 권력 구조에 관한 내용들이 나오는데 모두 기본권이 잘 실현될 수 있도록 권력을 나누되 서로 견제하도록 하는, 어떻게 보면 기술적인 장치들이다. 그리고 이 모든 헌법 조항들의 최종적인 목표는 바로 헌법 제10조다.

"모든 국민은 인간으로서의 존엄과 가치를 가지며, 행복을 추구할 권리를 가진다. 국가는 개인이 가지는 불가침의 기본적 인권을 확인하고 이를 보장할 의무를 진다."

이 조항이 핵심이다. 다른 조항들은 이를 위해서 국가는 뭘 해야 되는지를 말한다. 헌법과 법률이 대통령에게 국가의 원수, 국가대표기관, 행정수반, 국군통수권자의 지위를 부여하는 것도 국민 개개인에게 헌법 제10조를 보장하라고 주는 거다. 대통령 선서가 "나는 헌법을 준수하고…"로 시작하는 이유가 그렇다. 그런데 이번 계엄 사태에서 최고의 헌법 수호자인 대통령은 헌법을 파괴하려고 했고 정작 보호받아야 할 국민들이 그 파괴 시도를 저지하기 위해 헌법 수호자로 나섰다. 이번 헌법재판소 결정문도 그 사실을 지적한다.

"피청구인의 국회 통제 등에도 불구하고 국회가 신속하게 비상계엄해제요구 결의안을 가결시킬 수 있었던 것은 시민들의 저항과 군경의 소극적인 임무 수행 덕분이었으므로, 결과적으로 비상계엄해제요구 결의안이 가결되었다는 이유로 피청구인의 법 위반이 중대하지 않다고 볼 수는 없다."

법치주의란 국민을 상대로 법을 잘 지키라고 명령하는 통치의 수단이 아니다. 예컨대 그간 여러 법무부 장관이 취임사에서 법치주의를 확립하겠다고 말을 하는데 그 말을 많은 국민들이 '법을 위반하면 엄벌에 처하겠다는 의미'로 이해한다. 그러나 법치주의는 그런 의미가 아니다. 헌법재판소의 이번 탄핵사건 선고 결정문을 들여다보면 법치주의의 원래 의미를 확인시켜 주는 대목이 있다. 대표적으로 '비상계엄이 대통령에게 부여된 권한은 맞다. 하지만 헌법에서 정하고 있는 여러 요건들을 다 갖춰서 해야 한다' 는 부분이 그렇다. 법치주의의 진정한 의미는 공권력이 권한을 행사할 때 법이 정한 원칙을 지켜야 된다는 것이고, 탄핵사건 선고 결정문에서도 이 점을 분명히 하고 있다.

대통령뿐 아니라 그 어떤 권력도, 오히려 권력자일수록 더더욱 자기한테 주어진 권한을 행사할 때는 헌법이나 법을 잘 지켜야 하고, 그 위반 여부를 감시하는 역할을 하라는 의미에서 국회에 탄핵소추권이 있고, 헌법재판소의 탄핵심판권이 있다. 이러한 장치를 통해 법치주의를 구현하려는 취지도 헌법 제10조를 실효성 있게 보장하기 위해서다. 국민들한테 법을 잘 지키라는 게 아니라 국민의 기본권을 보장하기 위해서 권력자의 권한 행사를 감시하고, 견제하는 역할이 필수적이기 때문에 구조를 그렇게 만든 것이다.

이번 탄핵사건 선고 결정문에서 비상계엄 선포, 계엄사령부 포고령 발령, 국회 군경 투입, 중앙선거관리위원회 압수수색, 법조인 위치 확인 시도 등 쟁점 다섯 가지에 대한 판단 기준을 한마디로 요약하면 결국 법치주의라고 생각한다. 피청구인 대통령 윤석열은 몇 가지 목적이 있었고 이를 위해 계엄을 선포했다고 강변했지만, 권력자가 어떤 목적을 가지고 했건 간에 헌법과 법률에 정하고 있는 요건들을 하나도 지키지 않았다는 것을 확인하면서 그 내용을 요목조목 설명했다. 결론적으로 권력자는 법을 더욱 잘 지켜야 한다는 법치주의의 의미를 명징하게 선언한 것이다.

사법부에 대한 믿음 문제

이번 일로 사법부에 대한 불신 문제도 불거진 것 같다. 과연 사법부를 믿을 수 있을까? 결론을 이야기하자면, 모든 권력이 국민들 눈치를 보게 만들어야 한다. 이는 사법부에 한정된 이야기가 아니다. 개별 사건들에 대해 일견 결론이 이상해 보이는 판결이 언론에 소개되더라도 그 사건을 세세히 모르는 상당수 국민은 판사가 저렇게 판단하는 데는 내가 모르는 다른 이유가 있겠지 하고 넘어간다. 그런데 이번 사태는 전 국민이 다 봤다. 내용을 다 안다. 중간에 위험한 순간은 있었지만 헌재는 당연하고도 다행히 국민들이 본 것과 일치하는 상식적인 결론을 내렸다.

그런데 지금 법원에서 진행되는 내란 재판은 이상한 대목이 많다. 국민들이 내용을 모르는 사건이 아니다. 내용을 다 알고 있는데 국민들이 본 것과 어긋나는 비상식적인 판단들이 이어지고 있다. 그러면 근본적인 의문을 가지게 된다. '시험 잘 봐서 사법고시 통과한 거 알겠어. 그런데 근본적으로 그 권한을 누가 준 거야? 우리는 보고만 있어야 해?' 이런 의문을 품게 되는 국민들이 점점 더 늘어난 것 같다. 사법부에서 제대로 답변을 해줘야 하는데 좀 분명치 않다. 오히려 의심을 사는 부분들이 더 많아지고 있다. 계속 이대로 간다면 의심이 폭발하는 순간이 올 거다. 그리고 다른 많은 국가처럼 판사에게 전권을 주지는 않는 사법 시스템을 도입하자는 얘기가 본격적으로 나올 수도 있을 것 같다.

헌법의 언어, 독재자의 언어

　피청구인이 대통령으로 재임하는 동안 자주 언급했던 자유민주주의라는 말이 마치 대통령은 뭐든 마음대로 다 할 수 있고 심지어 다른 의견을 가진 사람한테 폭력을 써도 된다는 말처럼 들렸다. 그러나 당연하게도 그 뜻은 완전히 반대다. 자유민주주의는 폭력을 사용해서 권력 다툼을 하던 시기를 마감하고 법치주의, 다원주의, 인권과 시민권이 보장되는 체제를 만들기 위해 사람들이 약속한 개념 가운데 하나다.

　자유민주주의를 지향한다면 각자 무슨 생각을 하든, 그 생각이 서로 절대 동의할 수 없는 생각이라도, 폭력으로 제압하려고 해서는 절대 안 된다. 그리고 다수와 다른 생각을 가지고 있는 사람들은 더더욱 보호를 해줘야 한다. 다수는 폭력을 행사할 가능성이 많고 언제든지 가해자가 되기 쉽다. 다수라는 것 자체가 소수한테는 폭력일 수 있기 때문이다. 내가 이해하고 있는 자유민주주의 요체는 이렇다. 그런데 그가 얘기하는 자유민주주의는 완전히 반대다.

　대통령이 되기 전부터, 대통령이 되고서도 그가 하는 말을 듣기 굉장히 불편했다. 더군다나 법조인 출신이라고 헌법을 얼마나 자주 얘기했나. 들을 때마다 참기 힘들 정도로 불편했는데 의미를 단순히 비트는 정도가 아니라 거의 정반대로 말한다. 그래서 꼭 한번 얘기를 하고 싶었다. 그가 하는 말은 내 용어대로 하자면 헌법의 언어가 아니고 독재자의 언어다. 독재자가 헌법을 참칭해서 헌법의 말을 갖다 씀으로서 정작 그 헌법의 주인인 국민을 모욕한 것이다. 헌법의 주인으로서 많은 국민들이 모욕받았다고 느끼지 않았을까. 헌법재판소의 결정으로 국민들도 피청구인에게서 받은 모욕감을 씻고, 상처받은 자존감을 회복할 수 있었을 것이다. 바로 이 점이 전원일치 탄핵인용 결정이 고마운 가장 큰 이유다.

장순욱 변호사 최종변론

피청구인이 오염시킨 '헌법의 말'을 원래의 의미로 돌려놓아야 합니다

저는 이 사건 탄핵소추사유와는 살짝 비켜나서 피청구인이 오염시킨 헌법의 말에 대해서 말씀드리려고 합니다. 피청구인이 헌법에 대해 언급했던 말을 일별해 보면서 그가 얼마나 왜곡된 헌법 인식을 가지고 있었는가 하는 점을 살펴보겠습니다.

말은 같은 말을 사용하는 언어공동체 구성원들이 서로 소통하는 수단이자 생각을 담는 그릇이라고 합니다. 따라서 누군가가 사용하는 말이 그 말하고자 하는 대상을 제대로 담아내지 못하고 엉뚱한 의미로 심지어 정반대 의미로 쓰인다면 더 이상 소통은 불가능할 것입니다.

만일 그 누군가가 권력자라면 개인과 개인의 소통 단절에 그치는 것이 아니라 언어공동체 전체가 큰 혼란을 겪게 될 것입니다. 피청구인은 자신이 당선된 지난 대선 시기에 자주 헌법을 이야기했습니다. 이번 대선은 반헌법적 세력과 헌법 수호 세력의 대결이라고 하면서 이 나라의 헌법을 지켜야겠다는 마음에서 대선에 나왔다라고 했습니다. 자신의 검찰총장 이력을 내세우면서 공정을 역설하기도 했습니다.

피청구인이 강조한 헌법 수호나 상식 공정과 같은 말들은 유권자들에게 적지 않은 울림을 주었습니다. 그 결과였는지 피청구인은 대통령에 당선되었습니다. 대통령 취임식에서 피청구인은 '나는 헌법을 준수하고…'로 시작하는 대통령 선서를 하였습니다. 이어진 취임사에서 민주주의 위기의 원인으로 반지성주의를 지목하면서 그 극복 수단으로 합리주의와 지성주의를 말하기도 했습니다.

　그러나 피청구인이 애기한 공정과 상식, 합리주의와 지성주의, 헌법 수호라는 말의 의미가 국민 일반의 보편적인 인식과는 다르다는 것을 확인하는 데는 그리 오랜 시간이 걸리지 않았습니다. 피청구인이 대통령으로 취임한 지 넉달 쯤 되었을 무렵입니다. 미국 순방 중에 피청구인이 사용한 비속어가 논란이 된 적이 있습니다. 이후 대통령실은 그 논란을 집중 제기했던 특정 언론사 기자의 전용기 탑승을 배제하는 조치를 하였습니다. 이에 대해서 피청구인은 대통령의 헌법 수호 책임의 일환이라면서 부득이한 조치라고 했습니다. 헌법이 보장하는 언론의 자유를 탄압하면서 헌법 수호를 내세운 것입니다. 이후로도 피청구인의 반헌법적인 언사는 지속적으로 반복되었습니다.

　2022년 10월경에는 적대적 반국가 세력과는 협치가 불가능하다고 했습니다. 협치의 대상인 야당을 적대적 반국가 세력이라고 규정한 것입니다. 2023년 광복절 기념사에서도 우리 사회를 자유민주주의와 공산전체주의로 갈라진 상태로 규정하면서 사실상 진보적 시민사회와 야권을 싸잡아 반국가 세력, 공산전체주의 세력이라고 낙인찍었습니다. 이후로도 정부나 대통령의 비판적인 세력을 자유민주주의에 반하는 것으로 보고 이들을 척결 대상으로 삼겠다는 피청구인의 인식은 갈수록 강고해졌고 그의 언어는 더욱 강퍅해졌습니다.

피청구인의 이러한 언행에 민심이 등을 돌린 것은 당연한 일이었습니다. 2024년 4월 총선에서 국민들은 피청구인의 독단적인 국정운영에 대해 냉엄한 심판을 하였습니다. 그러나 그 총선 결과를 받아 들고도 비판 세력에 대한 피청구인의 태도는 달라지지 않습니다. 오히려 선거 결과를 부정선거의 탓으로 돌리려는 망상을 키워 온 것으로 보입니다. 급기야 종북 반국가 세력을 척결하겠다면서 45년 만에 비상계엄을 감행하기에 이르렀습니다.

12·3 그날 대국민담화를 필두로 피청구인은 일련의 어지러운 말들을 쏟아냈습니다. 그날 밤 담화문에서 피청구인은 야당의 입법 독재가 헌정질서를 짓밟고 있다고 했고 내란을 획책하는 명백한 반국가 행위라고 규정했습니다. "국회는 범죄자 집단의 소굴이 되었고, 자유민주주의 체제를 붕괴시키는 괴물이 되었다"고 했습니다. 그러면서 패악질을 일삼은 망국의 원흉 파렴치한 종북 반국가 세력들을 일거에 척결하고 자유헌정질서를 지키기 위해 비상계엄을 선포한다고 했습니다.

피청구인이 말하는 자유헌정질서, 즉 자유민주적 기본질서의 핵심 요소는 복수 정당제하에서 야당으로 대표되는 정치적 반대파를 존중하고 보호하는 것입니다. 피청구인은 대국민담화에서 존중과 보호의 대상인 이들을 척결하겠다고 했습니다. 이것은 자유민주적 헌정질서를 파괴하겠다는 것과 다를 바 없습니다. 그런데도 이 대목에서도 피청구인은 자유민주적 헌정질서를 지키기 위해서라고 강변했습니다.

    자유민주주의에 대한 피청구인의 이러한 전도된 헌법 인식은 자신이 검토하였고 실토한 포고령에도 오롯이 드러나 있습니다. 포고령에는 피청구인을 비판해온 모든 세력들이 망라되어 있고 이들을 영장없이 체포할 수 있다고 되어 있습니다. 한마디로 비상계엄을 통해 자신에 대한 모든 정치적 반대파들의 입을 틀어막고 손발을 묶으려 한 것입니다. 그러면서 피청구인이 내세운 것은 역시나 자유민주주의의 수호를 위해서라는 것이었습니다.

    존경하는 재판관님, 12·3 비상계엄은 1987년 민주화 이후 차근차근 내디뎌온 민주공화정의 도정을 무로 돌리려는 것이었습니다. 무모하지만 위험천만한 도발이었습니다. 하지만 피청구인이 이 역주행을 기도하면서 간과한 것이 있었습니다. 그것은 바로 우리 국민들이 온몸으로 저항해 민주주의를 지켜내는 과정에서 체득하고 어느새 DNA에까지 각인된 우리가 주권자라는 시민의식이었습니다. 피청구인이 내팽개친 헌법 수호자로서의 책임을 국민들이 자임하고 나섰던 것입니다. 비상계엄 선포 직후 권력자의 헌정 파괴 시도를 저지하기 위해 많은 시민들이 국회로 달려왔습니다.

    그 모습은 대한민국의 주권은 국민에게 있고 모든 권력은 국민으로부터 나온다는 헌법 제1조가 현실에서 작동하는 것을 확인시켜 주는 감동적인 장면이었습니다. 이날 우리는 살아 숨 쉬는 헌법의 실체를 온몸으로 느끼는 실로 역사적인 체험을 한 것입니다. 이러한 경험은 앞으로 설령 독재를 꿈꾸는 또 다른 몽상가의 또다른 시도가 있더라도 그로부터 민주공화국을 지켜내는 원동력이 될 것이라 믿습니다.

탄핵 결정이 나온 후에 우리 사회가 분열과 혼란을 겪을 것이라고 걱정하는 사람들이 적지 않습니다. 그러나 주권자가 헌법을 지켜낸 우리의 경험은 그러한 혼란을 극복하는 과정에서도 많은 지혜를 줄 것입니다. 따라서 그 혼란의 시간은 길지 않을 것입니다.

존경하는 재판관님, 피청구인은 자유민주주의를 무너뜨리는 언동을 하면서도 자유민주주의의 수호를 말했습니다. 헌법을 파괴하는 순간에도 헌법 수호를 말했습니다. 이것은 아름다운 헌법의 말, 헌법의 풍경을 오염시킨 것입니다. 제가 좋아하는 노래 가사에 이런 구절이 있습니다.

"세상 풍경 중에서 제일 아름다운 풍경, 모든 것들이 제자리로 돌아가는 풍경", 이 노랫말처럼 모든 것들이 제자리로 돌아가고 우리도 하루빨리 평온한 일상으로 돌아갈 수 있기를 소망합니다. 저는 그 첫 단추가 권력자가 오염시킨 헌법의 말들을 그 말들이 가지는 원래의 숭고한 의미로 돌려놓는 데서 시작되어야 한다고 믿습니다.

국민과 함께한, 이 사건 탄핵 결정문에서 피청구인이 오염시킨 헌법의 말과 헌법의 풍경이 제자리를 찾는 모습을 꼭 보고 싶습니다.

대한국민,
이 땅의
주인된 자의 이름

이금규 변호사

"그날 국회가 해제안을 결의하고 다소 안도하는 심정으로 집에 가는 길에, 여의도공원에 낡은 비행기 한 대를 보았습니다. 8·15 해방 이후에도 김구 주석과 임시정부 요인들은 고국에 돌아오지 못하고 있다가, 그해 겨울이 돼서야 일반인의 자격으로 이 비행기를 타고 당시 여의도 공항인 이곳에 내렸다고 합니다. 누군가는 부수고, 무너뜨리고, 팔아먹고, 반대로 누군가는 지키고, 세우고, 뺏기고 또 빼앗겨도 끝까지 되찾고자 하는 것, 그것이 과연 무엇일까요? 그것은 바로 피청구인이 말한 자유민주주의 시민으로서의 자격증, 바로 '주권'이라고 생각합니다."

최종변론문 중에서

전남대학교 대학원에서 행정법 석사 학위를 받았다. 2004년부터 2013년까지 수원지검 평택지청, 울산지검, 광주지검, 서울서부지검에서 검사로 일했다. 이후 변호사로 활동하면서 대통령소속 개인정보보호위원회 위원과 법무부, 국토교통부, SH, LH 등의 고문변호사를 지냈다. 2017년에는 박근혜 대통령 탄핵심판 사건 국회 측 소추 대리인으로 참여했다. 2025년 현재 법무법인 도시 대표변호사로 활동 중이다.

    12·3 비상계엄 사태로 헌정질서를 유린한 윤석열 대통령을 상대로 정신적 손해 배상, 즉 위자료를 청구하는 소송을 제안해 약 1만 명이 넘는 원고를 모았다. 마음이 어지러울 때《법화경》을 쓰곤 하며, 이번 탄핵심판에서는 그간의 경험을 발휘해 실무진으로서 노련하게 역할을 수행했다.

윤석열 대통령 탄핵심판 선고일에 탄핵소추 대리인단 단톡방에 '원팀과 드림팀'이란 글을 다음과 같이 올렸다.

"원팀은 하나의 팀, 드림팀은 같은 꿈을 꾸는 사람들의 팀이다. 그런 의미에서 이번 탄핵소추 대리인단은 원팀이자 헌법 수호 드림팀이라 할 수 있다. 탄핵소추안이 204표로 가결될 때 국민의힘은 본회의장을 나가버렸고, 결국 탄핵소추위원단에는 단 한 명의 국민의힘 의원도 참여하지 않았다. 따라서 소추위원 법사위원장 정청래 의원과 10명 소추위원단 국회의원들의 추천과 위촉받은 17명 대리인단 또한 같은 생각을 하고 같은 방향을 바라보는 사람들로 채워질 수 있었다고 생각한다."

대리인단에서 김이수, 송두환, 이광범 3명의 대표변호사님들이 중심을 잡는 역할을 했다. 우리가 박근혜 전 대통령 탄핵도 겪긴 했지만, 사실 대통령 탄핵이 수시로 겪을 만한 사건이 아니다 보니, 의욕은 넘치는데 무슨 일을 어디서부터 풀어가야 할지 방향이 잘 안 잡혔다. 대리인단이 3개월간 매주 토요일마다 회의를 했는데 그때 약간 급진적인 의견이나 주장이 나오면 대표변호사들이 차분히 눌러주시기도 하고, 경험에서 우러나오는 관록으로 분위기를 이끌어주셨다.

실무총괄인 김진한 변호사와 장순욱 변호사는 리더로서 통솔력과 지도력을 십분 발휘했다. 김진한 변호사는 헌법재판소 연구관 경력이 있고, 장순욱 변호사는 판사 경험이 있어서 인선이 참 조화롭게 잘 됐다. 이분들이 실무단을 잘 이끌어가면서 업무 분담을 적절하게 잘 해주셨다. 변호사들도 각자 밥벌이를 하면서 하는 거다 보니 이 사건에만 매진하기가 어려워 때론 귀찮고 힘들었을텐데도 모두 기꺼이 따르고, 오히려 먼저 나서서 일하고 호흡을 맞추는 분위기였다.

2004년부터 검사로 10년간 일하고 2013년부터 가족을 부양해야 했기 때문에 변호사 일을 시작했다. 처음부터 변호사를 했던 동기들에 비하면 공익 활동을 해본 적이 거의 없고, 무언가를 할 수 있겠다는 생각을 못 해봤다. 그러다 박근혜 전 대통령 탄핵 심판 때 우연히 인연이 돼 참여하게 되면서 내가 변호사로서 할 수 있는 일들이 있구나, 변호사로서 국가를 위해서 또 국민을 위해서 일할 수 있다는 걸 깨달았다. 이번 일을 겪으면서 아이들로부터 아빠를 존경한다는 얘기도 들었다. 개인적으로도 굉장히 보람되는 일이었다. 사실 시작할 때 두려움이 없지 않았는데 파면을 확신했으니까 할 수 있었다. 두려운데 확신 없이는 못 할 것 같더라.

12월 3일 여의도에서

최종변론에도 얘기했지만, 12월 3일 여의도 국회 앞에 갔다. 그날 여의도 집에 있는데 헬리콥터 소리가 들렸다. 뭘 하고 있었는지 기억은 안 나는데 어느 순간부터 실감이 나면서 무서운 마음이 들었다. 고향이 광주인데, 5·18 당시 초등학교 3학년이었다. 나이는 어렸지만 그 도시에 살고 있었으니까 그 기억이 있다. 이번에도 계엄군이 총 들고 서 있을 거라 예상이 되는데 가야 하나 말아야 하나 두려움에 잠시 망설였다.

그러나 군대 간 아들이 생각났다. 전방 부대 소속이라서 오지는 않겠지만 혹시 모르는 일이니까. 12·12 군사반란 때도 전방에 있는 노태우의 9사단이 왔으니, 아들도 계엄군으로 올 수도 있다고 생각했다. 무섭긴 하지만 아들이 계엄군으로 올 수도 있는 이 상황에서 내가 아버지로서 가만히 있다면, 훗날 너무 부끄러울 것 같았다. 만약 그때 아들과 통화가 됐다면 어떤 시민처럼 나도 아들에게 시민들을 향해서 발포하면 절대 안 되고 네 몸 잘 건사하라고 했을 것 같다. 다치지 말라고.

조성현과 곽종근의 길

조성현 대령은 정말 큰 용기를 냈다. 그가 국회로 출발하는 후속부대에게 '서강대교를 넘지말라'고 지시했기 때문에 2차 계엄을 못 했다고 얘기하는 사람도 있다. 내가 만약 계엄군이었으면 어떻게 했을까 생각해봤는데, 명령에 따를 수밖에 없었을 것 같다. 거부할 용기가 있었을까? 곽종근 전 육군 특수전사령부 사령관도 비난과 수모와 처벌을 다 감수했고, 정말로 반성하고 있는 것 같다. 그 무렵에는 곽종근의 길과 김현태의 길이 있었다. 전 제707특수임무단 단장 김현태 대령이 거의 마지막 재판에 나왔는데 그때는 이미 사람들이 곽종근 사령관에 대해서 탄원서까지 써준다는 얘기가 나왔을 때였다. 그래서 나는 김현태 대령도 곽종근의 길을 갈 것이라고 기대했다.

제도적으로 부당한 명령에 따르지 않을 권한, 그것이 항명죄가 되지 않는다는 것을 분명히 선언해주는 법 개정이 필요하다는 얘기도 있는데 내 생각은 조금 다르다. 부당한 명령에 거부한 것이 항명죄가 되지 않는다는 판례는 이미 확립되어 있다. 따라서 명문규정을 둔다고 한들 환경 자체가 새롭게 바뀌는 것은 아니다. 비상계엄의 선포 요건에 전시 사변 또는 이에 준하는 국가비상사태라고 되어 있는데, '국가비상사태'를 판사가 어떻게 해석하느냐에 따라 전혀 다르게 해석될 수 있다. 어차피 해석은 판사의 고유 권한이고, 따라서 법률은 물론 상식과 공정에 따라 판결할 수 있는 판사를 양성하고 선발하는 제도에 대한 고민이 더 요구된다. 물론 이번 내란 사태를 통해서 명령체계 안에 있는 군인들을 상대로 판례나 사례를 교육하는 것도 매우 중요하다.

8차 변론기일에서 조성현 대령 증인신문을 마치고 나서 재판관이 추가로 더 물을 게 있느냐고 했을 때, 김진한 변호사가 손을 들고 말했다. 사실을 확인하거나 보충신문을 할 줄 알았는데 그게 아니었다. 김진한 변호사는 조성현 대령에게 감사 인사를 했다.

"위법한 명령에 대해서 재검토를 요청하고 시민들을 보호하기 위해서 고민하는 그런 군인이 있었기에 우리들이 이렇게 안전하게, 심판정에서 과연 헌법을 어떻게 지켜야 하는가를 고민하는 시간을 갖게 된 것 같습니다. 진심으로 감사드립니다."

그 말에 나도 정말 감동했다. 국민들이 조성현 대령에게 하고 싶은 말을 대신했다고 생각한다. 재판관도 특별히 제지를 하지 않았지만, 법정에서는 변호사가 법적인 주장만 해야지 감성이나 감상을 이야기하는 자리가 아니기 때문에 그런 말을 할 생각 자체를 하기가 어렵다. 아마 김진한 변호사도 상당히 용기를 내서 하셨을 거다. 진정한 관록과 경험을 마주한 순간이었다.

거짓말과 불성실한 태도, 헌법 수호 의지는 제로

첫 변론기일에서 윤석열 대통령은 재판관들한테 노고를 끼쳐드려서 죄송하다고 하면서 겸손한 태도로 얘기했지만, 가면 갈수록 법정에서도 특유의 거만하고도 위압적인 자세가 묻어나왔다. 특히 탄핵심판 8차 변론기일에서 본인이 직접 홍장원 전 국정원 제1차장에게 묻고 싶은 게 있다고 했을 때, 문형배 헌법재판소장 권한대행이 "피청구인 지위가 아직은 대통령으로서 국정 최고 책임자이기 때문에 증인에게 영향을 끼칠 수 있어 직접 신문하기보다는 대리인을 통해서 하는 게 좋겠다고 재판관 회의에서 만장일치로 의결했다"며 불허했다. 그는 자기가 질문하면 저쪽에서 자기한테 틀림없이 압박을 느낄 수밖에 없을 거고, 그렇다면 자신이 증인을 충분히 제압할 수 있고, 원하는 답을 이끌어낼 수 있다고 봤을 거다.

8차 변론기일에서 국정원장 조태용이 피청구인 윤석열이 1차장 홍장원에게 전화한 이유에 대해 증언한 것을 요약해 말하자면 다음과 같다. 윤석열 대통령은 국정원장이 미국으로 출장을 간다는 얘기를 들었기 때문에 아직 미국에 있는 줄 알고 조태용 국정원장에게 전화해서 "아직 거기시죠?" 했더니 국정원장은 "예, 아직 여깁니다"라고 했고, 그래서 "알겠습니다"라고 말하고 전화를 끊은 다음, 원장이 해외 출장으로 부재중인 것을 확인해서 1차장에게 전화했다고 진술한 것이다. 정말 어이가 없었다. 영화 〈왕의 남자〉에서 장생과 공길이 '너 거기 있고 나 여기 있지' 하는 장면이 떠올랐다. 일국의 대통령이 일국의 정보수장인 국가정보원장에게 전화해서 '거기시죠?'라고 묻는 것도 코미디지만, 국정원장이란 자가 대통령이 '거기냐?'고 물으면 '예, 미국입니다. 워싱턴 출장 왔습니다'라고 안 하고 '여깁니다'라고 했다는 것도 우습다. 새빨간 거짓말을 너무나 태연하게 하는 거나 다름없는 풍경이었다.

조지호 경찰청장, 김봉식 전 서울경찰청장, 이상민 전 행정안전부장관에 대해 증인신문을 하는데 우리나라 국무위원의 수준이 이 정도인가, 이렇게 비겁한가 하는 생각에 어이가 없고 매우 참담했다. 조지호, 김봉식 청장은 증인신문할 때마다 "제가 지금 재판 중이라서 진술이 제한됩니다"라며 증언을 거부했다. 너무 화가 나서 "온 국민이 이 재판을 지켜보고 계시는데, 그럼 국민들이 증인의 형사재판이 끝날 때까지 이 재판을 미루고 기다리기라도 하라는 겁니까?"라고 한마디 했다.

또 김봉식 청장이 최상목 기획재정부 장관 문건을 세단기에 넣고 파쇄했다고 하면서 '내용을 못 봤다', '기억이 나지 않는다'고 말했다. 그 문건은 길어봐야 서너 줄이고, 파쇄하려면 종이를 펴서 세단기에 집어넣어야 하는데 보지 못했다는 건 납득이 되지 않았다. '보긴 봤지만 저도 잠시 망설여지는 순간이 있었고, 차마 대통령의 명령을 거부하지 못한 채 시간이 흘렀습니다'라고 말할 수도 있었을 텐데 대한민국 수도 서울경찰청장까지 했던 사람이 이렇게 치졸하고 비겁할 수 있는지 실망스러웠다.

이상민 전 장관은 피청구인 윤석열과 마찬가지로 자책골을 넣어버렸다. 7차 변론기일에서 "대통령실에서 종이쪽지 몇 개를 멀리서 본 적이 있다. 쪽지에 소방청장 단전·단수 이런 내용이 적혀 있었다"며 "대통령에게 (비상계엄과 관련한) 국무위원의 분위기 등 만류하러 들어간 자리에서 짧게 1, 2분 머물 때 얼핏 본 것"이라고 밝혔다. 사실 이상민 장관한테 문건을 직접 줬다는 진술이 나온 것은 없는 상태였기 때문에 본인이 못 봤다고 우기면 어쩔 수 없는 상황이었는데, 단전·단수라는 단어를 '먼 발치에서 슬쩍 봤다'고 스스로 말해버린 것이다. 나는 그 순간, 판사로 일했던, 장관이었던 자의 어리석음에 헛숨이 나왔다. 자백에 대해서는 다행스러움을 느꼈으나, 단전·단수까지 해가며 국민의 생명과 신체를 해하거나 위협하려고 했던 내란범들에게 치떨리는 분노를 느꼈다.

위자료 청구 소송: 생명권 침해와 정신적 손해

내가 유일하게 휴대전화에 다운받아놓은 영화가 〈1987〉이다. 이 영화를 20번쯤은 봤는데 특히 좋아하는 대사가 있다. 4·13 호헌조치 발표가 있자 이한열 열사가 대자보를 쫙 펼친다. "뭐 하려고?" 친구들이 물으니 "뭐라도 해야죠"라고 말한다. 그렇다. 무슨 일이 생기면 누군가는 뭐라도 해야 한다.

12월 7일 탄핵소추안이 부결됐는데 나는 뭘 할 수 있을까를 고민했다. 그래서 생각 끝에 윤석열을 상대로 위자료 청구 소송을 제기했다. 탄핵소추안을 부결한 국민의힘 의원 105명을 을사105적이라고 불렀는데, 그래서 상징적으로 원고가 될 국민 105명을 모았다. 피고는 윤석열이고 원고가 105명이다. 나는 원고이자 대리인이기도 하다.

'12·3 비상계엄 선포로 국민에게 공포와 불안과 수치심을 줌으로써 정신적 손해를 입혔다'는 것이 소송의 이유다. 윤석열은 총칼을 국민을 향해 그리고 국민의 대표인 국회의원들을 향해 직접 겨누었다. 국회의원도 국민이고 국회에 있는 보좌관들도 국민이고 국민의 대표인 국회의원을 향해서 총을 겨눈 것은 국민을 향해서 총을 겨눈 것과 다름없다. 총을 쏘지 않았으니까 생명권을 침해한 것이 아니라고 하는데, 총을 쏘지 않았더라도 총구를 겨눈 것 자체로 생명권은 이미 침해당한 것이다.

박근혜 전 대통령 탄핵사유와 윤석열 전 대통령 탄핵사유의 결정적인 차이는 침해의 직접성이다. 대통령이 뇌물을 받거나 직권을 남용하여 권리 행사를 방해하는 것은, 국민인 나로서는 그런 대통령을 가졌다는 것이 수치스럽다거나 매우 불쾌하다거나 자존심이 상한다는 정도의 간접적인 침해라고 할 수 있다. 그러나 국민을 향해 총구를 겨눈 것은 생명을 위협한 것으로서 그 자체로 생명권을 침해한 것이 되며, 그 선언만으로도 모든 국민 개개인은 직접 침해를 받은 피해자가 되는 것이다. 위협을 당했기 때문에 공포를 느끼는 것 아니겠는가. 수치스럽고 부끄럽고 자존감이 상하는 기분과 생명권을 위협당해 느끼는 공포는 차원이 다르다. 위자료 청구 재판은 소장 접수를 했고 피고에게 송달이 되어야 재판이 개시되는데 피고 윤석열은 송달을 안 받다가 최근에야 송달이 되었고, 이제야 변론기일이 열리게 된 것이다. 국민들께서 이 재판의 결과 또한 지켜봐주시고, 위자료가 인정되는 경우 전 국민이 소송을 제기해주시면 좋겠다.

윤석열의 불법과 박근혜의 불법

두 사람이 벌인 불법의 정도를 비교하여 박근혜 전 대통령의 탄핵사유가 상대적으로 약하다고 말하기도 하는데, 내란과 뇌물 중 내란의 불법이 당연히 훨씬 더 중대하다. 그렇다고 해서 그 당시 박근혜 대통령 탄핵은 기각되었어야 한다고 생각한다면 결코 적절하지 않다. 박근혜 대통령도 파면되어야 마땅한 불법적인 행위를 저질렀다. 오히려 당시 판결에 있어서 일부 탄핵사유는 인정되지 않았는데, 아쉬운 대목이다.

당시 김이수 헌법재판관만이 세월호 참사와 관련하여 박근혜 대통령의 성실직책 수행의무 위반을 지적하는 보충의견을 냈는데, 다수의견은 성실직책 수행 의무를 위반하지 않았다고 보았다. 김이수 재판관이 '대통령으로서 국민의 생명권 보호의무를 위반했다'라고 선언했듯이, 해당 탄핵사유도 충분히 인정되었어야 마땅했다고 본다. 물론 대통령이라고 하더라도 세월호 참사와 같은 사고를 미연에 막을 능력이나 의무가 있다고 볼 수는 없다. 사고를 막지 못한 잘못을 따지는 게 아니라, 사고가 난 뒤 대통령의 사라진 7시간, 물에 빠진 수백 명의 어린 학생들을 구할 수도 있었을 그 소중한 시간에 대통령이라는 자는 과연 어디서 무엇을 했는지 낱낱이 밝히라는 것인데, 그마저도 성실하게 해명하지 않았던 것이다. 대통령으로서 국민이 기대하는 조치와 행동을 전혀 하지 않은, 선거를 통해 국민이 준 신뢰를 배반한 것이 명백한데 이것이 생명권 보호의무를 위반한 것이 아니라고 볼 수 있을까?

    이번에도 대통령 윤석열의 탄핵소추를 인용한 결론은 다행이나, 사실 결정문에 아쉬운 대목이 없지는 않다. 탄핵사건 선고 결정문에서 왜 그토록 선고가 늦어질 수밖에 없었는지를 짐작케 하는 대목이 보인다. 대통령이 당시 상황을 야당 독재, 입법 독재로 판단하고 그것이 국가비상사태로서 비상계엄의 요건에 해당한다고 인식한 것은 정치적 판단으로서 존중되어야 한다고 했는데, 바로 이 대목이 그토록 선고를 미루게 한 원인이 아닌가 생각한다. 내가 맡은 최종변론에서 나는 대통령의 거짓말과 탄핵심판에서의 태도에 대해 언급했는데, 법정에서도 '대통령이 거짓말을 했다'라고 선언해주기를 바랐었다. 만약 탄핵사건 선고 결정문에 대통령이 거짓말을 했다고 선언해주었다면, 일명 '바이든 날리면'이라는 말이 거짓말이었다는 사실도, 거짓 출근도 모두 공식적으로 확인되었을 것이라는 점에서, 그 부분에 대한 언급이 없음은 무척 아쉽다.

탄핵사건 선고 결정문 제목 자체가
훌륭한 민주주의 교과서

 2025년 4월 4일 선고기일이 잡히기 전 일주일 동안은 거의 잠을 못 잤다. 답답한데 무슨 이유인지 알 길은 없고, 파면을 확신했으나 알 수 없는 지연으로 인해 점차 무섭고 두려워졌다. 윤석열이 대통령에 다시 복귀하면 우리 대리인단은 모조리 잡혀가는 것은 아닐까? 우리는 당연히 최우선 보복 대상이 될 수도 있다는 생각에 무섭고 불안했던 것도 사실이다. '확신을 가지고 여기까지 달려왔는데 파면이 안 될 수도 있는가, 그리하여 대통령직에 다시 복귀할 수도 있는가' 하는 생각은 생각만으로도 공포 그 자체였다. '헌법 위반의 정도가 중대한가? 국민에게 총을 겨눈 그 자체가 중대한 헌법 위반이며, 파면감이 아닐 수 없다, 빠져나갈 방법은 없다.' 불안한 가운데서도 다시금 스스로 확신하며 안도했다.
 광장의 여론이 헌법재판소 판결에 영향을 미쳤다고 나는 믿는다. 대법원은 법과 원칙에 따라서 심판하는 기관이고 헌법재판소는 정치적인 재판을 하는 곳이다. 그렇기 때문에 국민 여론이나 결집된 의사를 확인하고 재판에 반영하는 것이 헌법재판소의 의무라고 생각한다. 물론 헌법과 법률을 위반했는지, 위헌, 위법한 행위를 했는지 여부는 당연히 헌법과 법률에 비추어 판단해야 하겠지만, 헌법 위반의 중대성에 대한 판단은 국민 여론 또한 판단의 기준이 될 수 있다고 본다.

　탄핵사건 선고 결정문에서 문형배 헌법재판소장 권한대행이 '우리 대한국민'이란 용어를 썼다. '대한국민'은 헌법 전문에도 나오는 용어다. '유구한 역사와 전통에 빛나는 우리 대한국민은 3·1운동으로 건립된 대한민국임시정부의 법통과 불의에 항거한 4·19 민주이념을 계승하고'라고 하여 '대한민국 국민'이라고 하지 않고 '대한국민'이라고 한 것이다. 대한국민은 응당 대한민국의 국민이지만, 대한민국의 국민만을 의미하는 것은 아니다. 대한제국은 물론 조선국과 고려국, 그 이전의 고구려, 백제, 신라를 이은 이 땅의 백성, 이 땅의 민중을 의미하는 말이며, 이 땅의 주인된 자의 이름이라고 생각한다.

　아쉬움이 없는 것은 아니지만 탄핵사건 선고 결정문 자체는 훌륭한 민주주의 교과서이자 헌법 교과서라고 생각한다. 민주주의를 위해 헌법 수호를 위해 이 결정문의 제목만이라도 써보는 운동을 제안하고 싶다. 나는 워드프로세서로 제목만 적어봤는데, A4 용지로 한 3쪽 정도의 분량이다. 결정문의 결론 부분 제목은 '1. 대한민국은 민주공화국이다'이다. 헌법 제1조 제1항이 결론의 제목이다. 결론 부분의 제목은 평서문의 문장 형식으로 되어 있다. 그 문장들만 따와도 훌륭한 민주주의 교육 자료가 될 수 있을 것이다.

이금규 변호사 최종변론
피청구인의 거짓말과 심판정 태도에 대하여

저는 피청구인이 자신의 탄핵 사건에서 보여준 태도와 거짓말에 대해서 몇 가지 생각을 말씀드리겠습니다.

경호처와 공수처의 대치와 국민들의 철야 농성에도 관저에 숨어 있다가 계엄 43일 만에 체포되자 피청구인은 그제서야 제3차 변론기일에 직접 나왔는데, 첫 일성부터가 거짓말이자 위선이었습니다.

피청구인은,

"저는 철들고 난 이후로 지금까지, 특히 공직생활을 하면서 자유민주주의라는 신념 하나를 확고히 가지고 살아온 사람입니다"라고 말했습니다.

'종북 반국가세력들을 일거에 척결하고자 비상계엄을 선포한다'고 무서운 말을 했던 사람의 입에서 나온 말이라고는 도저히 믿기지 않았고, 큰 기대를 하지는 않았지만 또다시 절망을 느꼈습니다. 다만 비상계엄을 전가의 보도처럼 생각하는 사람이라면, 이 심판청구는 결국 인용이 되고 말 것이라는 확신이 드는 순간이기도 했습니다. 그날 재판관님께서는 두 개의 질문을 하셨는데, 첫 번째는 '비상입법기구 예산을 지시했는가?'였고, 두 번째는 '수방사령관과 특전

사령관에게 국회의원들을 끌어내라고 지시했는가?'였습니다.

기재부 장관에게 쪽지를 준 적이 있는지? 간단한 질문인데도, 피청구인은 준 적도, 본 적도 없다고 하면서도, 국방부 장관에게 책임을 떠넘기는 변명을 장황하게 늘어놓았습니다.

사령관들에게 국회의원을 끌어내라고 지시한 적이 있느냐는 두 번째 질문에는 '없습니다'라고 변명 없이 간결하게 답변하는 모습이 오히려 구차해 보이지는 않았습니다.

처음으로 출석해서 했던 첫 일성부터가 거짓말이라는 것은 누구라도 팩트체크가 가능할 정도입니다. 최상목 부총리의 말은 물론이고, 조태열 외교부 장관의 진술로도 A4 문건을 직접 나눠준 사실이 드러났고, 사령관은 물론 수많은 군인들의 증언을 통해서 국회의원들을 끌어내라고 지시한 사실 또한 명백히 인정됩니다.

피청구인 때문에 내란의 공범이 되어 구속된 어떤 군인은, 자신의 일생이 송두리째 무너지게 된 이 상황에서도, 자신의 명령에 따랐던 부하들에게만큼은 화가 미치지 않게 해달라고 호소하고 있는 것과는 너무나도 다르게, 거짓말로 자신의 죄를 감추려 하고, 자신이 망쳐놓은 군인과 부하들에게 자기의 죄마저 뒤집어씌우는 모습을 보고 또한번 실망을 금할 수가 없었습니다.

피청구인이 구치소에서 재판소로 출석하는 날에는, 수백, 수천의 경찰관들이 동원되고, 국민들은 이쪽과 저쪽으로 편이 갈려서 나라가 쪼개질 것만 같고, 저같은 일개 서생조차도 나라 꼴이 걱정이 되는데, 피청구인은 걱정도 안 되는지 재판소에 와서도 심판정에는 들어오지도 않거나 재판이 시작하기도 전에 다시 돌아가버리는 것을 보면서, 이 나라 공무원들의 노고는 안중에도 없고, 국민들의 시선 따위는 아랑곳하지 않는 모습도 지켜봐야만 했습니다.

피청구인은 대통령 취임식에서, '대통령으로서의 직책을 성실히 수행할 것을 국민 앞에 엄숙히 선서한다'고 했지만, 어쩌면 그 선서부터가 거짓이고 위선이었을지도 모른다는 생각이 듭니다. 대통령으로서, 국민 앞에서 직무상의 거짓말을 하지 않고 진실해야 하는 것은, 단순히 도덕적인 요청이 아니라 헌법적 요구이자 법적인 의무인 것입니다.

미국 제37대 대통령 닉슨은 단지 거짓말을 했다는 이유만으로 탄핵 위기에 몰렸고, 결국 대통령직에서 사임해야 했습니다.

피청구인은 자신의 잘못을 인정하지 않고 거짓말을 하는 것도 모자라서, 그날의 진실을 고백하고 처벌을 감수한 군인들과 부하들을 거짓말쟁이로 몰고, 탄핵과 내란을 공작하고 있다고 공격하였습니다.

그래서 이 사건은 마치 진실게임 같은 것이 돼버렸습니다. 피청구인이 한 거짓말 때문에 온 국민이 듣기 평가를 받아야 했던 적도 있고, 심지어 출근 행렬도 거짓이라는 의혹도 있습니다만, 그것이 탄핵사유는 아니므로 논외로 하겠습니다.

그렇지만 이 재판은 피청구인의 말과 언어가 처음으로 진실했는지 아니면 거짓이었는지가 공식적으로 확인되는 의미도 있다고 생각합니다.

12·3 그날 밤 저는 느닷없는 계엄에 우선은 놀랐고, 하필이면 지금 이런 때에 군에 가 있는 아들이 생각나서 '아들이 계엄군이 될 수도 있는 건가?' 싶어서 두려웠습니다. 비상계엄 자체도 너무 무섭지만, 내 아이가 계엄군이 되는 것은 더더욱 끔찍한 일이었습니다. 그래서 국회로 달려갔고, 국회는 다행히 계엄해제안을 통과시켰습니다.

헌법이니 민주주의니 이런 생각을 하기보다는, 그저 나와 내 아이들의 안전을 생각했고, 아버지로서 아들이 계엄군이 될 수도 있는 상황만큼은 막아야 했기에, 헬리콥터의 프로펠러 소리가 너무 크고, 총을 들고 있을지도 모르는 계엄군과 맞서는 것도 너무나 무서웠지만, 소심한 용기나마 짜내 국회 앞으로 달려갔던 것입니다.

그날 밤 큰 비극이 일어나지 않은 것은, 국민들이 무서움을 무릅쓰고 온몸으로 막았기 때문이지, 피청구인이 아무 일도 하지 않았기 때문이 결코 아닙니다. 만약 그를 막지 못했다면, 우리 아이는 지금쯤 계엄군이 되어 있을지도 모르고, 포고령이 무서워서, 처단받을까 무서워서, 친구들과 카톡도 맘대로 하지 못하고 있을지도 모릅니다.

청구인 대리인이기에 앞서서 저 또한 국민의 한 사람으로서, 아들을 계엄군으로 만들려고 했던 피청구인에게 말할 수 없는 분노와 배신감을 느낍니다. 그리고 두려움을 느낍니다.

저는 아직 대통령의 신분인 피청구인의 앞에서, 이렇게 말하고 있는 지금도 솔직히 떨리고 무섭습니다. 주권자를 배신한 피청구인을 심판하는 공개된 이 법정에서조차 그가 두려운 것은, 그가 아직 이 나라의 대통령이기 때문입니다.

존경하는 재판관님

그날 국회가 해제안을 결의하고 다소 안도하는 심정으로 집에 가는 길에, 여의도공원에 낡은 비행기 한 대를 보았습니다. 8·15 해방 이후에도 김구 주석과 임시정부 요인들은 고국에 돌아오지 못하고 있다가, 그해 겨울이 돼서야 일반인의 자격으로 이 비행기를 타고 당시 여의도공항인 이곳에 내렸다고 합니다. 누군가는 부수고, 무너뜨리고, 팔아먹고, 반대로 누군가는 지키고, 세우고, 뺏기고 또 빼앗겨도 끝까지 되찾고자 하는 것, 그것이 과연 무엇일까요? 그것은 바로 피청구인이 말한 자유민주주의 시민으로서의 자격증, 바로 '주권'이라고 생각합니다.

나는 지금, '부수고, 무너뜨리고, 빼앗는 자리에 설 것인가? 아니면 지키고, 세우고, 되찾는 자리에 서있을 것인가?'를 생각하면서, 변론을 마치겠습니다. 감사합니다.

당연히
지켜내야 할 것에
관하여

성관정 변호사

"'대한민국이 민주공화국인가?', '대한민국이 법치국가인가?', '대한민국의 주권은 국민에게 있고, 모든 권력은 국민으로부터 나오는가?'라는 이 당연한 질문들에 우리는 당연히 "네"라고 대답할 수 있어야 합니다. 그 당연한 대답을 가능하게 하는 것이 우리의 의무입니다."

최종변론문 중에서

2015년 고려대학교 법학전문대학원을 졸업했고 2016년 변호사 시험에 합격했다. 2022년에는 서울대학교 대학원에서 법학과 박사 학위를 받았다. 2025년 현재 엘케이비앤파트너스 변호사로 활동 중이다.

　　탄핵소추 대리인단 가운데 최연소 변호사로, 증거조사팀으로 일하며 헌법재판소와 대리인단 간의 소통을 도맡았다. 이번 탄핵심판을 통해 재판이란 변호사뿐 아니라 드러나지 않는 많은 사람들의 시간과 노력이 투자되는 일이라는 걸 다시 한번 깨달았다.

2024년 12월 18일, 장순욱 변호사에게 연락이 왔다. 요즘 시간 괜찮냐는 물음에 '오랜만에 사건을 함께 하자고 하시는구나' 싶어 반가운 마음이 앞섰다. 어떤 사건인지도 생각 않고 곧장 '시간 됩니다'라고 답했고, 그게 탄핵사건일 거라고는 상상도 못했다. 처음에는 변호사 경력이 짧은 내가 할 수 있는 일인가 걱정도 많았지만, '헌법학을 공부한 게 그래도 쓸모가 있지 않을까, 도움이 될 수 있으면 좋겠다' 하는 마음으로 합류하게 됐다.

막내 변호사로 합류한 탄핵심판 112일

말 그대로 나는 막내 변호사의 역할을 도맡았다. 누가 찾았을 때 바로 옆에 있어야 되는 사람, 아주 사소한 일, 혹은 누구 한 명이라도 거들어야 할 때 있어야 되는 사람으로 해야 할 일을 했던 것 같다. 평상시에는 일이 바빠도 주말에 하루 정도는 수면 시간을 확보해두는 편인데, 이 사건 동안은 그럴 수가 없었다. 짧으면 하루에 3시간을 겨우 잘 때도 있었고, 주중에는 대체로 5시간 이상 자는 시간이 없었던 것 같다. 일에 압도되는 기분이었다. 한 사건에서 다뤄야 하는 총 정보량이 100이라면, 보통은 나누어서 예를 들면 10, 10, 10 이렇게 순차적으로 들어오곤 하는데, 이 사건은 100, 100, 100 정말 쉼 없이 일이 들어왔다.

계속 이렇게 버틸 수 있을지 걱정이 되었지만, 아직은 스스로 부족한 부분이 많으니 그걸 메꾸는 방법은 성실함밖에 없다고 생각했다. 무엇보다 내게 주어진 일이니 그냥 해야 한다는 생각이었다. 잠이 너무 부족해서 평소에는 놓치지 않을 법한 것들을 놓치거나, 체력적으로 한계에 다다랐을 때는 장순욱, 김현권 변호사 두 분이 중간에서 내가 해야 되는 일을 세심하게 짚어주시고 배려해주셨다.

모두에게 열려 있었던 회의 시간

평소와는 달랐던 회의 분위기가 기억에 남는다. 일반적인 회의의 경우, 선배들의 말씀을 먼저 듣고 그에 따라 내가 해야 할 일이 무엇인지를 파악하는 정도였다. 그런데 이번 탄핵사건에서는 모두가 의견을 내고, 거기에 대해서 송두환 변호사, 김이수 변호사와 이광범 변호사님이 참여해 토론하는 식이었다. 한참 후배 변호사들이 먼저 의견서에 대한 의견을 내면, '좋은 생각이니 그런 식으로 해보자' 또는 '그 방향으로 흘러가면 안 되겠지만 이런 식으로 보충을 해보자'라고 제안해주셨다. 중요한 재판이고 사건이 굉장히 긴박하게 돌아가는 상황이었기 때문에 경력이 많고, 재판에 정통한 선배 변호사들 시선이 정답에 가장 가까울 거라 생각하기 쉬운데, 후배 변호사들이 새로운 의견을 냈을 때 최대한 열린 자세로 수용해주셨다.

　진정한 회의의 의미를 생각해볼 수 있는 시간이었고, 나 역시 그런 선배가 될 수 있으면 좋겠다고 생각했다. 선배들은 일단 사건을 보는 눈이 다르다. 바로 위에서 사건을 조망하는 느낌이다. 우리가 사건 안에서만 보고 있으면, 이광범 대표님은 마치 관전을 하는 것처럼 위에서 사건 밖의 상황까지 보시는 것 같았다. 변호사로서 사건을 맡으면 기록을 보는 것이 중요한데, 또 기록만 보고 있으면 놓치는 요소가 있다. 재판은 살아 있는 생물과 같다는 말이 있다. 사건을 두고 그걸 둘러싼 세상과 상황이 계속 변한다는 의미인데, 이광범 대표님은 사실과 기록뿐 아니라 사건과 재판이 돌아가는 상황을 조망하면서 살아 있는 어떤 포인트를 딱 짚는다.

헌법재판을 어떻게 대하고 있는가

　탄핵심판 재판 내내 피청구인 윤석열의 답변은 너무나 터무니없었다. 이쯤 되면 더 화를 낼 게 있을까 싶다가도 계속 화가 날 수밖에 없는 그야말로 말도 안 되는 답변을 듣자니 더 화가 났다. 피청구인 대리인들의 태도도 마찬가지였다. 말로는 '존경하는 재판관님'으로 시작하지만 실제로는 소송 지휘를 제대로 따르지 않았다. 우리는 재판부에 최대한 협조하기 위해 노력했고, 그것이

재판부에 대한 존중이라고 생각했다. 상대방이 5분을 추가로 써서 우리도 똑같이 5분을 더 달라고 요청한 경우도 있었는데, 재판부가 요구를 들어주지 않을 때도 있었다. 하지만 최대한 따르고 협조했다. 그런데 윤석열 대통령 측 대리인들은 동조하는 사람들을 더 자극하려는 건가 싶을 정도로 일부러 재판부를 따르지 않는 것 같았다. 이 헌법재판의 무게를 전혀 느끼지 못하고 있는 것 아닌가 하는 생각이 들었다.

과정이 이렇게 지난해서 그랬는지 탄핵심판 마지막 변론을 한 날이 가장 기억에 남는다. 사실 변론이 진행되는 동안은 워낙 긴박하게 지나가는 것에 몰두해서 별다른 감정을 느낄 새도 없었다. 마지막 변론이 끝나고 재판관들께서 퇴정하실 때 자리에서 일어나면서 비로소 '진짜 끝났구나', '내가 역사의 현장에 있었구나' 하는 생각이 들어 뭉클했던 것 같다. 이후에 밤 10시 쯤 다 같이 대기실에 모여서 사진을 찍던 때가 가장 많이 기억에 남는다.

헌법재판소의 의미를 생각하다

검찰 피의자신문조서 등 증거 채택과 관련한 쟁점이 문제가 될 때 문형배 헌법재판관이 피청구인 측을 바라보며 이 사건은 형사재판이 아니라 헌법재판이라고 말했다. 그때 내가 지금 헌법재판에 참여하고 있다는 걸 실감했고, 엄청난 무게감도 느꼈다.

헌법 제6장의 제111조, 제112조, 제113조 조문에 헌법재판소가 설치될 수 있게 한 우리 민주주의의 역사가 녹아 있다. 4·19 민주혁명을 거쳐 개정된 1960년 헌법에서 헌법재판소를 설치하도록 했지만, 5·16 군사 쿠데타가 발생하면서 헌법재판소가 실제로 구성되지는 못했다. 이후에 1972년 유신헌법, 1980년 헌법에서 지금의 헌법재판소와 유사해 보이는 헌법위원회를 설치하도록 했지만, 당시 헌법재판은 오늘날의 그것과 같을 수가 없었다. 헌법이 국민이 아닌, 한 사람의 독재를 위한 수단으로 활용되고 있었기 때문이다. 당시 헌법은 무력했고, 권위주의적 독재정권의 유지를 위해 사용되는 장식적 존재에 불과했으며 헌법위원회도 명목상 기관에 불과할 수밖에 없었다.

　하지만 민주화에 대한 국민들의 열망은 1987년 헌법 개정을 이끌었고 그 결과 오늘날의 헌법재판소가 설치되었다. 국민들이 헌법재판소에 바라는 것은, 진정한 의미에서 헌법질서를 수호하는 일일 것이다. 이 점에서 헌법재판소에 관해 규정하고 있는 헌법 제6장이, 우리 대한민국 민주주의의 역사와 맞닿아 있다고 생각한다.

진정 깊이 새겨야 할 기억

　2월 18일 변론 중에 김이수 변호사께서 "피청구인의 위헌적인 12·3 비상계엄이 실패할 수밖에 없었던 것도 바로 시민들의 이러한 살아 있는 민주의식 덕분입니다"라고 말씀하셨다. 한밤중에 뛰어나온 용감한 시민들에게 감사드린다는 말씀도 하셨는데, 피청구인이 선포한 비상계엄이 해제되지 않았다면 단핵소추 의결도, 지금 헌법재판소에서 하는 이 탄핵심판도 모두 불가능했을 거라는 생각이 들면서 마음이 울컥했다. 시민들이 뛰어나오지 않았다면 헌법이 예정한 절차는 모두 무용지물이 되었을지도 모른다.

계엄선포 당일부터 탄핵심판이 계속되는 내내 용감한 시민들이 목소리를 내고 힘을 보태주신 덕분에 우리 헌정질서를 지켜낼 수 있었다. 오늘 우리 민주헌정을 지키는 것은 결정적인 순간마다 작동하는 우리 국민들의 살아 있는 민주의식, 살아 있는 헌법 정신이라고 생각한다. 계엄 당일 밤에 국민들이 보여주셨듯이 헌법을 만들고 지키는 주체는 국민이다. 한마디로 그날 밤, 국민들이 살아 있는 헌법 정신을 몸소 보여준 것이다. 그것을 기억해 주시면 좋겠다.

용감한 시민, 시민을 지키는 군인

헌법 제5조 제2항의 "국군은 국가의 안전보장과 국토방위의 신성한 의무를 수행함을 사명으로 하며, 그 정치적 중립성은 준수된다"라는 규정은 현행 헌법에서 처음으로 도입되었다. 이 규정이 도입된 이유를 종전의 헌법재판소 2018. 7. 26. 선고 2016헌바139 결정은 이렇게 밝히고 있다.

"공무원의 정치적 중립성을 규정하고 있는 헌법 제7조가 있음에도 위와 같이 현행 헌법에서 국군의 정치적 중립성을 다시 한 번 명시적으로 강조한 것은 우리의 헌정사에서 다시는 군의 정치개입을 되풀이하지 않겠다는 의지를 표현한 것이다. 남북 간의 군사적 대결로 인하여 군부의 규모와 영향력이 클 수밖에 없는 현실에서, 과거 군부가 군사정변을 통해 직접 정권을 수립하거나 그 영향력을 이용하여 정치에 관여한 아픈 경험이 있기 때문이다. 이와 같이 헌법 제5조 제2항은 국군의 정치적 중립성을 명시함으로써 민주헌정체제의 수립을 확고히 하였다."

헌법재판소의 이번 탄핵사건 선고 결정문도 위 결정문을 인용하며, "집권세력이 특정 기능을 담당하는 국가조직을 이용하여 국민의 기본권과 헌법적 가치를 침해한 우리나라의 아픈 역사적 경험에 대한 반성으로 헌법은 국군의 정치적 중립성을 명시하고" 있다고 판시한다. 피청구인은 과거 독재자들이 국군의 정치적 중립성을 훼손한 사실을 알고 있으면서도, 국회에 병력을 동원하면서 국군의 정치적 중립성을 훼손했다. 그러나 용감한 시민들과 상관의 불법한 명령에 저항한 군 중간 간부들 덕분에 우리는 법치주의와 민주주의를 끝까지 지켜낼 수 있었다.

헌법이 언뜻 보기에는 대통령이나 국무위원, 국회의원들에게나 가까워 보일 수도 있겠지만, 진정한 의미에서의 헌법을 실천하는 것은 언제나 시민들이 아닐까.

성관정 변호사 최종변론

대한민국 공동체가 입은 상처

저는 피청구인으로 인해 우리 대한민국 공동체가 입은 상처에 대해 말씀드리겠습니다.

현행 헌법은 1987년 민주화에 대한 국민의 열망으로 탄생하였습니다. 1987년 그 해에 태어난 저에게 민주주의, 국민주권, 법치주의는 자라는 내내 늘 곁에 있는, 너무나도 당연한 것들이었습니다. 이제 와 돌이켜보면, 피청구인이 2024. 12. 3. 비상계엄을 선포하기 전까지, 저는 민주화에 대한 국민의 열망이 얼마나 간절했는지, 민주주의, 국민주권이 얼마나 많은 희생을 통해 대한민국에 자리하게 되었는지를 제대로 깨닫지 못하였던 것 같습니다.

그렇기에, 그 익숙하고 당연한 것들을 얻어 내고자 했던 민주화 열사들의 모습조차도 우리에게는 모두 과거였습니다. 그러나 피청구인이 2024. 12. 3. 늦은 밤 비상계엄을 선포하면서, 순식간에 그 과거는 현실이 되었습니다. 과거 어느 날의 새까만 밤처럼 군인들이 국회에 들이닥치는 모습을 실시간으로 지켜보며, 우리 윗세대는 다시 크나큰 상처를 입어야 했습니다. 그리고 1987년 이후 태어난 우리 세대는, 늘 당연하던 민주주의, 국민주권, 법치주의가 부재한 대한민국을 처음으로 목도했습니다. 아이러니하게도, 그 충격적인 광경을 지켜보면서, 우리는 민주주의, 국민주권, 법치주의가 더 이상 익숙하고 당연한 것이 아니라는 것을, 그리고 그것이 얼마나 소중한 것인지를 깨달을 수 있었습니다.

그날 이후 우리 대한민국 공동체에게 주어진 의무는 하나였습니다. 민주주의, 국민주권, 법치주의를 다시 당연한 것으로 만드는 것이 바로 그것이었습니다. 그것은 우리 모두의 의무이면서 동시에, 저와 같이 1987년 이후 태어난 세대에게 있어, 민주화 열사들의 숭고한 희생에 조금이나마 빚을 갚는 일이었습니다. 피청구인을 탄핵하는 일은, 그 의무를 다하기 위한 첫걸음이 되는 일입니다.

40여 년에 걸쳐 공고히 자리잡은 헌법 정신을 파괴하면서까지, 민주주의, 국민주권, 법치주의를 부정하면서까지 피청구인이 그날 밤 비상계엄을 선포해야 했던 이유는 어디에도 없었습니다. 이제껏 지켜낸 민주주의, 국민주권, 법치주의 위에 우선하는 가치는 어디에도 존재하지 않으며, 존재할 수도 없습니다. 그 가치를 부정하고자 한다면, 거기에는 헌정을 유린한 치정자의 오만함만이 남아 있을 뿐입니다.

'대한민국이 민주공화국인가?', '대한민국이 법치국가인가?', '대한민국의 주권은 국민에게 있고, 모든 권력은 국민으로부터 나오는가?'라는 이 당연한 질문들에 우리는 당연히 "네"라고 대답할 수 있어야 합니다. 그 당연한 대답을 가능하게 하는 것이 우리의 의무입니다. 그 당연한 대답을 얻기 위해 우리가 지금 할 수 있는 그리고 해야 하는 일은, 피청구인을 탄핵하는 일뿐입니다. 헌법재판소의 결정이 피청구인으로 인해 무너진 헌정질서를 복원하는 첫걸음이 되기를 바랍니다.

국민을
지켜주는 헌법

김현권 변호사

"곽종근 전 특전사령관과 홍장원 전 국정원 제1차장은 수사기관, 국회, 헌법재판소에서 모두 사실 그대로 말하였습니다. 곽종근 전 사령관과 홍장원 전 차장은 비상계엄 전까지 피청구인의 신임을 받던 사람들이었습니다. 현직 대통령 앞에서 진실을 말하는 것이 인간적으로 괴롭고 쉽지 않았을 것입니다. 그러나 곽종근 전 사령관과 홍장원 전 차장은 결국 용기를 내어 진실을 밝혔습니다. 우리 사회가 민주주의를 달성하고 경제적으로 선진국 반열에 올라설 수 있게 된 이유도 바로 이러한 용기 있는 시민들이 있었기 때문입니다."

최종변론문 중에서

삼성전자 정보통신연구소 선임연구원으로 지내다, 2013년 변호사 시험에 합격한 후 변호사로 활동하고 있다. 박근혜 대통령 탄핵심판 국회 측 탄핵소추 대리인단으로 참여한 경력이 있으며, 2013년 서울중앙지방법원 재판연구원, 2014년 서울 고등법원 재판연구원을 거쳐 2025년 현재 법무법인 엘케이비앤파트너스 변호사로 활동 중이다.

    기억력이 좋고 번호나 글씨체의 오류조차 놓치지 않는 등 로펌 내에서 꼼꼼하고 실력 있는 변호사로 정평이 나 있다. 탄핵소추 대리인단 증거조사팀의 일원으로 일하며 그 실력을 십분 발휘했다. 국회에서 탄핵소추안이 가결되던 날, 보아와 소녀시대 노래가 나오는 여의도 광장 한복판에 있었다.

탄핵소추 대리인단에 참여하기로 한 순간의 심정은 부담 반, 걱정 반이었다. 2016년 박근혜 대통령 탄핵심판 사건에도 참여했는데 그때가 몸과 마음 모든 측면에서 변호사 생활 중 가장 힘든 시간이었기 때문이다. 탄핵사건은 처음이기도 했고 탄핵소추 사유도 이번과 달리 굉장히 다양했다. 비선조직, 뇌물, 블랙리스트, 세월호 등등 서로 관련 없는 주제들이 많아서 할 일이 너무 많았다. 12월에 시작해서 3월까지 설날 딱 하루 쉬고 매일 아침부터 새벽 2시까지 일했다. 게다가 그때는 탄핵이 인용될지 안 될지 결론을 정말 알 수 없던 상황이었다. 힘들었지만 해야 한다는 생각과 들불처럼 번진 시민들의 촛불 응원이 건넨 힘으로 그야말로 열정으로 임했다.

사실 변호사의 힘은 기록을 열심히 꼼꼼하게 보는 데서 나온다. 기록을 꼼꼼히 보고 사실관계를 제대로 알아야 그 안에서 방향을 어떻게 잡을지, 어느 쪽에 더 집중할지 길이 보인다. 사실관계가 어떻게 다른지를 지적하면서 추궁해야 상대가 수긍한다. 지금 회사가 변호사로서 첫 직장인데 그렇게 배웠다. 대표변호사부터 기록을 직접 꼼꼼하게 보고 내용을 다 파악한다. 그 안에서 큰 틀의 변론 방향을 정하고, 참여한 변호사들과 치열한 논쟁을 벌이며 디테일을 잡아간다. 그래서 나도 기록을 열심히 볼 수밖에 없다. 변호사 생활을 하며 배운 리더십은 위에서 지시하고 무조건 시키는 것이 아니라, 지시하는 사람이 누구보다 앞장서고 많이 알며, 열심히 하는 데 있다.

존중하는 태도와 그렇지 않은 태도

증인으로 심판정에 선 홍장원 전 국정원 제1차장과 곽종근 전 육군특수전사령부 사령관이 파면에 중요한 역할을 했다고 생각한다. 우리는 자신을 지휘 감독하던, 그리고 당시까지 여전히 현직 대통령인 피청구인과 눈을 마주칠 수 있는 상황에서 증인이 가질 심리적 부담감을 대비해 심판정에 차단막을 설치해줄 것을 요청했었지만 받아들여지지 않았다. 대신 대통령이 직접 증인들에게 신문하지 않도록 하는 제안만 받아들여졌다.

홍장원 차장과 곽종근 사령관은 이런 심판정에서, 그리고 계속된 공격에도 소신에 따라서 일관된 증언을 했다. 대통령이 바라보는 상황에서도 대통령이 국회의원을 끌어내라고, 잡아들이라고 지시했다고 사실대로 증언하는 모습, 그리고 부하들에게 책임이 없고 자신의 책임이라고 말하며 부하들을 살리려고 애쓰는 모습이 인상적이었고 고마웠다. 나라도 쉽지 않았을 거다. 진실을 알려야겠다는 마음, 국민 앞에 그리고 역사 앞에 죄인이 되지 않겠다는 마음이지 않았을까. 그만큼 진실하기 때문에 확고한 신념을 보았던 것 같다.

이들이 심판정에서 신념과 품위를 보여줬다면, 다른 모습을 보여준 사람들도 있었다. 대리인으로서 가장 힘들었던 건 길고 긴 변론 준비보다 심판정에서 상대방의 논리를 계속 앉아서 듣고 있어야 한다는 점이었다. 그중에서도 부정선거 주장이 제일 힘들었다. 2024년에 치러진 선거도 아니고 2020년 21대 국회의원 선거가 부정선거라고 했다. 대법원에서 기각으로 이미 결론이 나서 법적으로도 정리된 사안인데도, 논리적이지도, 설득력도 없지만 그냥 주장했다. 그들이 부정하는 선거제도를 통해서 대통령이 된 사람이 이런 주장을 하는 것부터가 말이 안 되는 상황이었다. 아무리 이기기 위해서라고 해도, 해야 되는 주장이 있고 하면 안 되는 주장이 있다. 민주주의의 꽃인 선거제도를 부정하는 행태는 대한민국에 해가 된다. 국가에 해가 되고 국민을 분열시키는 주장을 오로지 자기의 이익을 위해서, 자기의 지지 세력을 선동하기 위해서 계속하는 것은 선을 넘었다고 생각한다.

홍장원 차장의 메모와 관련해 피청구인 측에서 조태용 전 국정원장을 신문하는 과정에서 대통령 측 대리인이 문형배 헌법재판소장 권한대행에게 "근거가 뭔가? 근거가 있나? 법적 근거를 들어 달라"라며 대들 듯 말하는 태도 또한 많이 불편했다. 대통령이 직접 질문하지 말고 대리인을 통해 질문하라는 재판부의 지휘에 대들 듯 항의를 했다. 또한 홍장원 차장의 증인신문 과정에서 시종일관 보인 짜증내는 듯한 태도도 심판정에서 보기가 상당히 거북했다.

대통령은 헌법기관이자 한 명의 국민이다

이번 헌법재판소 결정문에 "헌법준수의무를 부담하는 대통령은 국민 모두에 대한 '법치와 준법의 상징적 존재'이다. 대통령은 헌법을 수호하고 실현하기 위한 모든 노력을 기울여야 할 뿐만 아니라, 법을 준수하여 현행법에 반하는 행위를 해서는 안 되며, 나아가 입법자의 객관적 의사를 실현하기 위한 모든 행위를 해야 한다"라는 문장이 있다.

우리는 어려서부터 '모든 사람은 법 앞에 평등하다'라는 말을 많이 듣고 배웠다. 하지만 그렇게 실현되고 있는지 의문을 품는 사람들도 많다. 헌재는 위 문장들과 이번 탄핵인용 결정을 통해, 대통령이 앞장서서 헌법과 법률을 준수해야 한다는 점을 명확히 하고 헌법과 법률을 위반한 대통령을 파면함으로써 법치국가의 원리를 다시 한 번 선언했다.

특히 "대통령은 국민 모두에 대한 '법치와 준법의 상징적 존재'이다"라는 구절은 대통령이 군림하는 권력자의 위치에 있는 것이 아니라, 국민에게 모범을 보이고 솔선수범을 해야 하는 봉사자의 위치에 있다는 점을 명확히 선언한 것이어서 더 큰 울림을 준다. 국민으로서 우리도 대통령을 권력자로만이 아니라, 나와 동일한 헌법과 법률의 잣대를 적용받는 국민이고, 오히려 솔선수범과 모범을 보여야 하는 헌법기관이라는 지위에 있다는 점을 생각하면 좋겠다.

더 나아가 헌법 제1조 제1항과 제2항이 "국가권력의 형성과 행사가 국가의 특정 계급이나 특정 집단에 의해 독점적으로 지배되지 않는다는 점을 분명히 한 것이다"라는 구절에서 국회로 달려가 계엄군을 몸으로 저지했던 시민들, 그 투철한 민주주의 의식이 바로 이번 비상계엄을 실패하게 만들었음을 다시 확인한다.

국민이 지키는 헌법, 국민을 지켜주는 헌법

대한민국은 법치주의를 따른다. 그런데 그런 국가에서 사법부를 불신하면 그 사회는 무너질 수밖에 없다. 하지만 분리해서 생각할 것이 수사기관이 하는 요구를 모두 따라야 하는 것은 아니다. 압수수색 당할 때도, 계엄 상황에서 계엄군이 왔어도 내 집에 들어오려면 헌법이 적용되는 상황이라는 사실을 기억해야 한다. 법원의 법관이 발부한 영장에 의해서만 하도록 되어 있기 때문이다. 영장을 보자고 하고 변호사한테 연락하거나 아니면 내가 이런 상황이라고 가능한 많이 알려야 한다. 알리는 게 중요하다. 불법으로 체포되더라도 그걸 알려야 다른 사람들이 무슨 방법으로든 도울 수 있으니까. 영상 촬영하고 내가 가진 모든 단톡방에 띄워라. 영상이 확실한 근거가 되고 또 사람들이 바로 확인할 수 있도록. 이번 계엄이 실패한 가장 결정적인 이유 중 한 가지는 시민들이 국회에 와서 막는 상황, 계엄군이 국회로 진입하려는 상황이

유튜브와 SNS로 생중계되어 많은 사람이 실시간으로 보았기 때문이다. 증거가 분명하고 모든 국민이 증인이 되었기에 윤석열 대통령은 파면을 피할 길이 없었다.

김현권 변호사 최종변론
대통령으로서의 자격

2024년 12월 3일 밤 10시 23분, 우리는 모두 평온한 밤을 보내고 있었습니다. 그러나 평온했던 우리의 밤은 순식간에 극도로 혼란스럽게 변했습니다. 영화나 소설책에서나 볼 수 있었던 비상계엄이 선포되었기 때문입니다. 그동안 쌓아 올렸던 우리나라의 헌법적 가치와 민주주의가 한순간에 무너져 내리는 순간이었습니다.

하늘에는 군사용 헬기가 날아다니고, 도로 위에는 장갑차들이 돌아다니고, 총을 든 계엄군이 국회의사당 안으로 진입하는 모습은 너무나 비현실적이었고, 도저히 믿기 어려웠습니다. 우리 국민들은 모두 이 장면을 동시에, 실시간으로 목격하였습니다. 왜 이런 일이 벌어졌을까요. 피청구인은 대다수의 국민과는 전혀 다른 생각과 인식을 가지고 있었고, 아무도 바라보지 않는 곳을 혼자서만 바라보고 있었기 때문입니다.

이번 비상계엄에 관한 인식도 마찬가지였습니다. 피청구인은 '비상계엄이 4시간 만에 끝나 아무 일도 일어나지 않았다'고 합니다. 과연 정말로 아무 일도 일어나지 않았을까요. 비상계엄으로 인해, 환율은 급등하고, 주식은 폭락하고, 소비심리가 위축되어 중소

기업과 소상공인들은 절망을 호소하고 있습니다. 국내외 기업들은 정치적 불확실성으로 인해 국내 투자를 보류하고 있고, 국내경제는 침체되었습니다. 그런데도 피청구인 혼자서만 아무 일도 일어나지 않았다고 합니다. 피청구인에게만 이러한 국민들의 호소와 절망, 상실감이 보이지 않고, 들리지 않는 것일까요. 이렇게 피청구인이 국민들과 전혀 다른 인식과 생각을 가지고 있다는 사실만으로 대통령으로서의 자격이 있다고 할 수 없습니다.

피청구인은 자신의 책임을 벗어나기 위해 수많은 거짓말을 하였습니다. 피청구인이 '사람'을 가리켜 '인원'이라는 단어를 사용하지 않는다는 말은 완벽한 거짓말이었습니다. 피청구인은 심판정에서 '인원'이라는 표현을 사용하지 않는다는 말을 한 직후 곧바로 '인원'이라는 표현을 4차례나 사용하였습니다. 너무나 쉽게 거짓말을 하는 피청구인에게는 도저히 대통령으로서의 품격을 찾아보기 어려웠습니다.

피청구인은 자신이 한 말과 행동에 대해 책임지려 하지 않았고, 피청구인의 명령에 따라 비상계엄에 동원된 최정예 군인들의 명예를 더럽혔습니다. 군인들은 대통령의 지시가 없었는데도 국회의원을 끌어내려 했고, 정치인, 법조인, 시민 들을 체포·감금하려 했던 군인이 되어 버렸습니다. 그러나 진실은 절대 감출 수 없습니다. 감추어지지도 않습니다. 감추려고 할수록 드러나기 마련입니다.

곽종근 전 특전사령관과 홍장원 전 국정원 제1차장은 수사기관, 국회, 헌법재판소에서 모두 사실 그대로 말하였습니다. 곽종근 전 사령관과 홍장원 전 차장은 비상계엄 전까지 피청구인의 신임을 받던 사람들이었습니다. 현직 대통령 앞에서 진실을 말하는 것이 인간적으로 괴롭고 쉽지 않았을 것입니다. 그러나 곽종근 전 사령관과 홍장원 전 차장은 결국 용기를 내어 진실을 밝혔습니다. 우리 사회가 민주주의를 달성하고 경제적으로 선진국 반열에 올라설 수 있게 된 이유도 바로 이러한 용기 있는 시민들이 있었기 때문입니다. 그런데도 피청구인은 오로지 자신의 책임에서 벗어나고자 곽종근 전 사령관과 홍장원 전 차장이 거짓말을 하고 있다는 거짓말을 하고 있습니다. 진실을 감추기 위해, 자신의 책임을 회피하기 위해 거짓말을 계속하고 있는 피청구인은 대통령으로서의 자격이 있다고 할 수 없습니다.

피청구인은 그동안 피땀 흘려 이룩한 헌법가치와 민주주의를 한순간에 무너뜨렸습니다. 대통령은 헌법과 법률을 준수하고 국민들에게 모범을 보여야 하는 존재입니다. 그러나 피청구인은 헌법과 법률을 준수하려는 노력을 하지 않았고, 오히려 무시하였습니다. 피청구인은 국회의 활동을 금지하려 했고, 국민의 기본권인 언론·출판·집회·결사의 자유를 막으려 했습니다. 국회 활동과 국민의 입을 막으려 한 피청구인은 독재자를 꿈꿨던 것일까요. 피청구인은 이제 와서 이번 비상계엄이 단순히 '경고성 계엄' 또는 '호소형 계엄'에 불과하다고 합니다. 그러나 선포 그 자체만으로 국민의 기본권을 중대하게 침해하는 비상계엄을 두고 '경고성', '호소형'이라고 하는 말 자체로, 헌법과 민주주의에 대한 피청구인의 인식이 심각하게 왜곡되어 있음을 알 수 있습니다. 또한, 우리나라와 같이 대통령제를 택하는 나라에서는 다른 국가기관이 대통령을 견제하도록 하고 있는데, 피청구인은 이러한 다른 국가기관의 견제를 부당하다고 생각하고 다른 국가기관의 권한을 제한하려고 하였습니다. 즉, 피청구인은 우리 헌법의 국가원리인 권력분립제도를 부정하고 있고, 독재자를 꿈꾸었던 것입니다. 만약 피청구인이 다시 대통령직에 복귀한다면, 헌법가치와 민주적 기본질서를 더욱 훼손시킬 것이 분명하고, 또다시 자신의 정치적 목적을 위해 제2, 제3의 비상계엄을 선포할 것입니다. 이러한 상황은 반드시 막아야 합니다.

우리나라는 이번 비상계엄이 선포되기 전만 해도 K-팝, K-드라마, K-푸드, K-방산, K-배터리, K-원전 등의 신조어를 전 세계에 유행시키며 문화적·경제적·군사적 위상을 높였습니다. 우리 국민들도 '대한민국'에 큰 자부심을 느끼고 있었습니다. 그러나 피청구인의 이번 비상계엄으로 인해 우리는 한순간에 전 세계로부터 "대한민국 같은 선진국에서 비상계엄을 선포하다니 믿을 수 없다."라는 말을 듣는 신세가 되었습니다. 피청구인의 비상계엄으로 인한 부끄러움은 우리 국민들의 몫이 되어버렸습니다. 그러나 이번 위기를 기회로 삼아야 합니다. 이제 전 세계에 우리나라 민주주의의 건강함과 회복력을 보여줄 차례입니다. 지금 대한민국 민주주의(K-민주주의)의 우수성을 보여줄 수 있는 곳은 바로 헌법재판소입니다.

부디 피청구인의 파면을 전원일치로 결정하시어, K-민주주의의 회복력과 우수함을 전 세계에 보여주시기를 간곡히 호소드립니다.

군인의 용기를
보호하고
존중하는 나라

김선휴 변호사

"소극적인 비협조나 주저함이었다 해도, 피청구인의 비상계엄이 초래할 수도 있었던 더 큰 참상을 막은 것은 대단한 영웅적 행동이 아니라, 상식과 양심에 따른 작은 용기들이었습니다. 나아가 위법한 명령을 거부하는 것이 용기가 필요한 결단이 아니라, 제도적으로 보장되는 당연한 권리이자 의무가 될 때, 대한민국 군대는 비로소 권력자의 사병이 아니라 '제복을 입은 민주시민'으로서 명예를 되찾을 수 있을 것입니다."

최종변론문 중에서

고려대학교 대학원에서 헌법을 공부했다. 2011년부터 2015년까지 헌법재판소 헌법연구관을 지냈고 이후, 참여연대 공익법센터에서 간사로 활동했다. 박근혜 정권 퇴진 집회 당시 청와대 앞 100미터 행진 보장, 대통령 관저 100미터 이내 집회 금지 헌법불합치결정을 끌어내기도 했다. 2025년 현재 법무법인 이공 변호사로 활동 중이며, 참여연대 공익법센터 운영위원, 법제처 법령해석심의위원회 위원으로으로 활동했다.

    이번 탄핵심판과정에서는 절차와 적법 요건에 대한 검토, 수사 기록 검토, 증거 제출 준비, 증인신문, 증거 설명, 종합 서면과 최종변론 등 전반적인 업무마다 필요한 몫을 해내기 위해 힘썼다.

탄핵소추 대리인단 제안을 처음 받았을 때부터 내가 이 사건에 어떻게 기여할 수 있을지 많이 고민했다. 전직 헌법재판관 두 분을 비롯해, 헌법은 물론 일반 재판, 수사, 송무 등 다양한 분야에서 오랜 경험과 연륜을 지닌 분들이 대리인단에 이미 계셨기 때문이다. 나는 선배들에 비하면 경력이 14년으로 짧은 편이었지만, 여러 분야에서 쌓아온 경험을 최대한 살려야겠다고 다짐했다. 연구관과 변호사라는 서로 다른 입장에서 여러 헌법재판을 수행해본 경험, 그리고 현재 송무 변호사로서 쌓고 있는 경험을 토대로, 탄핵심판 전 과정에서 그때그때 필요한 역할을 골고루 수행하겠다는 마음으로 사건에 임했다.

대리인단 구성 초기에는 증거, 절차, 본안 이렇게 세 팀으로 역할을 나누었지만, 실제 재판이 진행되면서는 대리인단 모두가 하나의 역할에 국한되지 않고 다양한 일을 맡게 되었다. 나 또한 탄핵심판 절차와 적법 요건에 대한 검토부터 경찰과 검찰에서 송부된 수사 기록 검토와 증거 제출 준비, 증인신문, 증거 설명, 종합 서면 작성과 최종변론까지 고루 참여하며 대리인단의 일원으로서 한 사람의 몫을 다하기 위해 노력했다.

국민의 안전과 생명에
관심 없는 '행정 안전부' 장관

2024년 12월 3일, 아닌 밤중에 선포된 비상계엄은 그 자체로 어이없고 비현실적이었다. 탄핵심판 중 피청구인 측 변론이나 증인신문을 지켜볼 때도 마찬가지였다. 분노보다는 대통령의 인식이 이 정도였나 황당하고 참담함을 느꼈던 순간이 더 많았다. '아무 일도 일어나지 않았다', '대국민 호소형 계엄', '부정선거', '하이브리드 전쟁', '반중·반공 정서 자극' 등 비상식적인 주장들을 듣는 것만으로도 상당한 인내심이 필요했다.

여론에서 비교적 덜 회자되었지만, 개인적으로 가장 분노를 느꼈던 순간은 7차 변론기일에 있었던 이상민 전 행정안전부 장관의 증인신문이었다. 그는 153명의 생명을 앗아간 이태원 참사에 대해 행정안전부 장관인 자신에게 아무런 책임이 없다고 말했다. 그러면서도 자신이 직무 정지된 기간 중 집중호우로 경북 산사태와 오송 지하차도 침수 사고가 발생했고 많은 사상자가 나왔는데, 이는 장관인 자신이 자리에 없었기 때문이라고 주장했다. 야당의 탄핵소추가 원인이었다는 식으로 비난하며 참사를 정치적으로 이용한 것이다. 심지어 자신이 장관으로 자리했던 2024년에는 집중호우로 인한 피해가 상대적으로 적었다며, 장관이 직접 나서서 일을 챙기는 것이 얼마나 중요한지를 자랑하듯 강조했다.

국민의 생명과 안전을 책임지는 행정안전부 장관으로서, 재임 중 수많은 참사가 발생했다면 먼저 진심으로 사과하고 책임지는 태도를 보였어야 했다. 그러나 그는 오히려 이태원 참사 진상규명 요구를 북한의 지령에 따른 사회 전복 시도로 몰아가는 피청구인 측 신문에 적극 화답했다. 그 모습을 보며 국민의 안전과 생명에는 관심이 없고, 생명을 잃은 사람들에 대한 최소한의 공감과 연민조차 없는 사람들이 권력을 차지하고 있었다는 사실에 참을 수 없을 만큼 화가 났다.

"저는 의인도 아니고 제 부하들의 지휘관입니다"

나는 비상계엄 당시 출동한 군병력 중 이진우 전 수도방위사령관과 조성현 수도방위사령부 제1경비단장에 대한 증인신문을 준비했다. 이진우 사령관은 윤석열 대통령과 통화한 사실과 통화 내용 대부분에 대해 진술을 거부하거나 기억이 나지 않는다며 답변을 회피했다. 그러다 보니 수사기관 진술조서에 나타난 윤석열 대통령의 위헌적 지시 사항을 탄핵심판 변론에서 본격적으로 드러내지 못한 점이 답답했다.

그런던 중, 조성현 대령이 8차 변론기일에 증인으로 출석해 자신이 경험한 전체 사실관계를 상세하게 증언했다. 덕분에 비상계엄 당시 수도방위사령부 병력이 어떤 지시를 받았고, 어떻게 출동했는지, 또 현장에서 어떻게 대응했는지를 심판정에서 분명히 밝힐 수 있었다. 특히 국회의사당 출입이 통제되었을 때 국회의원을 끌어내라는 지시가 있었다는 점을 명확하게 증언해 소추 사실을 뒷받침해주었다. 국회 측 대리인단 입장에서 그의 진술이 정말 고마웠다.

조성현 대령이 명료하게 증언하자, 피청구인 측 대리인이 그의 진술을 왜곡하고 신빙성을 흔들기 위해 매우 공격적으로 신문했다. 나는 상대방의 공격으로부터 그의 진술을 방어하고자 추가 신문을 하려 했다. 그때, 조성현 대령이 스스로 답변 기회를 요청한 뒤 "저는 의인도 아니고 제 부하들의 지휘관입니다. 제가 아무리 거짓말을 해도 제 부하들은 다 알고 있기 때문에 일체 거짓말을 할 수도 없고 해서도 안 된다고 생각합니다"라고 증언하며 여러 사람에게 울림을 주었다. 그의 말은 대통령이나 사령관들의 거짓말, 진술 회피, 책임 전가와 뚜렷하게 대비되었고, 군인에 대한 우리 사회의 존중과 최소한의 신뢰를 지켜낸 증언이었다고 생각한다.

왜곡된 인식이 위헌적 사고로

헌법은 우리 대한국민이 항구적인 세계 평화와 인류 공영에 이바지하겠다고 선언하고(전문), 평화통일을 지향하며(제4조), 대한민국이 국제 평화 유지를 위해 노력하고 침략전쟁을 부인하며, 국군의 사명이 국가의 안전보장과 국토방위에 있음을 천명하고 있다(제5조). 유엔 헌장도 "모든 회원국은 국제관계에 있어 다른 국가의 영토보전이나 정치적 독립에 대하여 또는 국제연합의 목적과 양립하지 않는 어떠한 기타 방식으로도 무력 위협이나 무력행사를 삼간다"라고 규정하고 있다.

그러나 윤석열 전 대통령은 후보 시절부터 헌법과 국제법에 반하는 대북 '선제타격'을 주장했다. 임기 중에는 남북군사합의의 효력을 정지하여 대북 갈등과 긴장을 고조시켰다. 헌법이 정한 군대의 사명도, 헌법이 부여한 평화통일과 국제 평화 유지를 위한 국가의 의무도, 어느 하나 제대로 수행하지 않았던 대통령이었다.

군대와 평화에 대한 왜곡된 인식이 결국 대통령의 정치적 목적을 위해서 군대를 동원해도 된다는 위헌적 사고로 이어졌다. 그 결과, 비상계엄을 선포하고 국회와 선거관리위원회에 군대를 투입하라는 위헌적 명령을 서슴지 않고 내린 게 아닐까.

스스로 한발 한발 탄핵의 문으로 걸어 들어간 윤석열

윤석열 대통령의 파면은 2024년 12월 3일, 비상계엄을 선포하고 국회 활동을 금지하는 포고령을 선포하며 국회와 선거관리위원회에 군·경을 투입한 그 순간 이미 예정된 결말이었다. 심판 과정에서 윤석열 대통령과 대리인들은 명백한 증거가 있음에도 불구하고 증인들을 공격하고 지지자들을 선동했다. 그런 행위로 혹시라도 파면을 피할 수 있으리라 기대했는지도 모른다.

 그러나 결정적으로, 그는 스스로 입을 열 때마다 한 걸음씩 탄핵의 문으로 더욱 가까이 다가갔다. 직접 준비했다는 70분의 최후진술에서조차 부정선거 의혹과 간첩의 위협을 언급하고, '대국민 호소형 계엄'으로 많은 국민이 자신의 진심을 이해했다며 계엄의 정당성을 강변했다. 그 최후진술로 자신이 헌법 질서를 부인하고 파괴했다는 일말의 자각조차 없는 상태임을 명백히 보여줬다. 대통령 자리에 더 이상 있어서는 안 되는 위험한 사람임을 스스로 입증한 것이다. 최후진술을 들을수록 파면이라는 결론에 대한 확신은 더욱 굳어졌다.

우리 사회를 위해 분명 필요한 결론

 심판 기간 내내, 탄핵을 촉구하는 의견보다 서부지법 폭동 사태나 탄핵을 반대하는 인사들의 자극적 언동이 더 많이 보도되고 확대 재생산되는 듯했다. 나름대로 보편적인 상식과 가치관을 가지고 살아왔다고 생각했는데, 내 기준에서는 너무도 명백하고 심각한 위헌 행위를 저지른 대통령에 대해 탄핵을 찬성하는 여론이 왜 압도적이지 않은지 혼란스럽고 불안했다.

3월 말 즈음, 탄핵심판 선고가 예상보다 늦어진 데다 윤석열 대통령 구속 취소와 검찰의 즉시 항고 포기라는 이례적 상황이 벌어졌다. 여기에 헌법재판소의 동향에 대한 부정적 보도까지 이어지다 보니, 도저히 가만히 앉아 있을 수가 없었다.

그러던 중 3월 31일, 오랫동안 성당에 나가지 않던 지인과 천주교 신자가 아닌 지인까지 함께 시국미사를 드리러 갔다. 합당한 파면 결정으로 우리 사회의 민주주의가 지켜지기를 간절히 바라는 마음은 종교를 떠나 모두 같았을 것이다. 그날 파면을 촉구하는 시민들의 간절한 기도와 외침을 들으며 그 자리에 함께한 이들 사이의 연대를 느낄 수 있었다. 그리고 내 생각이 결코 혼자만의 생각이 아니라는 것을 체감하며 큰 위로와 응원을 얻었다. 적어도 이번 탄핵심판에서 파면이라는 결론은 우리 사회를 올바른 길로 이끌고, 탄핵에 반대하는 사람들까지 포함한 사회 전체 구성원을 위해서도 꼭 필요한 결정이라는 생각을 다시금 되새겼다.

그렇게 불안을 가라앉히고 파면 결론에 대한 희망을 굳건히 했던 날의 바로 다음 날이었다. 만우절이었던 그날, 정말 거짓말처럼 선고기일이 지정되었고 그때부터 선고일까지 줄곧 편안한 마음으로 결론을 기다릴 수 있었다.

헌재의 파면 결정이 지닌 '통합'의 힘

이번 탄핵 국면에서 우리 사회는 이른바 '찬탄', '반탄' 세력으로 나뉘어 극심한 대립과 갈등을 겪었다. 파면 결정 이후에도 우리 사회의 분열과 갈등이 완전히 해소되었다고 보기는 어렵다. 하지만 헌법재판소의 파면 결정, 특히 그 결정에서 다시금 확인한 헌법의 기본 정신과 가치가 우리 사회의 분열과 혼란이 극단으로 치닫는 것을 조금이나마 막아주는 역할을 했다고 생각한다.

민주주의 사회에서 서로 다른 생각과 가치관이 존재하는 것은 지극히 자연스럽고 당연한 일이다. 가치와 진리의 상대성을 인정하고 서로의 차이를 존중하는 다원주의가 전제되지 않는다면, '통합'은 다름을 인정하지 않는 전체주의로 흘러갈 수밖에 없다. 하지만 다양한 생각을 존중하더라도 헌법 질서의 핵심 가치를 부정하는 데까지 나아가서는 안 된다. 우리 사회가 건강하게 존립하기 위해서는 최소한의 기본적 합의가 필요하며, 헌법에서 그 한계를 설정하고 있다.

현재 대한민국은 민주화운동으로 독재와 권위주의 군사정권의 심각한 폐해를 극복한 헌정체제를 유지하고 있다. 이러한 체제에서 계엄과 같은 국가긴급권은 절대 남용되지 않도록 엄격한 요건과 절차에 따라 통제되어야 한다. 군의 정치적 중립 역시 반드시 지켜져야 한다. 이것이 바로 헌법이 천명한 우리 사회의 최소한의 기본적 합의다.

헌법재판소는 결정문에서 '야당의 전횡에 관한 대국민 호소'라는 목적은 (설령 그 의도가 사실이라 해도) 비상계엄 선포의 목적이 될 수 없다는 점을 명시했다. 더불어 헌법이 정한 통치 구조를 부인하고 국군의 정치적 중립을 침해한 대통령의 행위는 헌법 질서를 중대하게 위반했다고 판단했다. 아무리 지지하는 진영과 정치적 견해가 다르더라도 헌법에 명시된 헌법 제·개정권자의 결단까지 부정할 수는 없다. 이런 점에서 그 기본 가치를 재확인한 이번 헌법재판소 결정이 사회적으로 빠르게 수용되었고, 파면의 정당성을 둘러싼 갈등도 어느 정도 종식시킬 수 있었다고 본다.

이번 파면 결정이 지닌 '통합'의 힘은 우리 사회의 최소한의 합의인 헌법의 기본 정신을 다시금 확인했다는 데서 비롯된다. 그러나 헌법이 지닌 '통합'의 힘은 거기에서 멈추지 않는다. 기본권의 충실한 보장과 소수자 보호를 통해 헌법이 말하는 '통합'이 실현된다는 사실을 우리 사회와 헌법재판소가 잊지 않았으면 한다.

미래 세대를 지키는 개헌이 되어야 한다

1987년 개정된 현행 헌법은 당시에는 미처 예상하지 못했거나 시급하지 않다고 여겨졌던 가치들을 충분히 담지 못했다. 개정 헌법에 담겨야 할 내용 중 어느 하나 중요하지 않은 게 없지만, 개인적으로는 가속화되는 기후위기로부터 우리 사회, 특히 미래 세대를 지켜내기 위한 규정과 인공지능 등 과학기술의 발전으로부터 인간의 자율성과 존엄성을 지켜내기 위한 규정이 헌법에 반영되어야 한다고 생각한다.

현행 헌법은 제35조에 환경권을 규정하면서도 구체적 내용을 법률에 유보하여 권리로서의 성격이 약하다. 환경에 대한 구체적 권리성을 강화하고 생태계 보호 및 기후위기 예방을 위한 원칙을 헌법 전문이나 기본원리에 반영할 필요가 있다. 아울러 국가의 환경 보호 의무를 미래 세대에 대한 책임까지 포함하는 방식으로 규정할 필요가 있다.

또한 헌법재판소는 '개인정보 자기결정권'을 헌법에 열거되지 않은 기본권의 하나로 해석상 도출하여 위헌 여부를 판단하는 심판규범으로 적용해왔다. 그러나 앞으로 인공지능이나 빅데이터와 같은 과학기술이 인간의 노동, 프라이버시, 자율성 등 많은 영역에서 초래할 위협을 고려하면, 현재의 규범만으로는 충분히 대응하기 어렵다.

윤석열 전 대통령조차 최종변론에서 개헌을 이야기할 정도였듯이, 많은 정치세력이 개헌의 필요성을 주장하고 있다. 하지만 정치적 유불리에 따라 이루어지는 개헌이 아니라, 다가올 미래에 우리 사회 구성원들이 겪을 여러 위협으로부터 스스로를 지켜낼 수 있도록 안전한 보호막을 만드는 개헌 논의가 이루어졌으면 한다.

사법부와 법조인에 대한 감시와 비판

법조인을 기득권 집단으로 보는 국민의 시선은 상당 부분 법조인들이 자초한 결과다. 법조인들이 기득권을 누리는 동시에 이를 수호하려는 태도를 보여온 것도 대체로 사실이다. 최근 일련의 정치적 상황 속에서 법조인에 대한 불신은 사법 시스템이 과연 제대로 작동하고 있는지에 대한 근본적 회의로까지 번지고 있다. 이러한 상황에서 아무런 성찰과 개선 노력 없이 국민에게 불신을 거두고 신뢰해달라고 한들, 그 신뢰가 쉽게 회복되기는 어려울 것이다.

법조인의 역할도 중요하다. 스스로 자신이 기득권층임을 인지하고, 통렬히 반성하며 늘 자신의 태도와 입장을 되돌아보는 자세가 필요하다. 동시에 재판과 수사의 공정성은 물론 사법 서비스 전반의 질을 높이기 위한 제도 개선도 함께 이루어져야 한다. 동료 시민들이 사법부와 법조인에 대한 감시와 비판을 계속 이어가고, 사법 시스템의 제도적 개선에도 적극적으로 의견과 힘을 보탠다면 큰 도움이 될 것이다.

'제복 입은 민주시민'으로 가기 위한 다음 스텝

최종변론에서 언급했던 '제복을 입은 민주시민'은 제2차 세계대전 이후 나치의 명령에 따랐던 군대를 혁신하기 위한 통렬한 반성에서 비롯된 독일 연방군의 핵심 이념에서 유래했다. 독일 연방군은 독일 군인이 자유로운 인격체이자 책임 의식을 지닌 시민임을 강조하고, 명령에 무조건 복종하는 군인이 아니라 자신의 양심과 통찰에 따라 판단하는 군인상을 지향한다.

우리나라에서도 군사독재정권 이후 군에서 '군복 입은 시민'이라는 개념을 부분적으로 사용해왔다. 비상계엄 당시 현장에 투입된 군 장병이나 지휘관 중 일부는 시민들과 대치하거나 국회의원을 끌어내야 하는 상황이 부당하다고 여겨 소극적으로 임하기도 했다. 그러나 '군인은 옳든 그르든 명령은 따라야 한다'는 여인형 전 국군방첩사령관의 발언에서 드러나듯, 군 수뇌부의 인식은 여전히 과거에 머물러 있다. 위법한 명령에 불복종했다는 이유로 온갖 고초를 겪고 있는 박정훈 대령의 사례나, 불복종을 인정하면 군 기강이 해이해진다는 세간의 우려들을 종합해보면, 우리 군이 '제복 입은 민주시민'으로 나아가기까지는 아직 갈 길이 멀다.

군의 민주화나 개혁은 단기간에 이룰 수 있는 일이 아니다. 비상계엄 이후 군인복무기본법에 위법한 상관의 명령에 불복종할 수 있는 근거를 명시하는 법률 개정안이 다수 발의되었는데, 이는 군 개혁을 위한 하나의 시작점이 될 수 있을 것이다. 하지만 법률 개정만으로는 충분하지 않다.

위법한 명령에 따르지 않을 수 있도록 법적·제도적 정비뿐 아니라 헌법과 민주적 기본 질서에 대한 지속적인 교육과 훈련,

군 내 인권 증진, 인사 시스템 개선, 군과 정치의 관계 재정립 등 다양한 방면에서 종합적인 개선책이 함께 강구되어야 한다. 그리고 이러한 개혁이 정권의 변화와 관계없이 일관되게 추진될 때, 비로소 이번 비상계엄으로 군대가 얻은 오명과 상처를 조금이나마 덜어낼 수 있을 것이다.

비상계엄이 초래한 혼란과 분열은 우리 사회를 크나큰 위기로 몰아넣었지만, 용기 있고 현명한 주권자 시민들의 노력으로 우리는 이 위기를 극복할 수 있었다. 이 사건이 다시는 반복되어서는 안 될 과거의 악습과 폐해로부터 완전히 단절하는 계기로 기억되기를 바란다.

김선휴 변호사 최종변론
군대를 내란의 도구로 삼은 군통수권자를 파면해야 합니다

청구인 대리인 김선휴 변호사입니다.

저는 피청구인이 이번 비상계엄으로 대한민국 군대에 끼친 해악에 대해 말씀드리려고 합니다.

2022년 6월 24일, 피청구인은 6·25 참전용사에게 메달을 수여했습니다. 그 메달의 이름은 '평화의 사도 메달'입니다. 우리가 군인을 '평화의 사도'로 불러야 하는 이유는, 이들에게 부여된 최고의 의무가 바로 평화를 지키는 일이기 때문입니다. 설령 전쟁에 참여하더라도 군인의 행위는 궁극적으로 평화를 위한 수단이어야 합니다.

그러나 참전용사의 목에 평화의 사도 메달을 걸어주던 피청구인은 2년 뒤, 군인들을 내란의 현장으로 내몰았습니다. 평화 대신에 분열과 혼란의 소용돌이 속으로 밀어 넣었습니다.

30여 명의 군인이 내란과 직권남용으로 수사 대상이 되었습니다. 이들 중 누군가는 엄중한 책임을 지게 될 것입니다. 피청구인의 지시를 적극적으로 수행한 이들을 옹호할 여지는 없습니다. 사령관들은 '명령의 위법성을 판단하기 어려웠다', '대통령의 명령이기에 정당한 것으로 생각하고 따랐다'라고 변명합니다. 뉘른베르크 재판에서 나치 전범들이 내세운 변명과 다르지 않습니다.

　멀리 갈 필요 없이 바로 5·18 내란 재판에서 내란수괴 전두환의 지시를 이행한 군인들도 상관의 명령을 따랐을 뿐이라고 변명하였습니다. 그러나 위법한 상관의 명령에 따랐던 이들은 모두 처벌받았습니다. 다만 이 모든 위헌·위법한 행위의 최종 명령권자로서, 이들을 내란의 도구로 동원한 피청구인에게 가장 무거운 책임이 있음은 자명합니다.

　대한민국은 국군의 정치적 중립을 헌법에 명시한 나라입니다. 우리 헌정사에서 다시는 군의 정치개입과 군부독재의 아픈 역사를 되풀이하지 않겠다는 의지의 천명입니다. 그러나 피청구인은 87년 헌법 이후 40년 가까이 지켜온 문민 통제와 국군의 정치적 중립 원칙을 정면으로 훼손하였습니다. 국민을 위한 군대를, 개인의 정치적 목적에 이용된 사병私兵으로 전락시켰습니다. 불과 몇 년 전 기무사를 해체하고도, 국군은 또다시 정치 개입의 역사와 단절하지 못했다는 불명예를 안게 되었습니다. 국민들이 군의 정치적 중립은 물론 국가 안보에 대한 군의 헌신마저 불신하게 될까 우려스럽습니다. 이러한 불신은 자유민주주의 공화국의 토대를 위태롭게 합니다.

　피청구인이 끼친 해악은 여기서 멈추지 않습니다. 비상계엄 이후 이달 3일까지 52명의 특전부사관이 전역을 신청했습니다. 전년도 같은 기간에 비해 3배 이상 늘어난 숫자입니다. 숙련된 군 간부의 이탈은 군대가 또다시 내란의 주역이 되었다는 자괴감이나, 비상계엄 이후 군대에 가해진 사회적 비난과도 무관하지 않을 것입니다.

양병십년養兵十年 용병일일用兵一日이라는 말처럼, 군인은 언제 있을지 모르는 한 번의 위기 상황을 대비하기 위해 긴 시간 피나는 각고의 노력과 훈련을 통해 양성되는 사람들입니다. 대한민국의 자유와 독립을 보전하고 국토를 방위하며 국민의 생명과 재산을 보호하고 나아가 국제 평화의 유지에 이바지함을 그 사명으로 삼고 있으며, 충성과 성실, 정직과 청렴의 의무를 집니다. 이런 소명과 헌신을 담보로 국민은 세금을 기꺼이 지불하는 것입니다.

피청구인의 위헌, 위법한 비상계엄은 동원된 군인들 개개인의 삶을 송두리째 파괴했을 뿐 아니라, 국가가 키워낸 소중한 인적자원을 무용지물로 만들었습니다. 숙련되고 충성된 지휘관을 다시 양성하고 군에 대한 신뢰를 회복하기까지 우리 사회는 또다시 많은 시간과 비용을 치러야 할 것입니다. 이에 대해 군 통수권자인 피청구인은 이제까지 한 번도 진심 어린 사과와 용서를 빌지 않았습니다.

한 사람의 장군과 고급장교가 탄생하려면 본인의 노력뿐만 아니라 그 가족과 동료들의 응원과 헌신, 희생이 필요합니다. 이번 비상계엄에 예상치 못하게 동원된 군인의 가족과 동료들은 결코 치유하기 어려운 자괴감으로 괴로워하고 있을 것이 분명합니다. 누가 어떻게 이들의 상처를 보듬어 줄 것이며, 그동안 군인으로서 지켜온 명예를 회복시켜 줄 수 있겠습니까.

군인이 추구하는 최고의 덕목은 용기이고, 용기에 대한 최고의 보상은 명예입니다. 이 사건 심판정에서 우리가 목도한 군인의 용기를 보호하고 존중하는 것이 명예 회복의 시작이 아닐까 합니다.

계엄 상황에서 모든 군인이 위법한 명령에 맹목적으로 복종하지는 않았던 것으로 보입니다. 소극적인 비협조나 주저함이었다 해도, 피청구인의 비상계엄이 초래할 수도 있었던 더 큰 참상을 막은 것은 대단한 영웅적 행동이 아니라, 상식과 양심에 따른 작은 용기들이었습니다. 나아가 위법한 명령을 거부하는 것이 용기가 필요한 결단이 아니라, 제도적으로 보장되는 당연한 권리이자 의무가 될 때, 대한민국 군대는 비로소 권력자의 사병이 아니라 '제복을 입은 민주시민'으로서 명예를 되찾을 수 있을 것입니다.

또한 일어난 일을 진실 그대로 증언하는 것도 용기입니다. 사령관들이 입을 닫아 감추려고 했던 그날의 진상은 그 부하들의 입을 통해 드러났습니다. 더욱이 자신도 불법에 가담했음을 인정하고 처벌을 감수하며 사실 그대로 증언하는 용기와 그 진술에는 힘이 있습니다. 용기 있는 진술이 이 사건 탄핵심판에서 사실인정의 기초가 되었으면 합니다.

그리고 군대를 내란의 도구로 삼은 군통수권자에게는 책임을 물어 파면을 선고해야 합니다. 그 결정이 피청구인이 무너뜨린 군의 정치적 중립, 훼손된 군의 명예, 군인과 그 가족들이 받은 상처를 치유하고 신뢰를 회복하는 첫걸음이라고 믿습니다. 감사합니다.

대한민국 임시정부의 법통이 민주주의의 법통이다

김정민 변호사

"스스로 민심을 다 잃어버리고 어이없게도 반국가세력 타령을 하며 계엄을 선포했습니다. 이제 그 망상의 대가를 치를 시간이 다가오고 있습니다. 국민의 심판은 준엄할 것이고, 역사의 심판은 그보다도 더 준엄할 것입니다."

최종변론문 중에서

서울대학교 대학원 법학과를 졸업하고 군법무관으로 약 10년간 재직했다. 2014년 28사단 의무병 구타 살인사건 당시 가해자 하 병장 변호인, 2014년 22사단 GOP 총기난사 사건 당시 가해자 임 병장 변호인, 2023년 해병대 1사단 상병 사망 참사의 수사외압 사건 박정훈 대령 변호인, 2023년~2024년 12·12 군사반란 당시 B2벙커 헌병고 정선엽 병장 유가족 법률 대리인을 맡았다. 2025년 현재 김정민 법률사무소 대표변호사로 활동 중이다.

　이번 탄핵심판 과정에서 군 전반과 수사기관에 대한 오랜 경험 및 전문성을 살려 여러 사실 입증을 도왔다.

윤석열 전 대통령은 아무 때나 비상계엄을 선포할 수 있고, 선포하면 무엇이든 할 수 있다는 망상에 사로잡혀 있었다. 여기에 더해 국민의힘 소속 법조인 출신 국회의원들이 나서서 "소추대리인단이 내란죄를 심판 대상에서 철회했다"며 사기 탄핵으로 몰아갔을 때는 참을 수 없는 분노를 느낄 수밖에 없었다. 탄핵심판 9차 변론기일에 피청구인 측 대리인이 "가짜 투표지로 의심받는 투표지들의 사진이다. 본드, 풀이 떡칠되어 붙어버린 투표지들이 보인다"며, 관련 영상을 재생하면서 민경욱 후보를 찍은 투표용지 두 장을 부정선거의 증거라고 주장했을 때는 정말 피가 거꾸로 솟는 듯했다. 흡사 이웃 하나가 밉다고 마을 우물에 독을 푸는 것 같았다.

헌법재판소가 대통령 파면을 선고한 후에도 그들은 사과하지 않았다. 그들도 잘 아는, 헌법재판소 탄핵사건 선고 결정문에 명시된 기초적인 법 지식인 "동일한 사실에 대하여 단순히 적용법조를 추가·철회·변경하는 것은 '소추 사유'의 추가·철회·변경에 해당하지 아니한다"는 사실조차 외면하고 일부 국민을 선동하기 위해 사실을 왜곡했다. 불행히도 일부 국민이 여전히 이런 망상에 오염되어 있으나, 나는 이번 탄핵심판을 계기로 이런 망상이 사라지길 간절히 바랐다. 또한 이번 탄핵심판을 통해 비상계엄이 선포된다고 해서 군이 모든 명령에 다 따라야 하는 존재가 아니라는 사실을 알리고자 노력했다.

우리나라가 민주공화국임을
실감하게 해준 헌법재판소

선고 기일이 발표되기 일주일 전쯤, 무수한 말들이 이어졌다. 결과가 어떻게 나올지 예측이 매우 분분했다. 이때 나는 헌법재판소 변론을 수없이 복기했다. 아무리 복기해봐도 결론은 '윤석열 파면'이었다. 상식적으로 다른 결론이 나올 수 없다고 생각했다. 복기를 거듭할 때마다 탄핵심판에 임하는 헌법재판관들의 태도가 새삼 인상적으로 다가왔다. 특히 몇몇 장면은 아직도 기억에 남는다.

가장 먼저 떠오르는 건 8차 변론기일에서의 일이다. 피청구인 측 대리인이 조성현 대령을 거짓말쟁이라고 몰아붙이자, 정형식 헌법재판관이 "사령관이 전화해서 '너희는 들어갈 필요가 없다. 이미 특전사가 내부 진입하고 있으니 외부에서 지원하라'라고 해서 국회의원 끌어내라는 지시는 철회했다. 외부에서 지원하는 게 무슨 의미냐 물으니까 (증인은) 특전사가 끌고 나오면 열어주는 것이라 했다. 앞뒤가 안 맞는 말도 아닌 거 같은데 외부에서 지원하는 게 뭐냐고 하면서 답을 유도하면 어떡하냐"고 지적했다. 그러면서 피청구인 측 대리인을 호되게 질책하는데, '역시, 법조인은 법조인이구나'라고 생각했다.

또 하나 잊을 수 없는 장면은 윤석열 전 대통령이 구속된 뒤 처음 헌법재판소에 출석했을 때다. 문형배 헌법재판소장 권한대행이 윤석열 대통령에게 두 가지를 물었다. "최상목에게 문건을 건넸느냐?", "국회의원을 끌어내라 했느냐?" 이 질문을 듣는 순간, 나는 우리나라가 민주공화국임을 실감했다. 이건 단순한 사실 확인이 아니라, 국회 해산 시도라는 중대한 헌정질서를 위반했는지 직접적으로 묻고 책임 여부를 따지려는 질문이었다. 헌법재판관 8명이 전원일치로 파면 결정을 내리는 데 있어 가장 중요하게 여긴 핵심이라는 생각이 들었다.

임시정부의 법통이 민주주의의 법통이다

대한민국 임시정부의 법통을 계승한다는 헌법 전문을 늘 가슴에 새기고 있다. 대한민국 헌법 전문은 3·1 운동 정신을 이어받을 뿐만 아니라 국민이 주인이 되는 나라를 만들겠다는 선언이다. 어떤 이는 나라가 망했다며 친일의 길을 택했고, 어떤 이는 나라를 되찾겠다며 총을 들었다. 법은 때때로 필요한 곳에 제대로 적용되지 못하는 눈먼 장님 같은 모습을 할 때가 많다. 그럴 때일수록 우리는 앞을 보기 위해 역사를 돌아봐야 한다.

우리 임시정부는 독립을 선언하는 데 그치지 않고 근대국가의 면모를 가진 헌법부터 만들었다. 임시정부 헌법은 국민주권주의와 대의제를 핵심 내용으로 하며, 단순히 일제를 몰아내자는 목적을 넘어 조선의 전제주의까지 배격하겠다는 매우 중요한 결단을 담고 있다. 이는 우리가 정의하고 이해해야 하는 3·1 운동의 정신이다.

　임시정부의 법통은 한마디로 민주주의의 법통이다. 이후 우리 역사를 면면히 관통하는 주권자들의 의사표시는 반독재를 지향해왔다. 윤석열이 어설프게 국가를 구하겠다고 결국 독재의 길로 빠진 것 역시 우리 임시정부의 법통, 즉 민주주의를 정면으로 부정하는 행위다. 임시정부는 일제를 몰아낼 뿐만 아니라 독재자도 용인하지 않겠다는 결연한 의지를 보여주었다. 우리 헌법의 가장 근본적인 가치가 임시정부에서 시작되었다는 점은 매우 의미가 깊다. 그런 점에서 스스로 독재의 길을 선택한 이승만과 박정희는 결코 우리의 법통에 속한다고 볼 수 없다.

군 수사기관의 본질적인 문제

　임시정부를 생각하면 가장 먼저 떠오르는 분은 김구 선생이다. 얼핏 보면 이승만이나 김일성이 승자인 것 같지만 우리 헌법은 김구 선생을 진정한 승자로 정의한다. 박정희, 전두환 역시 보기에는 승자인 것 같지만 우리 헌법은 그들을 승자로 보지 않는다. 문제는 상당수 육사 출신이 아직도 그들을 승자로 추앙하고, 마음속 깊이 존경하고 있다는 점이다. 그런 혼미한 정신 상태를 가지고 있으니 눈앞에 있는 내란 우두머리와 내란 주요 임무 종사자를 어찌하지 못하는 것이다.

더 큰 문제는 군 수사기관의 구조적 결함이다. 법적으로 군검찰과 군사경찰이 전혀 독립되어 있지 않아 수사를 마치 작전처럼 해치운다. 아무런 독립 권한이 없어 상부의 눈치를 보며 해야 하고, 하명 수사나 하게 된다. 채 상병 사건만 봐도 알 수 있다. 장관이나 대통령 중 누구의 지시가 있었는지는 모르지만, 지시가 떨어지자마자 검찰단장이 직접 날아가서 해병대 사령관을 조사했다. 국민의 명령이 있는데도 이번 일에서 그는 꿈쩍도 하지 않고 있다.

바로 이것이 군 수사기관의 아주 본질적인 문제를 드러낸다. 독립되어 있지 않고 권력에 휘둘리는 구조 말이다. 윤석열의 내란이 성공했다면 의심의 여지 없이 군검찰, 그중에서도 특히 육사 출신 군법무관들이 앞잡이 노릇을 했을 것이다.

국민의 적은 군인에게도 적이다

이번 일은 특히 육사 출신 엘리트 장교들에게 큰 심리적 충격을 남겼으리라 생각한다. 믿었던 대통령은 자기가 지시한 사실도 부정하는 겁쟁이가 되었는데, 지금까지 무시해왔던 비육사 출신 장교들은 국민 앞에서 당당하게 자기 생각을 밝히며 대통령을 꾸짖었다. 이제 이 역사적 교훈을 문서화해 각급 양성 과정에서 교보재로 활용해야 한다. 우리 헌법은 분명 전두환이 아니라 12·12 군사반란에 항거한 장태완이 옳은 일을 했다고 선언했다. 하지만 육사에서는 이를 가르치지 않는다. 그러니 일부 육사 출신들이 전두환이 승사라고 착각하는 것이다. 만약 교육이 잘 되어 있었더라면 이번 계엄 사태가 벌어졌을까? 고민해야 할 지점이다. 철저히 가르치고 또 가르쳐야 한다. 군인은 국민에게 충성해야 한다고, 국민의 적은 군인에게도 적이라고 가르치고 또 가르쳐야 한다.

미국은 군인이 쿠데타에 성공해서 권력을 틀어쥔 역사가 없는데도 군인에게 민주주의를 열심히 가르친다. 우리나라에서는 박정희와 전두환이 군복을 입고 쿠데타에 성공했다. 교육의 필요성이 미국보다 훨씬 크다. 김용현에게 전두환은 어떤 존재일까? 박정희 대통령 사후 극심한 국가 혼란을 수습한 '영웅' 아닐까? 그런 망상을 박살 내지 않으면 언제든 그릇된 영웅심으로 무장한 군인들이 또다시 나라를 박살 낼 수 있다. 무엇보다 후대에 이번 내란에 가담한 자들의 말로를 똑똑히 보여줘야 한다.

국민의 생명을 소중히 여기겠다는 선서

탄핵을 당한 박근혜 전 대통령과 윤석열 전 대통령 모두 재임 중 대형 참사가 벌어졌다. 그런데 두 대통령 모두 이를 자신의 책임이라고 생각하지 않았던 것 같다. 그들의 생각 밑바탕에는 국민을 주권자로 인식하지 않고, 이념적으로 편향된 잣대로 국민 일부를 척결 대상인 공산주의자 정도로 여기는 태도가 자리한다고 본다. 사회취약계층을 귀찮은 존재로 치부하는 경향도 공통으로 드러난다. 두 사람의 유사한 사고방식은 오랜 세월 왜곡된 역사 인식과 헌법 정신에서 비롯된 결과로 보인다. 바로 이런 생각들이 결국 두 대통령을 탄핵이라는 결과로 이르게 하지 않았을까 생각해본다.

사실 세월호 참사나 이태원 참사 정도의 일이 조선시대에 벌어졌다면, 국왕은 '부덕의 소치'라며 근신했을 것이다. 비과학적으로 보이더라도 대형 참사 앞에서 국정 최고 책임자가 책임을 지는 일은 너무나 당연한 일 아닌가. 그렇다고 현행법에 대통령이 국민의 생명을 보호할 의무가 있다고 굳이 명시하는 것도 참 우스운 일이다. 이건 국가의 전통을 어떻게 세우느냐의 문제이지 법으로 재단할 수 있는 문제는 아니다.

그래서 한 가지 제안을 하자면, 대통령이 취임 선서를 할 때 특별히 국민의 생명을 소중히 여기겠다는 다짐을 좀 더 명확히 선언한다면 상징적인 의미를 가질 수 있으리라 생각한다. 예컨대, 대통령의 취임 선서문을 담고 있는 대한민국 헌법 제69조를 '나는 헌법을 준수하고 국가를 보위하며 국민의 생명과 자유를 지키고, 조국의 평화적 통일과 국민의 복리의 증진 및 민족문화의 창달에 노력하여 대통령으로서의 직책을 성실히 수행할 것을 국민 앞에 엄숙히 선서합니다'로 개정하면 어떨까.

이번 12·3 내란 사태가 다음 세대에게 민주주의가 얼마나 소중한지, 그리고 국민이 얼마나 무서운 존재인지를 극적으로 보여준 사건으로 기억되었으면 좋겠다. 나아가 국군이 독재자와 완벽하게 결별한 계기로 남기를 바란다.

김정민 변호사 최종변론

우리 곁을 떠난 젊은 해병을 기억합니다

오늘이 대통령 윤석열에 대한 탄핵심판 마지막 변론기일입니다. 다시는 대한민국에서 대통령이 탄핵되는 일이 없기를 기원합니다.

어쩌면 이번 비극은 2023년 7월 19일 경북 예천군 내성천에서 꽃다운 젊은 해병이 안타깝게 사망하면서부터 잉태되었는지도 모릅니다. 장갑차도 견디지 못하는 급류에 구명조끼도 입지 못한 채 투입되었다가 우리 곁을 떠난 젊은 해병을 모든 국민들은 기억합니다.

국민들은 분노했습니다. 누가 도대체 무슨 목적으로 그 젊은 해병을 사지로 몰아넣었는가? 해병대 수사단장 박정훈 대령은 법과 원칙에 따라 사단장을 포함한 8명을 경찰에 이첩하려 했습니다. 하지만 피청구인 대통령 윤석열의 생각은 너무도 달랐습니다. "이런 일로 사단장을 처벌하면 대한민국에서 누가 사단장을 한다는 말인가?" 그 말 한마디에 모든 일이 엉망진창이 되고 말았습니다. 사단장은 풀려나고 엉뚱하게도 박정훈 대령이 항명수괴죄를 뒤집어써야 했습니다. 심지어 대통령의 망언이 폭로되자, 군검찰은 허위사실을 잔뜩 기재한 구속영장청구서를 군사법원에 제출했습니다. 군사법원은 이를 기각했고, 그 군검사는 현재 피의자 신분으로 수사받고 있습니다.

거기서 멈췄어야 했습니다. 하지만 군검찰은 무리하게 박정훈 대령을 기소했고, 군사재판에서 대통령의 통화 기록이 공개되자 국민들은 더욱 분노했습니다. 대통령은 끝내 군사법원의 질문에 답하지 않았습니다. 격노했냐고 묻자 국가안보라며 답하지 않았습니다.

그리고 어이없게도 계엄 준비에 박차를 가했고, 끝내 2024년 12월 3일 어처구니없는 짓을 벌이고 말았습니다. 그 밤에 방첩사령관은 박정훈 대령의 구속영장을 기각한 판사 뒷조사를 시켰습니다. 피청구인은 '나는 모르는 일이다'라고 하겠지만, 누가 시킨 일인지는 하늘도 알고 땅도 알고 삼척동자도 압니다.

비상계엄은 대통령의 치부를 가리는 요술 방망이가 아닙니다. 아무 이유 없이 청와대를 버리고 국방부 청사를 빼앗더니, 엄청난 폭우가 쏟아지는 날 그냥 퇴근해 버렸습니다. 이태원에서 엄청난 참사가 벌어져도, 젊은 해병이 허무하게 목숨을 잃어도 고위직은 아무도 책임지지 않았습니다.

스스로 민심을 다 잃어버리고 어이없게도 반국가세력 타령을 하며 계엄을 선포했습니다. 이제 그 망상의 대가를 치를 시간이 다 가오고 있습니다. 국민의 심판은 준엄할 것이고, 역사의 심판은 그보다도 더 준엄할 것입니다.

하지만 피청구인은 이 준엄한 심판에 앞서 반드시 해야 할 일이 있습니다. 부정선거는 없었다고 고백하는 일입니다. 극우 유튜버 말 믿으면 자기처럼 패가망신한다고 고백하는 일입니다.

헌법에서 출발하는 새로운 시대의 희망

서상범 변호사

"헌법재판소가 12·3 내란의 진실을 명백히 밝히고 그에 따른 책임을 정확히 물을 때, 비로소 우리 국민들은 소모적인 반목을 대신하여 자기 성찰과 새로운 희망의 가능성을 가질 수 있습니다. 더 이상 음지에서 자라는 독버섯과 같은 중상모략과 허위사실은 발 부칠 곳이 없게 될 것이며, 통합은 이러한 진실의 기반 위에서만 시작될 수 있습니다."

최종변론문 중에서

1995년 외무고시 합격 후 외무부 국제연합(UN)국에 근무했다. 2001년 사법시험 합격 후 변호사로 활동하며 2003년부터 2008년까지 전국민주노동조합총연맹 중앙법률원 변호사로 근무했다. 서울특별시청 법무담당관, 서울특별시청 법률지원담당관 등을 지냈으며 2018년~2021년 대통령비서실 법무비서관실 선임행정관, 2021년~2022년까지는 대통령비서실 법무비서관을 역임했다. 2025년 현재 법무법인 다산 대표변호사로 활동 중이다.

　　이번 탄핵심판 과정에서는 기록들을 꼼꼼히 검토해 한 번 더 확인하고, 적재적소에 일손을 돕고 의견을 더하며 팀을 뒷받침하는 역할을 맡았다.

조국혁신당의 법률위원장직을 맡고 있다보니 대통령 탄핵소추안 작성에 일부 관여했다. 이 인연으로 탄핵소추 대리인단에 들어오라는 참여 제안을 받았다. 역사적으로 중요한 재판에 일조할 수 있다는 생각에 별다른 망설임 없이 합류하기로 했다. 대리인단에는 이미 훌륭한 기라성 같은 분들이 많이 계셨다. 그래서 내 역할은 그들 뒤에서 기록을 꼼꼼히 검토해 혹시나 빠질 수도 있는 사항들에 대해 살펴보고, 변론 방향이나 쟁점별 논의 과정에서 다양한 의견이 반영될 수 있도록 적재적소에 조언하며 뒷받침하기로 결심했다. 실제로 심판 및 그 준비 과정에서 이런 방향으로 도움이 되고자 노력했다.

견강부회-이치에 맞지 않는 말을 억지로 끌어 붙여 자기에게 유리하게 함

윤석열 전 대통령은 헌법재판소 심판정에 출석해 첫 변론부터 그 후 변함없이 12·3 계엄을 이른바 '계몽령', 즉 대국민 호소형 또는 거대 야당의 폭거에 대한 경고성 계엄선포라고 설명했다. 화가 나는 걸 넘어서서 오히려 놀라웠다. 현실이라고 믿기지 않을 만큼 큰 괴리감이었다. 부정선거에 관한 주장도 마찬가지다. 이렇게까지 견강부회할 줄은 생각하지 못했다. 그런데 그뿐만이 아니었다. 계엄에 가담한 핵심 증인들이 헌재 심판정에서 교묘하게 자신의 기존 진술을 회피하는 모습을 보면서 씁쓸했다. 최근 계엄 당시 국무회의 CCTV 화면이나 비화폰 통화내역, 노상원 전 정보사령관이 작성한 문건 등이 하나둘 확보되어 관계자들에 대한 수사가 새롭게 진척되고 있다고 들었다. 과연 현재에서 교묘하게 빠져나가려고 했던 이들에 대한 어떠한 진실이 내란죄를 다투는 법정에서 밝혀질지 끝까지 관심을 갖고 지켜봐야 할 일이다.

결정적 장면, 헌재의 조성현 대령 직접 신문

 탄핵심판 과정에서 분수령은, 수도방위사령부 제1경비단장 조성현 대령의 증인 진술이 아니었을까 한다. 증인진술을 들으며 매우 고마운 마음이 들었다. 이는 곽종근 전 특전사령관이나 홍장원 전 국정원 1차장의 경우도 마찬가지다. 당시 상황이 꽤나 답답했다. 헌법재판소는 노무현, 박근혜 대통령 탄핵사건에서 형사소송법상의 이른바 전문법칙을 완화하여 적용한다는 판례를 형성하여 비록 피청구인 등이 수사 기록상의 진술조서의 내용을 부인하더라도 변호인의 조사 참여 등 진술의 신빙성을 담보할 수 있는 경우, 그 진술조서를 증거로 채택하고자 했다. 그런데 일부 헌법재판관들이 2022년 형소법 개정 등을 이유로 이번 사건에서 이에 대해 이의를 제기한 듯 보였다. 그래서인지 12·3 비상계엄에서 국회 침탈 등 핵심적인 역할을 한 이진우 전 수방사령관의 진술조서를 탄핵심판 막판까지도 증거로 채택하지 못했던 상황이었다.

그런데 헌법재판소가 직권으로 이진우 수방사령관 수하에서 핵심적인 역할을 수행한 조성현 대령을 증인으로 불러 신문했다. 이 과정에서 증인은 큰 용기를 내어 '국회 본청으로 진입하여 국회의원들을 끌어내라는 지시' 등 계엄 당시 상황을 사실 그대로 증언하여 줌으로써 12·3 계엄의 위헌성이 명백하게 밝혀질 수 있었다.

"깨어있는 시민들의 조직화된 힘"

우리나라와 민주주의를 굳건히 지키는 힘을 여실히 느낄 수 있었다. 노무현 대통령은 '민주주의의 최후의 보루는 깨어있는 시민들의 조직화된 힘'이라고 이야기했다. 이번 재판을 준비하고 진행하면서 헌법 조문 중에서 "헌법 제1조 대한민국은 민주공화국이다, 대한민국의 주권은 국민에게 있고, 모든 권력은 국민으로부터 나온다"는 구절이 가장 많이 생각났다. 동학농민운동으로부터 일제강점기의 독립운동, 해방 이후 4·19와 광주 5·18 그리고 드디어 87년 독재국가에서 민주주의를 깨워낸 우리 국민들의 역사적 저력과 지혜가 이번에도 어김없이 발휘되었다. 이번 대통령 탄핵 또한, 광화문 광장 등 전국 각지에서 눈비를 맞으며 밤을 지새운 시민들의 염원이 있었기에 가능한 결과였다.

중단 없는 사법개혁이 절실하다

우리 헌법은 자유민주적 기본질서를 근간으로 하고 이는 민주주의와 법치주의라는 양대 기둥을 통해 실현된다. 법치주의는 법률에 사실관계를 대입해 권리를 확정하고 민주주의는 사회의 이념과 가치관을 반영해 그 법률을 제정하거나 개정하는 역할을 한다. 따라서 민주주의는 법치주의의 뿌리이고 법치주의는 민주주의로부터 항상 새로운 동력을 받아들일 수 있다. 시민들의 고민과 가치가 반영되지 못한다면 법치주의는 정체된다. 딱딱한 문자의 틀에만 고정되어 있기를 고집한다면 법은 시민들의 삶과 염원, 애환과 바람에서 멀어지게 되고 법치주의의 핵심인 국민의 신뢰를 상실하게 된다.

입법 과정에서뿐만 아니라 사법부에 의한 법의 해석 과정에 있어서도 법적 안정성뿐만 아니라 구체적 타당성을 기할 수 있는 끊임없는 고민과 노력이 필요하다. 국민들의 바람과 절실한 염원이 법치주의와 민주주의라는 헌정질서를 통해 해소될 수 있을 때 비로소 사회통합과 국가 발전이 가능해진다. 이러한 시각에서 최근 논란이 되고 있는 사법개혁도 치열하게 고민해야겠지만 반드시 추진되어야 한다고 생각한다.

탄핵사건은 끝이 난 것이 아니라 여전히 진행 중이다. 87년 헌법체제를 넘어설 수 있는 지혜를 모아내어 중단 없는 개혁을 진행할 수 있다면 이번 탄핵은 우리와 다음 세대에게 큰 의미를 가질 것이다. 만약 그렇지 않다면 우리 사회는 역사적 한계(새로운 역사를 만들지 못하는 한계)에 봉착할 수도 있다. 중단 없는 개혁과 발전이 실현될 수 있기를 국민의 한 사람으로서 그리고 국회 탄핵소추 대리인단의 일원으로서 희망한다.

새로운 시대의 지도자는 헌법적 고민에서 출발해야

새로운 시대의 대통령은 무엇보다도 우리 국민에게 새로운 비전과 희망을 제시해줄 수 있으면 좋겠다. 제2차 세계대전 이후 발전한 오늘날까지의 세계질서는 이제 바야흐로 새로운 변혁의 길목에 서 있다. 우리나라도 국가의 계속적인 발전, 우리 민족의 보다 나은 행복한 삶, 남북 간 반목과 갈등을 극복하고 통일의 길로 나아가기 위해서는 기존의 틀에 갇힌 사고와 시선으로는 부족하다. 이미 심화된 양극화를 넘어 국민 통합을 이루어내고 역사적 행보를 이어나가기 위해서 새로운 사고의 틀이 제시될 수 있기를 희망한다. 그리고 그러한 새로운 전환의 시작은 헌법적 고민으로부터 비롯되어야만 한다.

서상범 변호사 최종변론

통합은 진실의 기반 위에서만 시작될 수 있습니다

윤석열 대통령은 사회적 반목과 질시를 풀어내어 통합으로 이끌려는 모습을 보이지 않았습니다. 자신을 지지하는 유권자들뿐만 아니라 자신을 반대하는 국민들까지도 끌어안으려는 노력을 기울이지 않았습니다. 오히려 통합과는 반대로, 12·3 비상계엄을 지렛대로 우리나라의 자유민주주의를 일거에 쓸어내고 독재정권을 수립하려 하였습니다.

헌법재판소가 12·3 내란의 진실을 명백히 밝히고 그에 따른 책임을 정확히 물을 때, 비로소 우리 국민들은 소모적인 반목을 대신하여 자기 성찰과 새로운 희망의 가능성을 가질 수 있습니다. 더 이상 음지에서 자라는 독버섯과 같은 중상모략과 허위사실은 발 부칠 곳이 없게 될 것이며, 통합은 이러한 진실의 기반 위에서만 시작될 수 있습니다.

윤석열 대통령은 국민 통합을 이야기 하겠다고 합니다. 그러나 대통령은 스스로 던져버린 통합을 다시 꺼내들기에 앞서 먼저 자신의 책임을 인정하여야 합니다. 책임을 회피하기 위한 허무맹랑한 변명과 다른 사람에 대한 책임전가 그리고 부정선거라는 유언비어는 이 사회에 새로운 분열과 갈등을 야기하고 있습니다.

　대통령이 진정 국민들의 통합을 원한다면 진실을 직면하여 자신의 책임을 인정하고 사죄하여야 합니다. 헌법재판소의 신속한 파면 결정과 대통령의 진심어린 사죄만이 공적 시스템에 대한 국민의 신뢰를 조금이나마 다시 회복시킬 수 있으며, 이러한 신뢰가 기반이 되어야 통합에 대한 이야기도 시작될 수 있을 것입니다.

국민주권이 기득권의 망동을 이겨낸 역사로 기록될 것이다

김남준 변호사

"피청구인에 대한 탄핵 결정은 단순한 법률적 심판을 넘어 대한민국이 다시는 독재와 불의의 길로 돌아가지 않도록 하는 초석이 될 것입니다. 우리나라의 노벨상 수상자인 한강 작가는 '과거가 현재를 구원할 수 있는가'라는 유명한 말을 남겼습니다. 1980년 5.18의 깊은 상흔과 국민들의 민주화 투쟁은 2024. 12. 3.의 위헌위법적인 피청구인의 계엄선포를 막았습니다. 헌법재판소의 피청구인에 대한 탄핵결정은 우리의 후손들에게 다시는 그런 과거가 반복되지 않도록 하는 길을 밝혀줄 것입니다."

최종변론문 중에서

2005년~2006년 법무부장관 정책보좌관, 경기지방노동위원회 공익위원, 민주사회를 위한 변호사모임 사법위원회 위원장, 국민 성장 검찰개혁단장, 대통령직속정책기획위원, 대한변호사협회 인권위원회 위원을 역임하며 사법 권력 문제에 관심을 가지게 되었다. 2016년 9월~2017년 3월까지 정책공간국민성장 반특권검찰개혁단장, 2019년 9월~2020년 9월까지 2기 법무검찰개혁위원장을 맡아 개혁위를 이끌었다. 2025년 현재 법무법인 시민 대표변호사로 활동 중이다.

  이번 탄핵심판 과정에서 1차 탄핵소추안이 불성립된 후, 2차 탄핵소추안을 작성할 때 소추안 작성의 팀장으로 탄핵소추안을 작성했다.

2024년 12월 8일부터 5일간 윤석열 대통령에 대한 2차 탄핵 소추안을 작성했다. 당시 내가 팀장으로 헌법교수 1인, 형법교수 1인이 팀원이었는데, 그 소추안이 국회를 통과해 이를 기초로 탄핵재판이 진행되었다. 탄핵심판 초기에는 위 소추안이 작성된 과정과 소추안의 의미를 대리인단에게 정확히 전달하고, 탄핵심판 과정에서는 서면 검토 및 의견을 제시하는 역할을 주로 했다.

처음에는 증인신문 등에는 관여하지 않을 계획이었다. 그런데 탄핵심판 막바지 상대방의 증인신청이 많아지면서 한덕수 전 국무총리를 신문하게 되었다. 한덕수는 오로지 자신의 사익만을 추구하는 무책임한 공직자의 극치를 대표하는 사람이라는 느낌이었다. 대통령으로부터 받은 계엄포고령을 국무회의라고 주장하는 회의 이전에 받아 확인했을 것임에도 불구하고, 그 다음 날이 되어서야 자신의 주머니에 문서가 있다는 사실을 확인했다는 상식 밖의 증언을 했다. 이는 내란죄의 수사 과정에서 밝혀야 할 일이라고 생각한다. 증인신문을 통해 윤석열 대통령의 계엄선포 행위가 국무회의의 심의 등을 거치지 않고, 국회 통고 등의 절차를 거치지 않아 절차적으로도 위법한 내란 행위임을 밝히는 데 일조했다고 생각한다.

탄핵소추 대리인단에서는 상대적으로 젊은 변호사들을 중심으로 실무팀이 별도로 구성되었는데 그 구성원의 노력이 인상적이었다. 이론적으로도 완벽한 서면을 작성했고, 입증 자료도 매우 충실하게 준비하여 도움이 많이 되었다.

대통령 이전에 인간으로서도 부족하다

 탄핵심판 전 과정에서 가장 화가 났던 부분은 윤석열 전 대통령의 태도였다. 그는 자신이 저지른 행위에 대해 전혀 반성하지 않고, 부하들에게 책임을 떠넘겼다. 대통령으로서 자질을 따지기 이전에 인간으로서도 부족하다는 느낌을 주는 사람이었다. 주권자의 한 표 한 표가 중요하다는 사실을 절감하게 만들었다.
 그는 검사로서 언제나 우월한 지위에 있었다. 남을 심판하고 기소하는 지위에 있었고, 자신이 거짓말을 하면서도 그것을 제대로 인식하지 못하는 상태에 있는 것으로 보였다. 검찰이라는 지위가 그러한 행위를 가능하게 했고, 그것이 개인적인 품성에도 영향을 미친 것으로 보인다. 그의 태도를 통해서 검찰이라는 조직에 어떤 문제점이 있는지 느낄 수 있었다. 나치의 선전상 괴벨스는 군중의 심리를 정확히 꿰뚫고 선동을 잘한 사람으로 역사적으로 명성을 날린 사람이다. 윤석열 대통령은 자신의 내란죄를 부정하고, 탄핵재판을 유리하게 이끌기 위해서 대중을 선동할 목적으로 파렴치한 행위를 반복한 것으로 보인다. 대통령으로서 무책임하기 이를 데 없었다.
 반면 가장 고마운 증인이자, 군인으로서 자신의 직무에 매우 충실한 조성현 대령은 책임감에 있어 윤 대통령과 대비된다. 그가 윤 대통령과 김용현 전 국방부 장관의 불법적인 명령에 따르지 않은 덕에 2차, 3차로 이어질 수 있었던 계엄이 방지되었다고 생각한다.

헌법 정신을 바탕으로 기득권 카르텔을 깨야 한다

개인적으로는 헌법 제10조가 변호사의 중심을 잡게 해주는 조항이다.

"모든 국민은 인간으로서의 존엄과 가치를 가지며, 행복을 추구할 권리를 가진다. 국가는 개인이 가지는 불가침의 기본적 인권을 확인하고 이를 보장할 의무를 진다."

변호사로서 업무를 수행할 때 여러 가지 유혹에 빠지기 쉬운 환경에 노출된다. 특히 변호사 수가 증가한 요즘은 경쟁의 격화로 영리 추구에 몰입하기 쉽다. 헌법 제10조는 그런 상황에서도 인간의 존엄성을 가장 우선시해야 하는 것이 변호사의 사명이라는 점을 일깨워 준다. 변호사법 제1조(사명) "변호사는 기본적 인권을 옹호하고 사회정의를 실현함을 사명으로 한다"는 변호사 업무의 중심으로 삼아야 하는 것이 무엇인지를 선언하고 있다.

한편으로 지금과 같은 혼란한 시대에 법률가에게 가장 큰 울림을 주는 헌법조항은 헌법 제1조라고 생각한다. '대한민국은 민주공화국이며, 대한민국의 주권은 국민에게 있고, 모든 권력은 국민으로부터 나온다'는 내용은 민주주의 사회인 한국에서는 언제나 가장 중요한 조항일 것이다. 그러나 기득권층의 카르텔이 공고해지고, 심지어 선출된 권력에 의해서 민주주의가 침탈당할 뻔한 현실에서 이 조항의 의미를 다시 되새기게 된다.

헌법 제11조 제1항 평등권 조항도 새삼 그 의미가 조명되고 있다. 검찰 권력에 의한 표적수사, 과잉수사, 정치적 반대세력에 대한 탄압이 행해시는 현실과 내긴우두머리에 대한 신박한 계산법에 의한 석방, 검찰총장의 항고 포기 등을 접하면서 이 나라가 과연 헌법에 평등권 조항을 두고 있는 나라인지 의심스러워졌다. 평등권을 실질적으로 실현하기 위해서는 사법체계 전반에 대한 개혁이 필요하다는 사실이 이번 내란 사태를 통해서 밝혀진 것이다.

법조인들이 기득권 카르텔의 주요한 한 축이 된 것이 현실이라는 것은 이번 내란 사태의 진행 과정에서 확인되었다. 지귀연 판사의 구속취소, 검찰총장의 항고 포기, 대법원의 당시 이재명 더불어민주당 대표에 대한 파기환송, 고등법원의 신속한 기일 지정 및 집행관 송달을 보면 명백하다. 과거 검찰에 많은 권한을 부여한 역사와 정치권으로부터의 독립을 위하여 사법권의 독립을 강조해온 역사는 이제 새로운 기준에 따라 수정해야 한다. 검찰의 수사권, 기소권 분리 등을 통하여 검찰권을 정상화하고, 법원에 대해서도 배심제 실시, 인사권에 대한 국민의 관여 등을 통하여 더 이상 법조가 기득권 카르텔의 주요한 축이나 도구로 기능하지 않고, 국민을 위하여 봉사하게 만드는 구조로 개혁할 필요가 있다.

삼권분립은 어떻게 작동해야 하는가

일반적으로 여러 국가기관이 잘 작동하기 위해서는 각 기관이 본연의 역할을 제대로 수행해야 한다. 기관 간에는 견제와 균형의 원리가 작동해야 하며 이를 통해 권력분립의 이념이 현실에서 잘 작동할 수 있다. 이는 국민의 참여에 의한 통제와는 구별되는 개념이다.

입법부는 헌법가치를 구체화하는 법률을 제정해야 한다. 입법부가 정권과 결탁하여 인권을 직접 침해하는 법률을 제정한 역사가 세계 곳곳에서 빈번히 발생했고, 나치시대에는 수권법을 통하여 입법권 자체를 행정부에 넘겨 입법권을 포기한 경우도 있었다. 행정부에 대한 국정감사 등을 통한 기관통제도 입법부의 주요한 임무다.

행정부는 직접 국민의 자유와 인권을 침해할 가능성이 가장 높으므로 헌법과 법률에 따른 행정작용을 수행하는 데 더 많은 노력을 해야 할 것이다. 윤석열 정부는 법률의 위임을 받지 않고 검사의 수사권을 확대하고, 행안부 내에 경찰국을 신설하는 등 소위 시행령 통치를 하여 헌법과 법률을 위반한 행정작용을 했다. 물론 위법한 계엄선포에 대해서는 더 언급할 필요가 없다.

사법부는 구체적 사건에서 기본권 보호를 위하여 애써야 하며, 헌법해석(위헌법률심판제청, 행정재판 등)을 통하여 입법, 행정작용에 대한 통제기능을 수행해야 한다. 이번 내란 진행 과정에서 나타났듯이 사법부가 본연의 역할을 제대로 수행하지 못하는 경우 국민주권이나, 법 앞의 평등 등 헌법 원리에 위반하는 결과가 발생한다.

입법부, 사법부, 행정부도 위와 같은 견제와 균형의 원리가 제대로 작동하기 위해 끊임없는 개혁을 해야 한다.

하늘은 악을 저지른 자를 놓치지 않고 응징한다

노자에 이런 구절이 있다.

"天網恢恢 疏而不失 천망회회 소이불실"

하늘의 도리는 느리고 성기게 작용하는 것처럼 보이지만, 결국에는 악을 저지른 자를 놓치지 않고 응징한다는 뜻이다. 윤 대통령이 대통령으로 취임한 이래 행한 실정은 열거하기가 곤란할 정도다. 그럼에도 불구하고 친인척 비리 등 특검에 대하여 거부권을 남용하는 등으로 자신의 죄상을 철저히 감추었다.

마지막 변론기일 전날 창원지검에서 이른바 명태균 사건의 수사보고서가 언론에 발표되었다. 진실이 권력에 의해서 가려지고 있다 할지라도 명태균 사건처럼 언젠가는 모두 백일하에 드러날 것이고, 따라서 탄핵도 이루어지고 말 것이라는 생각에 이 구절을 떠올렸다.

　예상 밖으로 선고기일 지정이 늦어지면서 대리인단 뿐만 아니라 주변의 법률가들과 대책에 대해서 의논했다. 선고기일지정 신청을 해야 한다는 의견도 있었으나 개인적으로는 보수 논객인 조갑제 전 월간조선 편집장, 정규재 전 한국경제신문 주필, 김진 전 중앙일보 논설위원이 언론에 발표한 내용을 헌재에 제출하는 것이 좋겠다고 생각했다. 대리인단에서 며칠 후 관련 내용을 헌재에 제출했다. 극단적인 보수주의자로 분류되었던 언론인들조차 윤 대통령의 계엄선포 및 내란 행위에 대해서는 헌정질서를 파괴하는 것이라고 선언했다는 점에서 보수적인 국민들에게도 탄핵의 정당성을 알리는 효과가 있었다고 평가된다.

　과거 4·19와 5·18의 역사적 경험이 이번 계엄과 내란 사태를 막을 수 있게 해주었다. 이번 사건은 국민 주권이 기득권의 망동을 이겨낸 역사로 기록될 것이고, 다시는 이런 일이 재발되지 않도록 하는 또 하나의 역사적 경험으로 기억될 것이다.

김남준 변호사 최종변론

역사의 교훈을 잊지 않고
대한민국 민주주의를 수호해야 합니다

오늘 저는 피청구인의 헌법 위반행위에 대한 귀 헌법재판소의 탄핵 인용 판단을 구하기 위하여 이 자리에 섰습니다. 피청구인의 비상계엄 선포 행위 및 이를 통한 내란 기도는 국가의 근간을 흔드는 중대한 헌정질서의 파괴 행위입니다. 헌법 수호의 최종적 책임을 지고 있는 헌법재판소의 이 사건 탄핵심판 결정은 대한민국의 미래를 결정짓는 역사적 분기점이 될 것입니다.

헌법 제66조 제2항은 대통령에게 헌법을 준수하고 수호할 의무를 부여하고 있습니다. 그러나 피청구인은 자신의 권력을 유지하기 위해 친위쿠데타를 감행함으로써, 국민의 생명과 권리를 보호해야 할 헌법상의 의무를 정면으로 위반하였습니다. 헌법과 법률이 정한 요건을 충족하지 않은 계엄령을 선포함으로써, 국가 권력을 사유화하고 국민의 기본권을 유린하는 반헌법적 행위를 저지른 것입니다.

나아가, 피청구인은 유일하게 계엄령을 견제할 권한을 가진 국회를 반국가단체로 지칭하며 봉쇄, 점거 조치를 취하였고, 존재하지도 않은 선거부정을 이유로 선거관리위원회를 침탈하였습니다.

정치인, 법조인, 언론인 등 자신이 권력을 마음대로 행사하는 데 방해가 될 수 있다고 생각하는 사람들을 체포하라고 지시하였습니다. 만약 피청구인의 비상계엄이 계획대로 진행되었다면, 대한민국은 민주주의의 기반을 상실한 독재국가로 전락했을 것입니다.

 피청구인은 자신의 계엄선포가 국민을 위한 것이었으며, 결과적으로 아무런 피해가 없었다고 강변하고 있습니다. 심지어 국민을 가르치기 위한 계몽령이라는 주장까지 하고 있습니다. 그러나 이는 명백한 궤변입니다. 한나 아렌트Hannah Arendt는《예루살렘의 아이히만》에서 '무사유Thoughtlessness'의 개념을 제시하며, 권력을 가진 자가 스스로 생각하기를 멈추고 기계적으로 권력을 행사할 때, 그 행위는 도덕적으로 용납될 수 없다고 하였습니다. 피청구인의 행동은 바로 이 무사유의 전형적 사례로서, 국민을 단순한 통치의 대상이나 무지한 존재로 간주하였고, 자신의 권력 유지를 위해 국민을 기만하였습니다.

 대한민국은 일제의 식민지배, 군사독재와 싸워 독립국가를 이루어내고 민주주의를 쟁취한 역사적 경험을 가지고 있습니다. 그러나 동시에, 과거의 불의에 대한 철저한 단죄가 이루어지지 않음으로써, 헌정질서를 파괴하려는 시도가 반복되는 결과를 초래하기도 하였습니다. 이러한 역사의 교훈을 반추할 때, 피청구인에 대한 탄핵 결정은 단순한 법률적 심판을 넘어 대한민국이 다시는 독재와 불의의 길로 돌아가지 않도록 하는 초석이 될 것입니다. 우리 나라의 노벨상 수상자인 한강 작가는 '과거가 현재를 구원할 수 있는가'

라는 유명한 말을 남겼습니다. 1980년 5·18의 깊은 상흔과 국민들의 민주화 투쟁은 2024. 12. 3.의 위헌위법적인 피청구인의 계엄선포를 막았습니다. 헌법재판소의 피청구인에 대한 탄핵결정은 우리의 후손들에게 다시는 그런 과거가 반복되지 않도록 하는 길을 밝혀줄 것입니다.

나치의 선전상 요제프 괴벨스Joseph Goebbels는 "국민은 작은 거짓말보다 큰 거짓말에 더 쉽게 속는다. 거짓말을 한 번 하면 믿지 않지만, 두 번, 세 번 반복하면 결국 믿게 된다"고 말했습니다. 피청구인은 이 말을 마음속 깊이 믿고 있는 것으로 보입니다. 그는 자신의 행위에 대해 일말의 반성도 보이지 않으며, 이 심판정에서도 거짓을 반복하면서 국민을 선동하고 있습니다. 그러나 우리는 역사를 통해 이러한 거짓이 어떤 비극을 초래하는지 경험했습니다. 이제 국민은 더 이상 속아서는 안 되며, 속지도 않을 것입니다.

알베르 카뮈Albert Camus는 "과거의 범죄를 처벌하지 않는 것은 미래의 범죄에 용기를 주는 것이다"라고 말했습니다. 오늘 우리가 피청구인의 위헌 행위를 단죄하지 않는다면, 이는 미래의 독재자들에게 잘못된 신호를 제공하는 결과를 초래할 것입니다.

헌법재판소는 대한민국의 헌법 수호 기관으로서, 피청구인의 위헌적 행위에 대하여 엄중한 판단을 하여야 할 것입니다. 피청구인의 위헌 행위를 철저히 단죄하는 것은 대한민국 민주주의의 지속적인 발전을 위한 필수적인 과정이 될 것입니다. 오늘 우리는 다시 한 번 역사의 변곡점 앞에 서 있습니다. 대한민국이 다시는 독재와 헌정 파괴의 길을 걷지 않도록, 헌법재판소의 올바른 판단이 요구됩니다. 피청구인은 반드시 파면되어야 합니다. 이는 단순한 법률적 판단을 넘어, 대한민국의 민주주의와 헌법 질서를 수호하는 결정적 조치가 될 것입니다. 헌법은 단순히 박제되어 있는 글자가 아니라, 국민을 보호하는 방패이며, 불의한 권력에 맞서는 마지막 보루입니다. 이제 이 법정이 역사 앞에서 올바른 결정을 내려야 할 순간입니다. 저는 헌법재판소가 대한민국 민주주의를 수호할 최후의 보루로서 올바른 판단을 하실 것을 믿습니다.

감사합니다.

스스로 누웠던 풀이 일으켜 세운 법치주의

전형호 변호사

"지난 2024년 12월 3일 국회 앞의 모습은 한편으로는 공포의 장면이었지만, 다른 한편 김수영의 〈풀〉을 새롭게 해석하게 만든 장면이었습니다. 우리나라 최고 권력에 의해 법치주의를 무너뜨리는 '바람'이 불었던 날, 국회 앞에 모였던 '풀'들은 군인들이 탄 버스와 전술 차량 앞에서 스스로 '누웠습니다'. 바람이 무서워 누웠던 것도 아니었고, 바람의 비위를 맞추기 위해 알아서 누웠던 것도 아니었습니다. 그날 누웠던 풀들은 '스스로 먼저 누워' 바람에 저항하고 그 눕는 행위로 법치주의를 지켜내는 역설적 행동의 주체들이었습니다."

최종변론문 중에서

법학과를 졸업하고, 보르헤스를 좋아해 서울대학교 서어서문학과에서 스페인 문학을 공부했다. 이후 인하대학교 법학전문대학원에 들어가 변호사의 길을 걷게 되었다. 2025년 현재 법무법인 새록 대표변호사로 활동 중이다.

　탄핵소추 대리인단 본안준비팀에서 본안 서면 작성을 담당했고, 이번 탄핵심판 6차, 7차 변론기일에서 박춘섭 경제수석, 김용빈 중앙선거관리위원회 사무총장의 증인신문, 9차 변론기일에서 국회 측 구두변론 발표자로 나섰다.

2024년 12월 17일, 외부 세미나에 참석 중이라 김진한 변호사의 전화를 받지 못했다. 어떤 예감이 들어 세미나가 끝난 뒤 동료인 황영민 변호사한테 먼저 전화를 했다. "김진한 선생님이 탄핵심판에 참여할 수 있겠냐고 제안하셨는데 형도 할 거죠?" 그래서 바로 답했다. "당연히 해야지."

김진한 변호사는 나의 스승이다. 로스쿨에 다니는 3년 동안 그 분이 가르치는 헌법 수업을 전부 들었다. 졸업하고도 연락을 주고받거나 안부를 여쭤보고 종종 식사도 같이 하곤 했지만, 이런 기회를 주실 줄은 몰랐다. 너무나 놀랍고 감사했다. 모두가 그랬겠지만, 갑작스러운 비상계엄 선포에 변호사들도 문제의식을 많이 느끼고 있었다. 그러다 보니 어쩌면 다시없을 계엄의 위헌성을 밝히는 역사적으로 아주 중요한 사건에 내가 참여할 수 있다는 사실이 감사했다. 망설임은 전혀 없었다.

내 인생의 대나무 마디 하나

황 변호사와 법무법인을 개업할 때, 가능하면 좋은 사건들을 많이 하자, 여력이 되는 한 공익 사건도 매년 1인당 한두 개 정도씩은 꼭 시도해보자고 얘기했었다. 이번 사건은 규모나 중요도로 본다면 앞으로 한 5년 정도는 공익 사건을 하지 않아도 될 정도로 큰 사건이 아니었나 싶다. 사실 매일매일 사건 처리만 계속하다

보면, 변호사로서 더 성장할 수 있을지 회의가 들 때도 많다. 그런 점에서 이번 사건은 나에게 좋은 영양제가 되었다. 어떤 일에 온전히 집중하고 최선을 다해보는 경험은 누구에게나 중요한 법이다. 나는 이번 사건을 통해 그 경험을 했다. 마치 대나무가 자랄 때 마디가 하나 생기는 것처럼, 내 인생에서 하나의 마디가 자란 것 같다.

나이나 경력으로 봤을 때 탄핵소추 대리인단 내에서 후배 그룹에 속하다 보니 의견 제시보다는 실무를 담당하는 역할을 할 줄 알았다. 그런데 사건이 진행되면 진행될수록 회의에서 후배들의 의견도 대등하게 수용되었다. 선배 변호사들이 서로의 의견뿐만 아니라 후배들의 의견도 경청해주셨다. 그래서 대리인단의 분위기가 굉장히 좋았던 것 같다.

나는 대리인단 본안준비팀의 일원으로, 법리를 연구하고 사실관계에 맞는 논리를 개발하여 본안 서면으로 만들어내는 작업을 담당했다. 변호사로 일하면서 헌법 소송을 할 일이 많지 않다 보니, 학교 다닐 때 헌법 공부를 많이 했는데도 이 사건을 시작할 무렵엔 감이 약간 떨어져 있었다. 그래서 초반이 제일 힘들었다. 그때 김진한 변호사가 굉장히 잘 이끌어주셨다. 내가 주장과 논리의 초안을 만들고, 김진한 변호사가 수정한 뒤 내가 다시 수정하는 과정을 몇 차례 반복했다. 김진한 변호사의 헌법 지식의 깊이가 깊어서 전체 서면의 논리적 틀은 실제 변론에 들어가기 전에 이미 완성되어 있었다. 탄핵심판 사건 결정문 구조와 결정문에서 다룬 쟁점이 김진한 변호사와 우리가 처음부터 생각했던 구조와 쟁점이라 볼 수 있다.

한 언론사 인터뷰에서 내가 대리인단을 '도자기 굽는 가마'라고 표현한 적이 있다. 대표변호사들와 실무총괄 변호사들이 도자기의 전체적 모양을 구상하고, 증거분석팀에서 재료와 소재를 준비해주면, 나를 비롯한 본안준비팀은 그 재료를 반죽해서 모양을 빚고, 그 위에 다른 변호사들이 모양도 그려 넣고, 유약도 발라 잘 구워내는 거다. 그렇게 만들어진 도자기가 이번 대리인단의 서면이자 변론이고, 또 탄핵심판 결정이라고 생각한다. 그러니까 나는 흙으로 도자기의 모양을 빚는 역할이었다. 내가 초안을 쓴 서면으로 이 사람을 파면시킬 수 있고, 내 생각과 문장이 결정문에 어떤 방식으로든 남을 수 있어 가치 있는 일이라고 생각했다. 탄핵 선고 이후 결정문을 보니 정말 고스란히 담긴 부분이 많아 보람 있었다.

매일 새벽, 황 변호사와의 기념사진

탄핵 변론을 준비하고 재판이 진행되는 동안 하루하루가 굉장히 급박하게 돌아갔다. 1월 13일에 준비서면(1)이 나가고, 1월 20일에 준비서면(2), 2월 3일에 준비서면(3)이 나갔다. 이 중에서 비상계엄의 위헌성을 다룬 '준비서면(3)'이 핵심이었다. 이 사건의 가장 핵심적인 부분을 다루는 서면이다 보니 꽤 오랫동안 준비했다. 초안이 준비된 뒤에도 계속해서 검토를 거쳤다. 초안을 김진한 변호사에게 보내드리면 수정해서 보내시고, 그러면 그걸 우리가 다시 수정하고, 여러 차례 수정한 수정본을 다른 변호사들에게 회람하여 검토했다. 마지막으로 새벽 2시쯤 장순욱 변호사가 "적절하게 표현을 바꿨으니까 다시 봐라" 하고 마지막 수정본을 보내셨다. 수정과 편집이 다 끝나고 제출까지 마치면, 거의 새벽 4시 반이다. 그렇게 서면 하나를 끝내고 잠깐 눈을 붙였다가 출근하면, 아침부터 김진한 변호사에게서 전화가 온다. "다음 서면은 어떻게 준비해볼까?"

새벽까지 서면을 준비하다 보면 '이게 지금 뭐 하는 짓인가', '위헌임은 너무나 명백한데, 이런 말도 안 되는 주장들까지 반박해야 하나' 하는 회의감이 들 때도 있었다. 황 변호사와 그런 얘기를 많이 했다. 일하다가 우리끼리 '누군가'의 욕도 많이 하고, 힘드니까 새벽에 맥주를 사다가 같이 마시기도 했다. 이런 모든 과정을 같은 사무실에서 근무하는 황 변호사와 함께했다. 어느 날 새벽 황 변호사에게 "네가 같이 안 있었으면, 혼자 일하다가 몇 번은 울었을 거다"라고 한 적도 있다.

황 변호사는 구조적으로 논리의 틀을 잡고, 여러 자료와 사실관계를 그 틀 안으로 치밀하게 포섭하여 정리하는 데 뛰어나다. 그는 대리인단에서 기자들을 상대하는 공보 역할까지 맡았는데, 하루에 전화를 100통씩 받으면서 대응하고, 보도자료까지 만들면서도 거의 모든 서면 초안을 함께 준비했다. 일의 양이 나보다도 많아 벅찼던 순간도 많았을 텐데, 끝까지 웃음을 잃지 않았다. 같은 공간에서 같은 시간을 함께 나누고 있던 터라, 굳이 설명하지 않아도 그냥 너무나 힘이 되었다.

약 두 달간 거의 매일 새벽에 함께 퇴근했는데, 어느 날 택시를 기다리다가 황 변호사가 기념사진이라도 남겨야 하지 않겠느냐면서 셀카를 찍었다. 지나고 보면 이런 게 우리 사이의 기록물이 되지 않을까 싶어서 계속 찍었는데, 사건을 마치고 사진을 모아서 보니 매번 배경도 표정도 옷도 다 똑같았다. 둘이 매일 시켜 먹은 배달 음식 사진들도 우리 사이의 또 다른 기록물이다.

확신범의 '도리도리'

변론 준비 기일에서 윤석열 대통령 측 대리인단이 웅변하듯 "이 탄핵심판은 진보와 보수의 싸움이고 여당과 야당의 싸움"이라고 발언했던 장면이 기억에 남는다. 이 사람들은 탄핵심판과 헌법소송에 대한 기본적인 생각이 전혀 다르다는 인상을 받았다. 그 순간 처음으로 이들이 이 사건 자체를 선동으로 끌고 가려는 의도를 품었을 수도 있겠다고 생각했다. 헌법재판 심판정에서 변호사가 공무원의 위헌·위법한 행위 여부에 대한 법적 분쟁을 정치적 다툼으로 몰아간다는 사실 자체가 충격적이었다.

윤석열 전 대통령이 처음 출석했을 때도 기억에 남는다. 출석하지 않을 것이라 예상했는데, 그는 매우 당당하게 심판정에 들어왔다. 그때 확신범이라는 생각이 강하게 들었다. 하지만 변론기일이 지나면 지날수록 그가 점점 초조해한다는 느낌을 받았다. 특히 주목했던 행동은 이른바 '도리도리'라고 불리는, 고개를 좌우로 젓는 유명한 습관이었다. 처음 출석한 기일에는 말할 때 '도리도리'를 하지 않아서 확신에 차 있는 것처럼 보였다. 그러나 기일이 지나면서 점점 그 습관이 나타났다. 어쩌면 확신에 차서 준비했던 진술들이 하나씩 거짓으로 드러나고, 거짓을 다시 거짓으로 덮으려다 보니 초조해진 게 아닐까 하는 생각이 들었다. 갈수록 증인신문에 자꾸 끼어들려고 한다거나, 자신의 대리인들에게 귓속말로 특정 질문을 하라고 요구하거나 압박하는 모습도 보였다. 그러한 장면들을 보며 그가 세운 논리의 모래성이 서서히 무너지고 있다고 느꼈다.

사실 처음에는 윤석열 전 대통령에게 약간의 기대감이 있었다. 평생을 법조인으로 살아왔고, 검찰총장에 대통령까지 했던 사람이지 않은가. 처음 출석했을 때의 당당한 태도를 보고, 비록 대리인들은 계엄의 정당성을 주장하며 싸우더라도 본인은 어느 정도 잘못을 인정하지 않을까 기대했다. 하지만 온 국민이 생방송으로 지켜본 사실을 두고도 "아무 일도 일어나지 않았다"고 하는 모습에 실망을 넘어 너무 화가 났다. 2024년 12월 3일에 비상계엄을 선포하는 그 영상 자체가 위헌 행위의 핵심 증거다. 그 밖의 증거들은 전부 다 이 계엄이 왜, 얼마나 위헌적인지를 부가적으로 설명하는 것들이다. 한마디로 핵심 증거를 자신이 TV에 출연하여 직접 공표했던 것 아닌가. 그 사실 자체를 외면하고 있다는 점에서, 더 이상의 기대는 사치였다.

독재자의 네 가지 기준에 부합하는 자

최근 읽은 책《어떻게 민주주의는 무너지는가》에서 독재자의 네 가지 기준을 제시하는데, 그 기준이 윤석열 전 대통령과 딱 맞아떨어진다. 첫 번째는 민주주의의 규범에 대한 거부 또는 규범 준수에 대한 의지 부족이다. 헌법을 부정하거나 위반할 뜻을 드러낸 적이 있는가? 정부 기관을 폐쇄하고 기본권이나 정치 권리를 제한하자고 주장하거나 시도한 적이 있는가? 권력을 잡기 위해 쿠데타나 폭동 등 헌법을 넘어선 방법을 시도하거나 그것을 지지한 적이 있는가? 선거 불복, 선거 제도의 정당성을 부정한 적이 있는가?

두 번째는 정치 경쟁자에 대한 부정이다. 경쟁자를 전복 세력이나 헌법 질서 파괴자로 비난한 적이 있는가? 상대 정당을 근거 없이 범죄 집단으로 몰아세운 적이 있는가? 경쟁자가 적국과 손잡고 또는 그의 지시에 따라 활동하는 간첩이라고 주장한 적이 있는가?

세 번째는 폭력에 대한 조장이나 묵인이다. 개인적으로 혹은 정당을 통해 정적에 대한 폭력 행사를 지원하거나 부추긴 적이 있는가? 폭력에 대한 비난이나 처벌을 부인함으로써 지지자들의 폭력 행위에 농소한 적이 있는가?

네 번째는 언론 및 정치 경쟁자의 기본권을 억압하려는 성향이다. 명예훼손 고소라든지 집회 금지 등 시민의 자유권을 억압하는 법률이나 정책을 지지한 적이 있는가? 상대 정당이나 시민단체, 언론에 대해 법적 대응을 하겠다고 협박한 적이 있는가?

윤석열 전 대통령이야말로 놀랍도록 모든 기준에 부합하는 사람이지 않은가. 나는 이 책을 읽으며 우리가 이번 계엄 사태 훨씬 이전에 그의 실체를 이미 알아차릴 기회가 많았지만, 번번이 그 기회들을 놓쳐버렸다고 생각한다.

윤석열의 '가장 큰 죄'

탄핵사건 선고 결정문에는 다음과 같은 부분이 있다. "민주주의는 개인의 자율적 이성을 신뢰하고 모든 정치적 견해들이 각각 상대적 진리성과 합리성을 지닌다고 전제하는 다원적 세계관에 입각한 것으로서, 대등한 동료 시민들 간의 존중과 박애에 기초한 자율적이고 협력적인 공적 의사결정을 본질로 한다" 또한, "국회는 당파의 이익이 아닌 국민 전체의 이익을 위하여야 한다는 점에서 소수의견을 존중하고, 정부와의 관계에서도 관용과 자제를 전제로 한 대화와 타협을 통하여 결론을 도출하도록 노력하였어야 한다"라고도 적혀 있다.

 이 판시내용 중에서 '관용과 자제를 전제로 한 대화와 타협을 통해서 결론을 도출하도록 노력해야 한다'는 부분이 민주주의의 핵심 규범이라고 생각한다. 앞서 언급했던 책《어떻게 민주주의는 무너지는가》에서도 '민주주의를 지키는 보이지 않는 규범'이란 말이 나온다. 민주주의를 지속하기 위해서는 일종의 명문화되어 있지 않은 규범을 지키는 게 중요하다는 말인데, 그 보이지 않는 규범이 바로 '관용과 자제'다.

 특히 우리 헌법이 전제하는 '자유민주주의' 아래에서 나의 자유와 상대방의 자유는 언제나 충돌하는 영역이 생길 수밖에 없다. 그 충돌 지점을 조율하는 것이 관용과 자제다. 자제는 나의 자유를 내가 스스로 줄이는 행위이고, 관용은 타인의 자유가 늘어나는 것을 수용하는 자세다. 이 두 개념은 서로 밀접하게 얽혀 자유민주주의를 강화한다. 자제와 관용이 사라진 자리에는 만인의, 만인에 대한 투쟁만 남을 뿐이다. 그런 의미에서 자제와 관용은 민주주의를 지탱하는 제도화 되지 않은 가치이고, 우리 사회가 결코 잃어버려서는 안 될 핵심 규범이다.

 최근 영화로도 만들어진 소설《콘클라베》에서, 로멜리 추기경이 교황 선종 미사 도중 즉흥으로 설교하는 장면이 있다. 그 설교에서 로멜리 추기경은 "자기가 생각하기에 가장 큰 죄는 확신"

이라고 말한다. 내 자유에 대한 확신이 자제를 하지 못하게 하고, 상대방의 자유를 관용할 수 없게 만든다는 점에서 '가장 큰 죄'일 수 있다고 본다. 윤석열 전 대통령은 '계엄이 대통령의 권한'이라고 강변했지만, 확신에 찬 그 말은 '나는 대통령의 권한 행사를 자제하지 못했고, 국회의 권한 행사를 관용하지 않았다'는 자백으로 들린다. 그의 확신은 민주주의를 지키는 관용과 자제라는 규범을 파괴하는 것이자, '가장 큰 죄'였던 것이 아닐까?

주권 찾기, 의뢰인은 시민

헌법재판소에 제출한 서면 중간중간에 이번 계엄과 1980년 계엄을 자주 비교했다. 포고령의 형식에서부터 실제로 실행에 옮겼던 방식까지, 두 계엄은 굉장히 비슷했다. 그렇다면 왜 비슷한 계엄이 1980년에는 성공하고 2024년에는 실패했을까?

1980년 이전 30년, 우리 사회는 긴 독재의 경험 때문에 나서서 행동하는 일은 무섭고 위험하다는 인식이 있었던 것 같다. 하지만 2024년 이전의 30년은 전혀 다른 경험이 쌓여 있었다. 시민들은 5·18 민주화운동을 겪은 후 1987년 민주항쟁을 통해 대통령 직선제를 쟁취하고, 문민정부와 김대중 정부, 노무현 정부까지 거치며 이전에 비해 훨씬 민주적인 헌법 아래에서 살아왔다.

특히 김대중·노무현 정부 무렵부터 시민들 내면에는 자유로운 분위기가 자리 잡기 시작했다. 이를테면 대통령을 풍자의 대상으로 삼고, 어떤 사안에 대해 대통령을 탓해도 괜찮다는 사회적 분위기가 형성되었다. 그리고 대통령을 자신들의 손으로 끌어내리기까지 하며, 민주주의 의식을 자신의 규범으로 삼았다. 주권이란 '절대 빼앗길 수 없는 것'이라는 공통의 인식을 갖게 되었다고 생각한다.

대통령 윤석열의 계엄은 시민들이 막아냈다. 시민들이 이번 계엄을 막을 수 있었던 이유는 지난 30년간 주권을 쟁취하고 행사했던 경험이 전승되었고, 그만큼 시민의식이 성장하고 내재화되었기 때문이라고 본다. 이번 탄핵심판은 그런 시민들이 만들어낸 기회였다. 국회 측 대리인단의 일원으로 심판정에 섰지만, 이 사건의 실질적인 의뢰인은 시민이었다.

지금 우리 사회에는 점차 이야기가 사라지고 있다. 나는 민주화 투쟁을 했던 선배들과 투쟁을 경험하지 못한 지금의 2·30대 사이에 낀 세대다. 대학생 때 학생운동이나 사회운동에 적극 참여하지 않았음에도 이런 문제의식을 가질 수 있었던 이유는 선배들의 헌신적 경험과 생각들이 계속해서 이야기로 전해졌고, 내 의식 속에 남아 규범으로 자리 잡았기 때문이라고 생각한다. 나는 이런 이야기의 전승이 앞으로도 계속되어야 한다고 믿는다. 2024년의 계엄 사태와 이를 극복한 경험이 미래 세대에 계속 이야기되어, 새 시대의 민주화 규범으로 자리 잡았으면 좋겠다.

민주국가에서 대통령을 탄핵하는 경험은 일종의 치욕일 수 있다. 한국은 전 세계적으로 민주화 지수가 굉장히 높은 나라이고, 북한과의 관계 외에는 정치적으로 안정된 나라라고 평가받았는데, 이번 사건으로 순식간에 그 위상이 떨어진 것도 사실이다. 하지만 그 치욕을 넘어 두고서는 앞으로 나아갈 수 없다. 국가 차원에서는 치욕스러운 역사이지만, 시민의 입장에서는 민주주의를 바로 세운 자랑스러운 역사다. 이 역사가 반복해서 이야기되기를 바란다.

어쩌면 지금 자라는 세대는 이번 사건을 엄마 아빠가 '주권을 체험한 순간'으로 기억할지도 모른다. 나 역시 헌법 조항에서만 보았던 '주권의 실체'를 보고 체험한 나날들이었다. 그 기억과 감각이 다음 세대에도 계속 이어졌으면 한다.

전형호 변호사 최종변론

법치주의를 다시 세우는 결정

시인 김수영은 〈풀〉이라는 시에서 다음과 같이 노래했습니다.

풀이 눕는다
바람보다 더 빨리 눕는다
바람보다도 더 빨리 울고
바람보다 먼저 일어난다

날이 흐리고 풀이 눕는다
발목까지
발밑까지 눕는다
바람보다 늦게 누워도
바람보다 먼저 일어나고
바람보다 늦게 울어도
바람보다 먼저 웃는다
날이 흐리고 풀뿌리가 눕는다

풀은 나부끼는 바람에도 눕고, 바람보다도 더 빨리 눕기도 합니다. 하지만 바람에 굴복했던 풀은 바람에 저항하여 바람보다 먼저 일어납니다. 엄혹했던 독재의 시기, 김수영이 노래한 풀이 일어서는 모습은 독재에 저항할 용기를 불어넣어 주었습니다. 그리고 독재를 종식시킨 우리 국민은 '법치주의'를 기반으로 하는 헌법과 제도를 가지게 되었습니다.

법치는 사람에 의한 지배가 아니라 법에 의한 지배입니다. 그 연원상 혈통으로 세습된 왕권이나 전통적 권위, 신분, 폭력과 강압이 아니라, 오로지 법에 의해 통치하는 것을 말합니다. 다시 말해 법치주의는 자의와 폭력으로 유지되는 독재권력, 인치주의에 대항하기 위해 만들어진 개념입니다. 그리고 이런 법치주의는 우리나라의 자유민주적 기본 질서의 근본 요소 중의 하나입니다.

그런데 우리는 이 사건 탄핵심판 심판정에서, 우리나라 최고 권력의 입을 통해 몇 번이나 법치주의가 무시되는 말이 쏟아져 나오는 것을 들었습니다. '계엄선포는 대통령에게 부여된 헌법상 권한 행사였다', '계엄선포의 요건은 대통령이 자의적으로 판단할 수 있고, 이 판단은 사법심사의 대상이 되지 않는다', '비상시에 일부 법적인 절차는 지키지 않아도 된다', '법원의 판단에 항의하기 위해 법원에 침입한 청년들은 애국청년들이다' 등등.

피청구인이 내뱉은 이런 언설들은, 대통령으로서의 헌법과 법률을 준수하고 수호할 의무를 저버린 채 실상은 법 위에 군림하고 법을 도구삼아 통치하고자 했음을 여실히 보여주었습니다. 법치주의 rule of law는 법에 의한 통치 rule by law나 의법치국依法治國이 아닙니다. 법치주의는 언제라도 독재권력으로 변모할 수 있는 최고권력, 국민이 부여한 권력으로 자신의 자의적 위법행위마저 정당화하려고 시도하는 피청구인과 같은 권력자에 대항하기 위한 것입니다.

그리고 우리의 헌법재판소는 권력에 의해 남용, 오용될 수 있는 헌법과 법률을 그 취지와 정신에 맞게 지켜내도록 만들어진 기관입니다. 법치주의 하에서 누구나 법에 복종해야 하지만, 헌법과 법률의 수호자임을 선서한 최고 권력, 즉 대통령은 누구보다 먼저 헌법과 법률에 복종해야만 합니다.

헌법이 개정되지 않는 한, 대통령은 계속 선출됩니다. 꼭 대통령이 아니더라도, 국가라는 체제가 유지되는 한 최고 권력은 존재할 수밖에 없습니다. 그래서 더더욱 이번 탄핵심판 결정이 중요합니다. 만약 헌법과 법률을 무시한 피청구인의 행위가 면죄부를 얻게 된다면, 앞으로도 계속해서 존재할 우리나라의 최고권력을 헌법과 법률로 제한할 방법은 사라지고, 우리나라의 법치주의는 그 끝을 맞이하게 될 것입니다.

지난 2024년 12월 3일 국회 앞의 모습은 한편으로는 공포의 장면이었지만, 다른 한편 김수영의 〈풀〉을 새롭게 해석하게 만든 장면이었습니다. 우리나라 최고 권력에 의해 법치주의를 무너뜨리는 '바람'이 불었던 날, 국회 앞에 모였던 '풀'들은 군인들이 탄 버스와 전술차량 앞에서 스스로 '누웠습니다'. 바람이 무서워 누웠던 것도 아니었고, 바람의 비위를 맞추기 위해 알아서 누웠던 것도 아니었습니다.

그날 누웠던 풀들은 '스스로 먼저 누워' 바람에 저항하고 그 눕는 행위로 법치주의를 지켜내는 역설적 행동의 주체들이었습니다.

이제 저항의 정신으로 누웠던 풀들은 다시 일어나기 위해 이번 탄핵심판 결과를 기다리고 있습니다. 이번 탄핵심판의 결론은 우리나라의 법치주의를 다시 세우는 결정일 뿐만 아니라 누웠던 풀들을 법치주의와 함께 다시 일으켜 세우는 결정이 될 것입니다.

부디 현명한 결정으로 권력의 한계에 대한 선례를 남기시어, 누웠던 풀들을 일으켜 세우고 다시 눕는 일이 없을 수 있도록 해주시기 바랍니다.

대한민국은
○○○○○이다

황영민 변호사

"하지만 대통령은 왕이 아닙니다. 우리 아이들에게 대통령을 왕이라고 가르칠 수는 없습니다. 국민이 대통령을 왕으로 대우하는 순간, 대통령이 자신을 제왕이라고 착각하는 순간, 대한민국은 더 이상 '민주공화국'일 수 없습니다. 우리는 이 재판에서, 대한민국 대통령은 대한민국의 왕이 아니라는 당연한 사실을 다시 선언하고, 그 사실을 민주공화국의 구성원으로 자라날 우리 아이들에게 알려주어야 합니다."

최종변론문 중에서

외교학과를 졸업하고 서울대학교 정치학과 대학원 석사과정을 마쳤으며, 인하대학교 법학전문대학원에서 공부했다. 2008년부터 약 5년간 참여연대에서 상근자(의정감시센터 담당)로 일하다가 변호사의 길을 걸었다. 서울시 공익제보 안심변호사, 건강보험심사평가원 심사제도운영위원회 위원 등을 지냈으며 2025년 현재 법무법인 새록 대표변호사로 재직 중이며, 참여연대 사회복지위원회 실행위원으로도 활동하고 있다.

　이번 탄핵심판에서는 주로 대리인단 본안 준비팀에서 본안 서면을 만들어내는 일을 했으며, 언론을 상대하는 공보 역할로 기자들에게 하루 100통 이상 전화를 받았다. 박춘섭, 신원식, 한덕수 등의 증인신문에 참여했고, 9차, 11차 변론기일에서는 국회 측 발표자로 나섰다. 최후변론 때 '우리 아이들에게 12·3 비상계엄을 어떤 역사로 알려줄 것인가'를 주제로 발표해 많은 사람의 공감을 사기도 했다.

2024년 12월 17일 저녁 김진한 변호사의 전화를 받았을 때, 왠지 모를 예감이 들었다. 탄핵안이 가결되고 며칠이 지나 국회 탄핵소추 대리인단을 구성한다는 뉴스를 접했는데, 오랫동안 헌법을 연구하고 헌법재판 실무 경험도 풍부한 김진한 변호사가 대리인단에 참여하셨을 수도 있겠다고 생각했다. 통화에서 김진한 변호사는 "내가 탄핵심판에서 중요한 실무총괄을 맡게 됐는데, 여기에서 역할을 맡아줄 젊은 변호사들이 필요하다. 황 변호사랑 전 변호사가 같이했으면 좋겠다. 어떻게 생각하냐"고 물으셨다. 나는 망설임 없이 "너무 좋다. 탄핵사건에 함께한다는 것 자체가 영광이다"라고 답했다.

"윤석열 미워!"

제안을 수락하고 나서야 현실적인 문제가 떠올랐다. 그다음 주에 연말 가족 여행이 계획되어 있었던 것이다. 6개월 전에 예약한 일정이었고 지인 가족이 같이 가는 자리에, 아이들도 손꼽아 기다리고 있는 여행이었다. 순간 고민이 되어 아내에게 급하게 재판이 진행될 사건을 맡게 될 것 같은데, 여행을 어찌할지 물었다. 아내는 단호하게 "아니, 계엄으로 나라가 엉망이고 탄핵이 얼마나 중요한 일인데 그렇게 정세 파악이 안 되나. 여행은 다음에 가도 되니까 이 일을 하고 싶고, 할 수 있다면 당연히 해야 한다"라고 답했다.

다음 문제는 환불이 안 되는 외국 호텔 예약이었다. 함께 여행을 가기로 했던 다른 가족이 국회에서 대리인단이 모여 찍은 언론사 사진과 영문 기사를 첨부해 호텔 측에 이메일을 보냈다. 한국에 중요한 사건이 발생했고, 이 사람이 이번에 그 사건을 맡게 되어서 부득이하게 가지 못하게 되었다고 사정을 말했더니 다행히 호텔 측이 흔쾌히 환불을 해줬다. 덕분에 여행 문제는 잘 수습이 되어가는 듯했는데, 가장 망설였던 변수가 남아 있었다. 바로 유치원 졸업반인 둘째 아이를 달래는 일이었다. "아빠가 (대통령을 탄핵하는 재판을 맡게 되어서) 여행을 못 가게 되었어"라고 조심스럽게 이야기했더니, 마음이 상해버린 아이가 얼굴도 제대로 알지 못하면서 "윤석열 미워!"라고 투덜거리며 방으로 들어가버렸다. 대통령 윤석열 탄핵재판은 그렇게 시작되었다.

"헌법재판소의 판단을 도와주는 서면이 나와야 한다"

이 사건을 진행하는 과정에서 김진한 변호사가 가장 중요하게 여긴 일은 헌법재판관들의 판단을 도와주는 서면을 내는 일이었다. 재판관들이 판단을 내릴 때 도움이 되는 근거 자료를 충분히 제출하고, 결정문에 고스란히 이용할 수 있을 정도로 수준 높은 서면을 작성해야 한다는 의미다. 그래서 항상 제출할 서면을 정리하고 나면 "이 정도면 헌법재판소가 도움을 많이 받을 수 있을 거야"라는 말씀을 하셨다. 아마 김진한 변호사는 재판의 실무 총괄을 맡는 순간부터 당신이 직접 결정문 초안을 쓴다는 마음으로 이 재판을 준비하셨던 것 같다.

탄핵심판의 5개 쟁점별 위헌·위법성을 정리한 서면은 본안 준비팀의 몫이었고, 전형호 변호사와 내가 그 서면의 초안을 나누어 작성하기로 했다. 본격적인 재판에 들어가기에 앞서, 전 변호사와 함께 문헌과 판례를 연구하며 언제든 서면에 활용할 수 있도록 리서치부터 시작했다. 12년 전, 전 변호사와 법학전문대학원에서 처음 만나 인연을 맺은 후 2년 전 함께 사무실을 운영하게 되었는데, 함께 한 시간만큼 호흡이 잘 맞았다. 특히 나는 정형화된 사고가 익숙한 사람이었는데, 전 변호사는 창의적이고 철학적인 사고에 능숙했고, 평소 독서량이 많은 만큼 한 사건을 여러 각도로 보는 방법에 대해 항상 고민했다. 탄핵재판의 서면을 작성할 때, 디테일에 집착하는 나에게 큰 틀에서 넓은 시야로 사건을 바라보는 전 변호사의 관점이 정말 큰 도움이 되었다.

그런데 탄핵심판이 본격적으로 진행되면서, 기자들의 전화와 문자가 쏟아졌다. 전 변호사와 헌법재판소에 제출할 서면을 절반씩 나누어 써야 했는데, 내가 언론사를 상대하는 공보 역할을 하다 보니 점차 전 변호사가 서면 초안의 70~80퍼센트를 작성할 수밖에 없는 상황이 되었다. 탄핵심판 후반부로 갈수록 전 변호사의 부담이 더 커졌을 텐데, 그가 내 몫까지 힘써줘서 나는 낮 동안 공보 역할에 집중할 수 있었다.

그 덕분에 6차 변론기일의 박춘섭 전 대통령실 경제수석에 대한 증인신문 등 서면 작성 외의 역할까지 짧은 시간 안에 함께 무탈하게 진행할 수 있었다. 며칠간 서면 작성과 언론 대응 등으로 시간이 빠듯해, 전날 밤늦게 짧은 시간 동안 급하게 증인신문을 준비해야 했다. 다행히 준비한 대로 증인신문을 무사히 마치고 전 변호사와 함께 단상에서 내려오는데, 대리인단석에서 이광범 변호사가 장순욱 변호사에게 "둘이 호흡이 잘 맞네, 증인신문 한 번 더 하면 어때"라고 하신 말씀이 괜스레 기억에 남는다.

11차 마지막 변론기일 전 주말, 대리인단의 여러 선배 변호사들께서 주신 의견을 반영해 헌법재판소에 제출할 마지막 준비서면을 마무리한 늦은 밤, 우리가 낸 서면이 이 사건에 충분한 도움이 되었을까 자문했다. 그리고 탄핵사건 선고 결정문을 확인한 날, 그간의 노력이 헛되지 않았음을 확인했다.

국회에 군대를 보낸 행위가 결정적 증거

탄핵심판의 시작 시점으로 돌아가 계엄을 뒷받침하는 결정적 증거를 하나 꼽자면 단연 군인들이 헬기에서 내려 국회로 향하는 장면일 것이다. 탄핵에 반대했던 30~35퍼센트의 국민 가운데서도 계엄 자체는 부정적으로 바라보는 경우가 많았다. 특히 윤석열 전 대통령이 국회에 군 병력을 투입한 행위에는 동의하지 않으리라 생각한다.

탄핵심판 중 설 명절에 잠깐 고향인 대구에 내려갔을 때의 일이다. 우리 어머니는 2017년 박근혜 전 대통령 탄핵 당시에도 끝까지 탄핵에 반대했고, 민주당 등 야당에 늘 비판적인 입장을 가진 분이었다. 그렇지만 이번에는 탄핵사유가 어떠하더라도 요즘 시대에 군인들을 출동시킨 행위, 특히 군대를 국회에 보낸 행위에 대해서는 너무하다는 데 의견을 같이했다.

아이러니하게도, 군 병력을 국회에 투입해 계엄해제요구안 의결 등 국회의 헌법상 권한 행사를 방해하고자 한 사실은 윤석열 대통령 본인의 입을 통해 보다 분명하게 밝혀졌다. 그는 8차 변론기일에서 누가 질문하지도 않았는데 '삼청동 안가 회동'에서 있었던 일화를 언급하며, 김용현 전 국방부 장관이 조지호 경찰청장, 김봉식 전 서울경찰청장과 국회 외곽의 경찰 경력 배치를 얘기하며 그림을 그리는 것을 옆에서 같이 봤다고 진술했다. 이번 탄핵심판의 핵심 쟁점 중 하나가 바로 윤석열 대통령이 계엄 선포 이후 군·경의 투입과 배치를 지시하고 관여한 정도였는데, 국회에 병력과 경력을 배치하는 과정을 논의했다는 사실을 스스로 인정한 것이다.

탄핵심판 내내 윤석열 대통령은 할 말과 안 할 말을 가리지 못하고, 어떠한 말을 하는 데 거리낌이 없었다. 검사 생활을 오래했고 자부심이 강한 데다, 징계의 당사자나 피고인이 되어본 적도 없을 테니 그런 고민을 할 필요 없이 살아왔기 때문일지도 모른다. 자신이 인정할 것과 인정하지 않아야 하는 것이 무엇인지 고민해야 한다는 인식 자체가 이 사람의 사고 체계 속에 없었던 게 아닌가 싶다. 그는 계엄과 관련된 일련의 행위 자체를 대통령의 권한이라 일관되게 주장했고, 경고성 계엄이었다거나, 금방 해제하려고 했다고 말했다. 한 가지 주장을 밀고 나가는 데 집중한 나머지, 자신이 꺼낸 말들이 본인의 탄핵심판 결과에 어떤 영향을 미칠지를 깊이 고민하지 않았던 것 같다.

듣기 싫은 말은 회피하는 태도

한편 탄핵심판 과정에서 피청구인인 윤석열 대통령이 심판정에 부재했던 순간이 기억에 남는다. 그는 변론기일 자체를 빠지지는 않았지만, 중간에 '휴식'을 이유로 증인신문 등에 불참하는 일이 있었다. 그런데 9차 변론기일에는 헌법재판소에 도착했는데 심판정에 입정하지 않고 곧바로 구치소로 돌아갔다. 당시 피청구인 측 대리인단은 탄핵심판에 관해 이해하기 힘든 절차적 위법성을 주장했고, 언론에서는 '중대 결심'을 할 수도 있다는 보도가 흘러나오고 있었다. 박근혜 전 대통령 탄핵 당시에 비춰볼 때, 이른바 '중대 결심'은 대리인단 사퇴를 의미했다.

국회 측 대리인단은 9차 변론기일 중 돌발상태가 발생할 가능성을 고려해 사실상 최종변론을 준비했다. 나와 전 변호사가 탄핵소추사유별 위헌·위법성에 대해, 김진한 변호사가 헌법 위반의 중대성 부분에 대해 프레젠테이션을 준비했고, 김이수 변호사가 마지막 정리발언까지 준비했었다. 변론기일 당일 우리는 PPT 발표 자료를 보도자료로 만들어서 재판 시작 두 시간 전에 언론에 배포했는데, 피청구인 측 대리인단은 국회 측 대리인단이 사실상 최종변론에 해당하는 위헌·위법 사유를 정리해 발표하리라는 예상을 못 했던 것 같다. 아마도 언론에 배포된 자료로 국회 측의 발표 내용을 확인한 대리인단으로부터 그 내용을 전해 들은 윤석열 대통령은, 두 시간 동안 자리에 앉아 자신의 행위가 얼마나 위헌·위법한지 조목조목 따지는 국회 측의 발표를 듣기 싫었을 것이다. 결국 그는 그날 이례적으로 심판정에 들어오지도 않은 채 다시 구치소로 돌아갔다.

같은 이유에서 양측의 최종변론이 진행된 11차 변론기일에도 윤석열 대통령은 저녁 9시가 되어 본인의 최종변론을 하는 순간에만 심판정에 들어왔다. 결국 그는 본인이 한 행위가 얼마나 위헌·위법한지 따지는 말을 전혀 듣고 싶지 않았던 것이다. 자신에 대한 소추위원 측의 평가도 듣고 싶지 않고, '나는 전혀 잘못한 게 없어'라는 태도. 결정적인 변론기일 두 차례에 귀를 막고 참여하지 않은 그 부재의 순간이, 느닷없이 비상계엄을 선포한 담화 영상과 겹쳐 보여 분노했던 기억으로 남아 있다.

헌법 정신으로 파국을 막은 이들에 대한 고마움

 탄핵심판 과정에서 많은 이들의 증인신문이 진행되었지만, 특히 기억에 남는 장면이 있다. 8차 변론기일에서 김진한 변호사가 조성현 대령의 증인신문이 끝날 무렵, 굳이 1분만 시간을 더 달라고 요청하여 조성현 대령에게 '정말 고맙다'는 얘기를 하고 싶다고 했다. 증인신문을 하다가, 그것도 마지막에 변호사가 그런 얘기를 하는 것은 쉽지 않은 일이고, 일반 재판에서는 상상하기 어려운 일이다.

 나는 이 순간이 탄핵소추 대리인단이 이 사건과 헌법을 대하는 태도를 압축적으로 보여준 결정적 장면이라고 생각한다. 논리만이 넘쳐나는 탄핵심판에서 자칫 잊을 수 있는 중요한 지점을 상기하게 된 순간이었다. 이 재판에서 비상계엄의 위헌·위법성을 따지고 윤석열 대통령을 파면시키는 결과를 넘어서, 그 시도가 왜 실패로 돌아갈 수밖에 없었는지, 윤석열 대통령과 공모한 사령관들과 달리 일선의 중간 지휘관과 군인들의 소극적 임무 수행이 나타난 이유가 무엇인지, 민주화 이후 우리 군대가 국민의 군대라는 헌법적 책무를 지키기 위해 얼마나 많은 노력을 했는지, 그 노력의 결과로 우리 군대에 군 통수권자와 몇몇 지휘관의 말만으로 흔들 수 없는 헌법 수호의 정신이 얼마나 깊게 뿌리내렸는지를 김진한 변호사가 대리인단 그리고 국민을 대표해 증인신문 말미에 이들에게 감사를 표현함으로써 확인할 수 있었다.

나아가 김진한 변호사를 비롯해 대리인단의 선배 변호사들과 일하면서 나도 언젠가 이런 역할, 이런 태도를 가지고 후배 변호사들에게 도움을 줄 수 있는, 그런 역량을 가진 변호사가 되어야겠다고 다짐하게 되었다. 법학전문대학원 시절 활동했던 공익인권법 학회 단체 대화방에 파면 선고가 난 날 이런 글을 남겼다. '오래전 공익인권법학회에서 전형호 변호사와 활동했고 지도 교수 중 한 분이 김진한 변호사님이었다. 그렇게 만난 인연으로 이번에 이런 큰 사건을 하면서 국민에게서 응원을 많이 받았고 또 대리인단의 선배 변호사분들을 통해 많이 배울 수 있었다. 또한 탄핵심판의 사건기록과 증인들의 진술, 그리고 광장의 시민들을 통해 교과서에서 배운 헌법과 민주주의의 의미를 다시 되돌아 볼 수 있었다. 당장은 로스쿨 생활과 변호사 시험 준비로 스트레스가 많겠지만, 옆에서 함께 공부하는 동료들과의 인연이 나중에 의미 있는 사건을 함께할 수 있는 계기가 될 수 있다. 소중하게, 또 재미있게 학교생활을 하면 좋겠다' 곧 변호사로 첫 발을 내딛게 될 후배들에게 꼭 해주고 싶은 이야기였다.

다시 한번 주권자라는 자각을 한 순간

파면 선고를 듣고 마음은 너무 기뻤으나, 그 감정을 마음껏 표현하기에 심판정 안은 적절한 공간은 아니었다. 밖으로 걸어 나왔지만, 헌법재판소 주변도 경찰차로 둘러싸여 아무도 없고 너무 조용했다. 한참을 걸어 나와 광화문으로 들어서는 순간, 광장에서 수많은 사람이 풍악을 울리고, 춤추고 눈물을 흘리는 광경이 펼쳐졌다. 나도 눈물이 날 것 같았다. 광장에 모여 있는 분들 말고도 광장에 나오지는 못했지만 집에서, 직장에서 기뻐하고 계실 분들도 얼마나 많을까 싶었다. 늘 영상으로만 보던 광장의 기운을 현장에서 느끼니 이 사건의 무게와 의미가 새삼 와닿았다. 얼마나 많은 사람이 이 순간을, 이 파면 선고를 고대해왔을지 생각하니 울컥했다.

그리고 국민 모두에게 계엄과 탄핵소추 이후 진행된 이 일이 얼마나 중요하고 큰일이었는지 다시금 느꼈다. 우리가 획득해온 주권을 느닷없는 계엄으로 빼앗긴 경험, 그 공포의 감정을 느껴보지 못했다면 파면의 그 순간이 이렇게 크게 다가왔을까? 크게 아팠다가 나으면 그제야 건강의 소중함을 실감하는 것과 비슷한 느낌이지 않을까. 우리 스스로 주권자라는 자각을 다시 한번 한 순간, 이 소중한 감정을 오래 기억하고 싶다.

대통령은 '제왕'이 아니라 '대표 공무원'이다

"대한민국 민주공화국이다. 대한민국의 주권은 국민에게 있고, 모든 권력은 국민으로부터 나온다." 헌법 제1조에 명시된 이 부분이 헌법의 핵심이라고 생각한다. 탄핵사건 선고 결정문의 결론 부분은 '대한민국은 민주공화국이다'라는 제목으로 시작한다. 재판관들은 결정문에서 이 부분을 가장 강조하고 싶었던 것 같다. 이번 비상계엄과 탄핵을 거치며 초등학교 교육 과정부터 민주 시민 교육, 특히 헌법 교육이 필요하다고 절실히 느꼈다. 그중에서도 우리 아이들이 헌법 제1조만큼은 마치 빈칸 채우기 문제처럼 꼭 기억하고 그 의미를 곱씹었으면 하는 바람이다.

'민주공화국'에 담긴 '민주'와 '공화'의 의미에 대해서는 복잡한 정치철학적 논의가 있을 수 있지만, 그 핵심은 주권은 국민에게 있고, 주권자인 국민의 합의에 따라 정치가 이루어지는 체제라는 의미 아닐까. 그래서 헌법 제1조 제1항 "대한민국은 민주공화국이다"는 제2항의 "대한민국의 주권은 국민에게 있고, 모든 권력이 국민으로부터 나온다"를 다르게 쓴 표현이라고 생각한다. 헌법재판소의 표현에 따르면 헌법 제1조는 "국가권력의 근원과 주체가 국민이며 국민만이 국가의 정치적 지배에 정당성을 부여할 수 있다는 국민주권주의를 선언한 것이고, 국가권력의 형성과 행사가 국가의 특정 계급이나 특정 집단에 의해 독점적으로 지배되지 않는다는 점을 분명히 한 조항"이다. 이런 의미에서, 민주공화국에서의 대통령은 주권자인 국민이 민주적 정당성을 부여한 직위에 불과하다. 절대군주제에서의 왕처럼 누군가의 생사여탈권을 쥐고 있거나, 국민과 헌법이 부여한 권한을 넘어 자신이 원하는 대로 하고 싶으면 할 수 있는 자리가 아니다.

그런데 윤석열 전 대통령은 대한민국이 민주공화국임을 인정하고 싶지 않았던 것 같다. 대통령이 '통치행위'의 일환으로 언제든지 군대를 동원하여 계엄을 선포할 수 있다고 생각했고, 헌법재판소가 대통령의 '통치행위'인 계엄의 위헌·위법 여부를 심사할 수도 없다고 주장했다. 윤석열 대통령의 사고 체계에서 대통령은 주권자인 국민으로부터 권한을 위임받은 '대표 공무원'이 아니라, 국민 위에서 초법적 권한을 행사할 수 있는 '제왕'이었던 것이다.

우리는 짧은 시간 동안 대통령 파면을 두 번이나 경험했다. 민주주의의 위기가 닥칠 때마다 주권자인 국민 스스로의 의지와 그 권한을 위임받은 헌법재판소의 결정으로 이를 극복했다. 이제는 우리 국민, 그리고 앞으로 대통령의 자리에 있게 될 사람들 역시 헌법 제1조를 되새기며, 대통령은 그저 권한을 위임받은 공무원의 한 사람이라는 사실을 잊지 말기를 소망한다.

12·3 비상계엄과 그 극복 과정을 앞으로 어떻게 기억해야 할까

역사는 2024년 12월 3일을 윤석열에 의한 내란으로 기록하겠지만, 이날만큼 역사 속에서 조명되어야 하는 날은 12월 4일이다. 헌법재판소 결정문에도 언급되었지만, 그날 밤 "시민들의 저항과 군경의 소극적 임무 수행" 덕분에 국회가 비상계엄해제요구 결의안을 가결시킬 수 있었다. 그렇기에 '민주주의 회복'이라는 면에서 12월 4일에 대한 평가는 더욱 중요하다.

나는 대구에서 나고 자라 중·고등학교를 다녔다. 어릴 때부터 '광주 사태'라는 말을 들기는 했지만, 1980년 5월 광주에서 무슨 일이 있었는지는 잘 알지 못했다. 대학에 들어와서야 뒤늦게 5·18에 관한 책과 사진을 보고 어렴풋이 그 내용을 알게 되었다. 같은 시대를 살았던 사람으로서 얼마 떨어지지 않은 옆 동네에 있었던 일을 잘 몰랐다는 것, 그 시대에 권력을 가졌던 사람과 같은 지역 출신으로서 깊은 부채감이 들었던 기억이 있다.

지금은 그때와 달리 비상계엄과 국회의 계엄해제 의결, 헌법재판소의 탄핵심판 과정, 광장에서 계속된 시민들의 저항 등 이번 사건과 관련된 일련의 기록을 특히 영상을 통해 쉽게 접할 수 있다. 이를 민주주의 교육 자료이자 역사의 기록으로 남기고 기억했으면 좋겠다. 2024년 12월 3일의 비상계엄과 12월 4일부터 2025년 4월 4일까지의 모든 과정이 기록으로 남고 전승되어 지금은 이 상황을 다르게 평가하는 사람들도 후에 진실이 무엇이었는지, 어떤 의미인지를 쉽게 깨달을 수 있는 계기가 되길 바란다. 뒤늦게나마 '광주 사태'가 아닌 '5·18 민주화운동'을 알게 되었던 나처럼 말이다.

전두환과 윤석열 중에
누가 더 나쁘냐고 묻는 아이에게

아이가 최근에 이런 질문을 한 적이 있다. "전두환이 나빠, 윤석열이 나빠?" 한국 현대사를 다룬 그림책에서 전두환 얘기가 나왔을 때 나한테 물어봤던 기억이 다시 떠올랐던 것 같다. 그때 나는 "이 사람(전두환)이 쿠데타도 하고 군대와 탱크로 밀고 들어와서 사람들을 많이 죽였어"라고 설명해주었다. 그러고나서 이번에 '윤석열이 비상계엄을 했다. 국회로 군대를 보냈다' 같은 얘기를 접하니, 아이의 머릿속에는 전두환과 윤석열이 비슷한 이미지로 그려졌던 것 같다.

굳이 누가 더 나쁘냐고 묻는다면, 전두환은 국민을 학살한 사람이기에 누구와도 비교하기 어려운 죄를 지은 사람이다. 그러나 윤석열은, 이 시대의 시민에게 잊혔던 군사독재의 망령을 다시 끄집어낸 사람이기에 어떤 의미에서는 전두환 못지않게 나쁘다는 생각이 들었다. 그래서 아이에게 이번 비상계엄 과정에서 누군가 총으로 죽임을 당하지는 않았지만, 우리 국민을 지키기 위해서 존재하는 군인이 오히려 지켜야 할 사람들한테 총을 겨누게 한 일은 너무 나쁜 일이라고 이야기해줬다.

나는 적어도 초등학교 1학년 때부터 그 수준에 맞는 민주주의 교육이 이루어져야 한다고 생각한다. 구구단을 외우거나 영어 단어 하나를 더 아는 것과는 비교할 수도 없이 중요하다. 아이들이 즐겨 하는 놀이나 부담 없이 접할 수 있는 만화 등 그 내용과 형식에 대해서는 많은 고민이 필요하겠지만, 어떤 방식으로든 충분히 그 나이대에 맞는 민주주의 교육은 가능할 것이고, 또 그래야만 할 것이다. 이 책이 우리 아이들에게 민주주의 교육으로 가는 시작점 중 하나가 되기를 기대한다.

황영민 변호사 최종변론
우리 아이들에게 12·3 비상계엄을
어떤 역사로 알려줄 것인가

청구인 대리인 황영민 변호사입니다.

1. 저는 이 자리에서 우리 아이들에 대해 말씀드리고자 합니다.
2024년 12월 3일 비상계엄, 대한민국의 아이들은 이날을 어떻게 기억하고, 피청구인의 행위를 무엇이라 배우고, 자랄 것인지에 대한 이야기입니다.

2. 45년 만의 비상계엄, 국회에 착륙한 군용 헬기와 의사당에 난입한 군인들, 현직 대통령 체포와 이를 막는 경호원들, 법원을 아수라장으로 만든 일군의 무리들, 그리고 바로 이 심판정에서 계엄은 '경고성'이고 '계몽령'이라는 피청구인의 태도.
피청구인이 일으킨 비상계엄과 내란사태, 두 달이 넘는 기간 매일 벌어지는 혼란 속에서, 지금 아이들은 무슨 일만 있으면 "계엄을 선포한다!"라고 장난을 치고, 학교와 가정에서는 '계엄이 무엇인지? 대통령이 왜 그랬는지? 그리고 탄핵은 무엇이고, 또 헌법은? 민주주의는 또 무엇인지?' 끊임없이 질문을 던지고 있다고 합니다.

저 역시 마찬가지입니다. 지난 두 달 동안, 제 아이로부터 왜 밤늦게 들어오고 주말에도 함께 놀지 못하는지, 우리 일상에 발생한 이 사건이 무엇인지 질문을 받고 있습니다.

바야흐로, 온 국민이 역사책에서나 봤던 '계엄'으로 인해, 헌법을 공부해야 하고, 대통령의 권한과 의무에 대해 아이들에게 어떻게 답해주어야 할지 고민해야 하는 상황입니다.

그러나 곤혹스러운 것은 비단 '계엄, 탄핵, 대통령의 헌법 수호 의무'와 같은 어려운 개념이나 헌법 조항을 어떻게 쉽게 설명할지가 아닙니다. 질문하는 아이에게 '대통령은 전시·사변 또는 이에 준하는 국가비상사태가 있을 때 공공의 안녕질서를 유지하기 위해 계엄을 선포할 수 있어'라고 계엄 요건을 설명해 주더라도, 다시 돌아오는 질문은 항상 똑같습니다. '그래서 왜 대통령은 계엄을 한 거야?'

우리가 곤혹스러운 이유는, 근본적으로 답해줄 수 없는 바로 이 질문이 있기 때문입니다. '평화로웠던 12월 그날에, 왜 비상계엄을 선포했는지, 군인들을 국회의사당에 보낸 이유가 무엇인지, 국회의원들을 끌어내리려고 한 이유가 무엇인지' 등에 대해 상식적이고, 합리적인 설명이 불가능하기 때문입니다.

탄핵심판의 변론이 마무리되는 지금도 마찬가지입니다. 여전히 피청구인으로부터 '왜 그랬는지'라는 질문에 대한 합리적인 답변을 듣지 못했습니다. 피청구인에게 묻고 싶습니다. '도대체 왜 이런 짓을 벌이셨나요?' 우리 아이들에게 무엇이라 설명해야 하는지,

지금이라도 대통령다운 대답을 듣고 싶습니다.

'대통령 배우자의 범죄에 대한 특검법 발의, 정부가 편성하지도 않은 예산을 삭감했다는 이유, 일부 공직자에 대한 탄핵소추' 등 피청구인이 주장하는 이른바 '야당과 국회의 반국가적 행위'들이, 계엄을 선포할 '국가비상사태'가 될 수 없다는 점은 명확합니다. 피청구인과 사전 공모한 국방부 장관을 제외하고, 어떤 국무위원도, 이 재판정에서 증언한 국무총리조차도, 경제수석도, 안보실장도, 국정원장도 동의하지 못한 '국가비상사태'는 피청구인의 몽상에 불과합니다.

3. 억지로 이유를 생각해 보자면, 야당과 국회의 견제로 피청구인이 원하는 정책을 마음껏 펼치지 못했다는 것이 유일한 이유로 보입니다. 하지만 국회는 대화와 타협의 대상이지 억압과 척결의 대상이 아닌 것은 너무나 당연합니다. 그런데 우리는 이번 탄핵심판 과정에서 피청구인 주변의 사람들이 피청구인에게 이 당연한 대화와 타협조차 설득한 적이 없고, 그저 피청구인을 왕처럼 떠받들며 피청구인의 '격노'에 동조만 했다는 사실을 알게 되었습니다.

자신을 왕으로 떠받드는 분위기 속에서 피청구인은 진짜 자기가 제왕이라고 착각한 것으로 보입니다. 자신을 제왕이라고 착각한 피청구인은 왕의 권한을 견제하려는 세력을 적으로 규정할 수밖에 없었습니다. 자기 주변의 모든 사람이 자신을 왕으로 대해주는데, 도대체 왜 국회만 자신을 왕으로 인정해주지 않느냐며 분노했을지도 모르겠습니다.

그러다 피청구인은 군대를 동원하여 진짜 제왕이 되고자 하였습니다. '이번 계엄은 국회에 대한 경고용이었다.'라는 피청구인의 변명을 믿어본다면, 피청구인은 군사력을 과시하여 제왕의 권위를 떨쳐보이려 했던 것 같기도 합니다.

하지만 대통령은 왕이 아닙니다. 우리 아이들에게 대통령을 왕이라고 가르칠 수는 없습니다. 국민이 대통령을 왕으로 대우하는 순간, 대통령이 자신을 제왕이라고 착각하는 순간, 대한민국은 더 이상 '민주공화국'일 수 없습니다. 우리는 이 재판에서, 대한민국 대통령은 대한민국의 왕이 아니라는 당연한 사실을 다시 선언하고, 그 사실을 민주공화국의 구성원으로 자라날 우리 아이들에게 알려 주어야 합니다.

4. 어린 시절, 주변의 어른들은 1980년의 광주를, '광주 사태'라고 불렀습니다. 그리고 저는 '빨갱이, 반정부 반란군'이 도시를 점령하고 나라를 혼란에 빠뜨렸지만, 리더십 있는 어떤 군인이 용감한 공수부대원들을 보내 신속히 진압했다고 배웠습니다.

수많은 사람들이 피를 흘리고 고통의 시간을 보냈고, 17년이나 지나서야 법원은 전두환을 내란 우두머리라고 확인하고 무기징역을 선고하였습니다. 저도 그 오랜 시간이 흐른 뒤에야 그날의 진실을, '광주 사태'가 아니라 '5·18 민주화운동'이라는 것을, '빨갱이, 폭도'가 아니라 '신군부에 저항했던 시민들'이었다는 것을, '나라가 혼란했던 것'이 아니라 '무도한 일부 군인들이 정권을 찬탈하고자 비상계엄을 선포했던 것'을 비로소 알게 되었습니다.

5. 다시 처음의 질문으로 돌아와 생각해봅니다. 대한민국의 아이들은 이번 비상계엄을 어떻게 기억하고, 피청구인의 행위를 무엇이라 배우고, 자라나야 할까요.

5·18 민주화운동을, '폭도가 일으킨 광주 사태'라고 배웠다가 오랜 시간이 흐른 후에야 진실을 알게 되었던 저처럼, 저의 아이를, 그리고 대한민국 아이들을 키울 수는 없습니다. 피청구인이 말하는 '경고성 계엄'을 그럴법하다고 생각하고, 계엄령을 '계몽령'이라고 한없이 가볍게 생각하고, '서부지법 폭동 사태'를 미화하는 내용을 보고, 듣고 자라는 제 아이, 우리나라의 아이들을 상상하기조차 어렵습니다.

이번 헌법재판소의 결정은 대한민국을 살아갈 우리 아이들의 배움과 사고를 결정지을 것입니다. 12·3 비상계엄을 실행한 피청구인의 행동에 대한 헌법재판소의 평가가, 아무 일도 일어나지 않았다고 말하는 피청구인의 인식에 대한 헌법재판소의 평가가, 오늘의 아이들이 배우고 자라날 역사의 진실을, 그리고 내일의 대한민국이 어떠할지를 결정할 것입니다. 감사합니다.

헌법의 정언명령을 지킨다는 것

박혁 변호사

"우리 헌법이 천명하고 있듯이, 모든 권력은 국민으로부터 나옵니다. 이러한 정언명령이 있고, 우리 모두 이를 마음 깊이 품고 있었기에, 우리는 그동안 숱한 역사적인 어려움을 극복하고 이날에 이른 것입니다. 지난 몇 달 동안, 추운 거리에서, 위 정언명령을 수없이 외친, 자랑스러운 국민들도 다시 생각합니다."

최종변론문 중에서

광주지방법원, 인천지방법원, 서울중앙지방법원, 서울고등법원 판사를 거쳐 광주지방법원 목포지원과 의정부지방법원 부장판사를 지냈다. 한겨레통일문화재단 이사, 천주교 주교회의 교육위원회 위원, 초록우산 어린이재단 중앙후원회 부회장, 경기북부경찰청 손실보상위원회 위원장, 재단법인 홍리김오월평화문화재단 감사, 서울대학교 유지재단 고문변호사, 더불어민주당 중앙선거관리위원회 부위원장, 더불어민주당 윤리심판원장, 서울시교육청 법률고문으로 활동했다. 2025년 현재 법무법인(유한) 클라스한결 변호사로 활동 중이다.

 이번 탄핵심판에서는 전체적인 흐름을 살피고 상대방의 전략을 파악하는 등 날카로운 통찰로 다양한 역할에 임했다.

이번 탄핵심판에서 나는 전체적인 흐름을 살펴 정무적으로 판단하고, 상대방의 전략을 파악해 적절히 대응하고, 재판부의 법정 발언이나 진행 상황에 따라 적절한 대처를 고민하는 역할을 하려고 노력했다. 또한 대리인들 간 조화와 균형을 살피고, 무엇보다 신속한 판결을 이끌어 내는 모든 방안을 강구하기 위해 노력했다.

잊지 못할 장면들

재판부와 탄핵소추 대리인단 변호사들이 각자의 자리에서 잘 준비하고 재판을 진행해주셔서 실제로 내가 한 역할은 그리 크지 않았던 것 같다. 하지만 그 과정 속에서 나는 평생 잊지 못할 장면들을 보았다. 변호사들이 밤을 새워 가며 서면을 작성하고, 증인신문을 준비하던 모습은 여전히 선명하게 기억난다. 홍장원 전 국정원 1차장, 조성현 대령과 같은 고마운 증인들의 용기도 큰 울림을 주었다.

이렇게 깊은 울림을 주는 순간도 있었던 반면, 분노를 참을 수 없었던 순간도 있었다. 2025년 1월 23일, 4차 변론기일에서 당시 윤석열 대통령이 김용현 전 국방부장관을 직접 신문한 장면이다. 윤석열 대통령이 계엄 포고령 1호 등에 대해 "생각이 나느냐"고 묻자, 김용현 장관이 "아, 지금 말씀하시니까 생각이 납니다"라고 답했다. 비겁한 대통령과 장관이 서로 짜 맞춘 듯 벌이는 법정 허위 증언 쇼처럼 느껴졌다. 나는 이 순간이 너무 어이가 없고 화가 났다. 이 심판이 왜 시작되었는지, 자신들이 왜 심판정에 앉아 있는지를 잊은, 무책임함의 극치를 보여주는 태도였다.

3월 14일부터 4월 4일까지

최종변론까지 마무리된 이후, 헌법재판소에서 3월 14일에는 선고를 하리라고 예상했다. 혹시 늦어지더라도 3월 21일 안에 선고기일이 잡힐 것이라고 생각했다. 그런데 이마저도 지나가자 불안한 마음이 엄습했다.

언론에서는 자극적인 추측성 기사가 난무했다. 주위 사람들에게서도 이게 어떻게 된 상황이냐고 묻는 전화가 엄청나게 많이 왔다. 그러나 탄핵소추 대리인단은 헌법재판소 관계인에게 접근하는 것이 금지되어 있었기 때문에, 사실상 대리인단 측이 정보가 더 없었던 상황이라 가장 답답했던 쪽은 우리들이었다. 상황이 더 지체되어 선고기일이 더 늦어진다면, 임기 문제로 당시 헌법재판소 구성원으로 선고가 불가능해질지도 모른다는 우려까지 나오기 시작했다. 대리인단 내부에서는 그런 상황이 온다면 전원 사임을 포함한 어떤 선언이 필요할 수도 있다는 각오를 하고 있었다. 그러던 찰나, 4월 1일에 극적으로 선고기일이 잡혔다.

기억하지 않는 역사는 반복된다

이번 탄핵심판에 참여하면서, 변호사이자 국민으로서 내 중심을 잡게 하는 헌법의 한 문장을 자주 떠올렸다. 바로 헌법 제1조 제2항 "대한민국의 주권은 국민에게 있고, 모든 권력은 국민으로부터 나온다"이다. 설명이 필요 없는 이 조항은, 우리 민족과 국가를 온갖 어려움 속에서도 지켜낸 국민 모두의 정언명령과도 같다. 우리 사회 모든 영역, 특히 법조계 모든 영역에서 정상을 되찾고, 공동체와 공동선에 대한 집단적 지혜를 다시 세워야 한다. 4·19 혁명, 5·18 민주화운동과 함께 12·3 내란과 그 극복 과정을 제대로 기록하고, 기억해야 한다. 기억하지 않는 역사는 반복되기 마련이다. 우리가 민주주의를 지킨 이 이야기 역시 반드시 기억되어야 한다.

박혁 변호사 최종변론
우리 헌법은 천명하고 있습니다

이제 재판을 마치면서, 이 신성한 법정에서, 저 피청구인과 그에 동조한 몇 증인들의 비겁하고 거짓된 법정진술을 다시 새깁니다.

그들이 한때 우리나라의 대통령, 총리, 국무위원이었다는, 믿을 수 없는 현실을 다시 새깁니다.

그 와중에도, 진실에 입각해서 용기 있는 증언을 한 여러 증인의 당당한 모습도 다시 새깁니다.

우리 헌법이 천명하고 있듯이, 모든 권력은 국민으로부터 나옵니다.

이러한 정언명령이 있고, 우리 모두 이를 마음 깊이 품고 있었기에, 우리는 그동안 숱한 역사적인 어려움을 극복하고 이날에 이른 것입니다. 지난 몇 달 동안 추운 거리에서, 위 정언명령을 수없이 외친, 자랑스러운 국민들도 다시 생각합니다.

한 줌도 안 되는 피청구인을 비롯한 내란 세력들은, 다시금 저 정언명령을 거역하여, 평화로운 우리 일상을 짓밟는 계엄을 선포하고도, 아직도 그 죄상을 뉘우치지 않고, 거짓과 망상에 빠진 우스꽝스러운 모습을 이 법정에서 보여 왔습니다.

우리는 다시 저 정언명령을 상기해야 합니다.

다시 되씹고 되씹어, 우리 사회 모든 영역에서 정상을 되찾고, 공동체와 공동선에 대한 집단적 지혜를 다시 세워야 합니다.

4·19, 5·18과 함께, 12·3 내란을 기억하고, 단죄하여, 다시는 이러한 세력들이 이 사회에 나타날 수 없도록, 다짐하고 다짐해야 합니다.

이 법정에서 마땅히 전원일치로 피청구인을 파면하고, 그 이유를 명확히 설명하여, 이 시대와 후대에 분명히 선언해야 합니다.

현명한 판결을 믿어 의심치 않습니다.

부정선거 주장은 선거패배를 부정하고 싶다는 말이다

이원재 변호사

"비상계엄 이후 피청구인이 선거관리위원회를 공격하고, 부정선거 음모론을 제기, 확산시킨 행위는 우리나라의 선거제도와 대의제도에 더욱 치명적인 영향을 끼쳤고 선거관리위원회와 선거 시스템의 신뢰성을 크게 훼손시켰습니다. 부디 피청구인이 주장하는 부정선거 음모론이 얼마나 근거 없는 것인지를 판단하셔서 선거제도와 대의제도의 신뢰성 그리고 선거관리위원회와 수많은 투·개표 사무원, 참관인들의 명예와 자긍심을 회복시켜주시기 바랍니다."

최종변론문 중에서

1987년 대학원에서 노동법 전공으로 석사를 받았다. 1989년 사법시험 합격 후 인사, 노무 관련한 분야를 중심으로 변호를 맡으며, 대한변호사협회 인권위원, 법제위원, 대한변호사협회 인권보고서간행 소위원회 위원장, 제17대 국회의원 선거방송심의위원회 위원, 민주사회를 위한 변호사 모임 노동특별위원회 위원장 등을 지냈다. 2025년 현재 법무법인(유한) 클라스한결 소속 변호사이자 사회적 경제 활성화 전국 네트워크 감사로 활동 중이다.

    탄핵소추 대리인단의 실무총괄을 맡은 김진한 변호사와 함께 부정선거 이슈에 대응하는 역할을 맡아 활약했다.

함께한 변호사라면 누구나 말하겠지만, 팀워크가 정말 좋았다. 탄핵심판을 진행하는 동안 매주 회의를 하면서 상황을 점검하고 필요한 사항을 준비했는데 그 과정에서 호흡이 잘 맞았던 것은 물론이고, 대리인들이 각자 역할을 나누어 골고루 변론과 증인 신문에 참여했던 점도 좋은 경험이었다. 개인적으로는 실무총괄을 맡았던 김진한 변호사와 같은 법인 소속이라 탄핵심판 기간 내내 준비하고 일하는 것을 옆에서 지켜보았는데, 휴일도 없이 밤낮으로 고생하면서 맡은 역할을 너무 잘 해주었다. 우리 17명의 탄핵소추 대리인단뿐 아니라 국회 탄핵소추위원인 정청래 의원, 매번 회의에 참석하고 의견도 내주셨던 최기상 의원, 실무적인 뒷바라지를 해주신 윤혜연 정청래 의원 보좌관에게도 감사의 인사를 드리고 싶다.

워낙 실력 있는 변호사들로 구성된 팀인 만큼, 대리인단에 합류하면서 내가 어떤 큰 기여를 하겠다기보다는 필요한 작은 일이라도 있으면 해야겠다는 생각으로 시작했다. 그래서 그랬는지 사실상 이번 탄핵심판의 쟁점이 아님에도 불구하고, 피청구인측에서 집요하게 제기했던 부정선거 이슈가 눈에 들어왔고, 주로 이에 대응하는 역할을 맡았다.

너무나 뻔뻔한 태도와 얄팍한 수 싸움

전반적으로 반성을 모르는 피청구인의 뻔뻔한 태도에 화가 난 것은 모든 변호사가 마찬가지였을 것이다. 개인적으로 가장 화가 났던 장면은, 탄핵심판 7차 변론 중 부정선거 주장 관련해서 백종욱 전 국가정보원 3차장을 증인신문하는 과정이었다. 지엽적인 일이긴 하지만 상대방이 먼저 해야 하는 주신문을 뒤로 미루고, 반대신문을 한 뒤 일방적인 내용의 주신문을 해서 이에 대한 반대신문을 못하게 됐다.

일반적으로 증인신문은 증인을 신청한 측에서 주신문을 하고, 상대방 측이 이에 대한 반대신문을 한 뒤, 다시 재주신문, 재반대신문을 하는 순서로 진행된다. 이번 탄핵심판에서는 재판부가 그 시간까지 미리 정해둔 상태였다. 피청구인이 재주신문시간 15분 중 일부만 쓰고 나머지는 뒤에 하겠다고 하기에, 무슨 사정이 있나 보다 하고 재반대신문을 먼저 해주었다. 피청구인은 남은 시간에 일방적인 내용으로 신문을 했는데, 우리는 시간을 다 썼기 때문에 이에 대한 재반대신문을 할 수 없었다. 이를 노리고 의도적으로 순서를 미룬 것을 괜히 받아주었다고 후회하는 한편, 이런 중대한 자리에서 얄팍한 수를 쓰는 상대방에게 화가 많이 났다.

헌법 제103조 "법관은 헌법과 법률에 의하여 그 양심에 따라 독립하여 심판한다."

변론종결 후 3주가 지났다. 선고 지연으로 인한 긴장이 최고조에 달하고 향후 상황에 대한 부정적인 전망이 많이 들려왔다. 대리인단 사이에서도 무슨 조치라도 취해야 하지 않겠는가 등의 논의가 시작되었다. 그러나 그때까지도 나는 낙관적인 기대를 갖고 있었다. 만일 탄핵이 기각되거나 각하되는 상황이 온다면 그것은 우리나라의 헌법질서가 이미 무너졌다는 방증이다. 그렇다는 것은 이미 우리 대리인들이 어떤 조치를 한다고 해서 바뀔 결론은 없는 상황이란 뜻이다.

당연한 결론이었지만 막상 선고를 들으니 나도 모르게 울컥했다. 그래도 헌법재판소는 살아 있구나. 그 혼란에도 불구하고 아직 우리나라의 헌법질서가 무너지지 않은 것을 확인했다는 안도감이 밀려왔다. 변호사인 나도 이런 심정이었으니, 최근 탄핵사건과 대법원의 선거법 전원합의체 판결 등을 겪으며 국민들 사이에서 과연 법관이 법과 양심에 따라 판결하는 것인가에 대한 불신이 높아진 것이 이해가 되기도 하면서 안타까운 마음이 크다.

헌법 제103조는 "법관은 헌법과 법률에 의하여 그 양심에 따라 독립하여 심판한다"고 규정하고 있다. 이는 법원의 판결이 법과 법관의 양심에 따라 이루어져야 한다는 뜻이지만, 한편으로는 판결이 법에 의해서만 이루어지는 것도 법관의 양심에 따라서

만 이루어지는 것도 아니라는 의미다. 변호사로서 법원의 판결에 대해 의구심을 갖는 사람들을 만나면 이 조항을 읊은 다음 법원을 믿으라고 조언해왔다. 법관이 법과 양심에 따라 판결한다는 원칙이 흔들린다면, 그것은 법치주의가 흔들리는 것이고 재판은 권력, 금력 등 힘에 의한 투쟁으로 바뀐다. 간혹 납득하기 어려운 판결을 접하기는 하지만, 나는 대부분의 법관이 법과 양심에 따라 판결한다고 믿고 있다. 헌재의 판결을 보듯 법치주의가 심각하게 훼손된 상태는 결코 아니기 때문이다. 그래서 이번 사건이 다음 세대에게도 헌법질서와 법치주의의 의미에 대해 생각하는 기회가 되었으면 좋겠다. 또 나아가 그간 표출되었던 이념적 양극화와 극단주의의 심각한 폐해를 극복할 방안에 대해서도 생각해보는 계기가 되기를 바란다.

부정선거를 방지하는 핵심은
선관위의 독립성과 중립성 보장이다

선거관리기관을 독립된 헌법기관으로 할 것인가, 아니면 행정부에 소속시킬 것인가는 나라마다 다르다. 중요한 것은 어떤 방식으로든 선거관리기관의 중립성과 독립성을 보장하는 것이다. 대통령의 직접적인 영향력이 미치는 국정원이나 수사기관이 마음대로 선관위와 선거 시스템을 조사할 수 있도록 하면 선관위의 중립성을 해쳐 선거 결과에 영향을 미칠 위험이 있다. 선관위에 대한 감독과 견제도 필요하겠지만 법에 의해, 그 중립성과 독립성을 해치지 않는 범위에서 이루어져야 하는 이유다.

　부정선거 주장의 계기가 된 인천 연수구 사건에서, 대법원은 부정선거를 주장하려면 누가 어떻게 부정선거를 했다는 것인지를 밝혀야 하는데, 그 사건에서 부정선거를 주장하는 사람들(원고)이 이에 대해 아무런 주장도 없는 것을 먼저 지적했다. 그리고 나서 원고가 부정선거의 증거라고 주장하는 이른바, 일장기 투표지, 신권 투표지(빳빳한 투표지) 등에 대해 상세한 조사결과를 토대로 그것이 부정선거의 근거가 될 수 없음을 밝혔다. 그럼에도 계속해서 부정선거를 주장하는 사람들은 투표 결과를 두고, 혹은 투·개표 과정에서 일어난 실수나 별문제가 아닌 일을 예시로 가져와 부정선거의 증거라고 주장하지만, 도대체 부정선거를 누가 어떻게 저질렀는지에 대해서는 아무도 구체적인 이야기를 하지 않고 있다. 막연히 아무런 근거도 없이 중국 해커들이 선거 시스템을 조작했다거나, 또는 국내에 들어온 중국인들이 투·개표 과정에 개입해서 부정선거를 했다고 주장할 뿐이다.

　부정선거론자들의 주장대로 부정선거가 실제로 이루어지려면 여러 번의 선거에 걸쳐 선관위의 직원 다수가 조직적으로 관여해야 가능하다. 그러나 지금까지 선관위 직원 중 단 한 명이라도 부정선거에 연루되었다는 제보가 있다거나 어떤 자그마한 단서라도 드러난 것이 없다. 그렇다면 그들이 주장하는 방식의 부정선거가 없었기 때문이라고 볼 수밖에 없다. 채용비리 사건 등으로 선관위의 신뢰가 손상되었고, 적절한 감사의 필요성이 제기된 것과는 별개로 선거는 법이 정한 절차에 따라 이루어지고, 대부분의 과정이 참관인 등에게 공개되는 선거관리 업무의 공정성과 중립성은 믿을 만하다고 판단된다.

이번 사건을 통해 부정선거 주장을 접하고 관련한 변론을 준비하면서 내린 결론은 다음과 같다. "'부정선거'가 있었던 것이 아니라 '선거결과, 선거패배를 부정'하고 싶은 것이다."

이원재 변호사 최종변론

부정선거 음모론 반박

청구인 대리인 이원재 변호사입니다. 피청구인과 그 대리인들이 이 사건 비상계엄의 이유 중 하나로 들고 있는 부정선거론에 대해 말씀드리겠습니다. 제가 말씀드릴 내용은 소추사유 중 피청구인의 중앙선거관리위원회 침탈과 관련되어 있습니다.

1. 비상계엄이 선포된 후 국회에서 일어났던 일은 온 국민이 실시간 방송을 통해 지켜보아서 그 실상을 잘 알고 있습니다. 그러나 당시 군 병력이 선거관리위원회에 출동했던 일은 뒤늦게 알려지고, 그 과정이 자세히 보도되지도 않아서 국민들에게 실상이 덜 알려져 있습니다. 이후 수사과정에서는 비상계엄 주도 세력이 선관위 주요 직원들을 체포, 감금하고 심지어 고문까지 할 계획까지 세운 것이 드러났습니다.

2. 아시다시피, 피청구인이 계엄을 선포하면서 밝힌 계엄 사유에는 선관위나 부정선거에 관한 내용이 없었습니다. 2024년 12월 12일 담화에서, 피청구인은, 선관위 전산시스템에 문제가 많아 국

방부 장관에게 점검하도록 지시하였다고 하였습니다. 그러나 선관위 전산시스템의 문제가 비상계엄의 사유가 될 수 없다는 점을 굳이 지적하지 않더라도, 피청구인이 문제라고 언급한 내용은 사실과 달랐습니다.

위 담화에서 피청구인은, "2023년 하반기에 국정원이 정보 유출과 전산시스템 안전성을 점검하고자 하는 것을 선거관리위원회가 완강히 거부하였다. 보안점검을 받게 된 후에도 전체 시스템 장비의 아주 일부분만 점검에 응하고, 나머지는 불응하였다"고 하였습니다.

그러나 2023년은 물론, 그 이전이나 이후에도 국정원이 선관위에 보안점검을 요구하거나, 선관위가 보안점검을 거부한 적은 없었습니다. 법률상 국회, 법원, 헌법재판소, 중앙선관위 같은 헌법기관은 스스로 필요성이 있어 요청하지 않는 한 국정원의 보안점검 대상이 아니기 때문입니다. 2023년 국정원의 선관위 보안점검은 선관위가 스스로 요청해서 이루어졌습니다. 보안점검을 받을 때 선관위는 전체 보유 장비에 대한 접근권한을 국정원에 부여하였습니다.

다만, 국정원이 시간상의 제약 등으로 선거 시스템과 관련된 중요 전산장비 위주로 선정하여 일부만 점검하였던 것인데, 이를 두고 선관위가 장비 일부분만 점검에 응하고 나머지는 불응하였다고 하는 것은 사실을 왜곡하는 주장입니다.

위 담화에서 피청구인은 "국정원 직원이 해킹을 시도하자 얼마든지 데이터 조작이 가능하였고 방화벽도 사실상 없는 것이나 마찬가지였다"고 하였습니다. 그러나 당시 보안점검은 부정선거 방지를 위한 각종 법적·제도적 장치를 배제하고 기술적 부문에 한정하여 실시되었습니다. 기술적인 모의해킹도 선관위가 국정원에 시스템 정보와 접속 관리자 테스트 계정을 미리 제공하고, 침입탐지·차단 등 자체 보안시스템을 완전히 적용하지 않은 상태에서 진행되었습니다. 이런 조건을 무시하고 "얼마든지 데이터 조작이 가능하였고 방화벽도 사실상 없는 것이나 마찬가지"라고 하는 것은 지나친 확대해석입니다.

피청구인은 "24년 4월 총선을 앞두고 선관위에 문제 있는 부분에 대한 개선을 요구했지만, 제대로 개선되었는지는 알 수 없었다"고도 했습니다. 그러나 선관위는 위 보안점검 이후 지적된 취약점을 대부분 조치하고, 24년 4월 총선 실시 전에 정당 참관인의 입회하에 두 차례 국정원과 합동으로 이행 여부 현장점검을 완료하였습니다. 달리 국정원이나 다른 기관이 선관위에 시스템의 문제점을 점검하거나 개선 요구를 한 일도 없었으므로 개선 여부를 알 수 없었다는 주장은 사실이 아닙니다.

3. 피청구인은, 2025년 1월 15일 공개한 '국민께 드리는 글'에서는, 선관위 시스템의 부실에 관한 주장에서 더 나아가 "우리나라 선거에서 부정선거의 증거는 너무나 많다", "선거 소송의 투표함 검표에서 엄청난 가짜 투표지가 발견되었다"는 등 부정선거 주장까지 하였습니다. 그러나 과거 여러 차례 선거소송 재검표에서 정규

의 투표지가 아닌 가짜 투표지는 발견된 적이 없습니다. 피청구인 대리인들이 '가짜'라고 주장하는 투표지는 21대 국회의원 선거의 소송 재검표 과정에서 나온 투표지입니다. 이에 관해 대법원은 상세한 조사와 검증을 거쳐 해당 투표지는 별 문제가 없거나, 사소한 실수, 단순한 기계적 오류에 의한 것이어서 부정선거의 증거가 될 수 없다고 판결하였습니다. 법률가인 피청구인이 위 대법원 판결을 한 번만 제대로 읽어보았더라도 위 가짜 투표지 주장이 얼마나 근거 없는지 쉽게 알았을 것입니다. 판결이 아니더라도 위 투표지들이 누군가가 부정선거 목적으로 투입한 가짜 투표지라면 그 투표지는 특정 후보자에게 유리한 것이어야 합니다. 그러나 위 투표지가 부정선거의 증거라고 주장하는 어느 누구도 이에 대해서는 말하지 않고 있습니다. 그 투표지들이 특정 후보자에게 일방적으로 유리한 것이 아니었기 때문입니다. 피청구인이 말한 '칼에 찔려 사망한 시신'은 어디에서도 발견되지 않았습니다.

우리나라의 투·개표는 수많은 사무원, 관계 공무원·공공기관 직원, 참관인 등이 참여한 가운데, '실물 투표'와 '공개 수작업 개표' 방식으로 진행되고, 사후에 '실물 투표지'를 통해 개표 결과를 검증할 수 있습니다. 그 과정에서 정보시스템 및 기계장치는 보조수단으로 사용됩니다.

투·개표 과정에 한 번이라도 참여해 본 사람이라면, 현실에서 누군가 가짜 투표지를 투입하거나, 투·개표 데이터를 조작하는 것은 사실상 불가능하다는 것을 잘 알 것입니다.

4. 이 사건 소추 이유에서는 피청구인이 비상계엄을 선포하고 선거관리위원회에 침입하여 서버를 압수, 수색한 행위의 위헌, 위법성을 주로 다루었지만, 비상계엄 이후 피청구인이 위 담화 등을 통해 선거관리위원회를 공격하고, 부정선거 음모론을 제기, 확산시킨 행위는 우리나라의 선거제도와 대의제도에 더욱 치명적인 영향을 끼쳤고 선거관리위원회와 선거 시스템의 신뢰성을 크게 훼손시켰습니다. 부디 피청구인이 주장하는 부정선거 음모론이 얼마나 근거 없는 것인지를 판단하셔서 선거제도와 대의제도의 신뢰성 그리고 선거관리위원회와 수많은 투·개표 사무원, 참관인들의 명예와 자긍심을 회복시켜주시기 바랍니다.

내란 잔불 정리는 주권의 완성

권영빈 변호사

"2025. 3. 어느 날부터 경복궁 앞에서 무기한 단식농성이 시작되었습니다. 많은 사람들이 단식농성에 참여하여 윤석열 전 대통령 탄핵심판 선고를 빨리하도록 기원했습니다. 헌법재판소의 탄핵심판 선고가 늦어지면서 단식농성은 점차로 철야농성으로 바뀌었습니다. 미안하게도 저는 점심을 먹고나서 단식농성장과 철야농성장을 방문하여 그 분들의 진정성을 아주 가까이서 느꼈습니다. 그분들에게도 고맙다고 인사드립니다."

최종변론문 중에서

제41회 사법시험에 합격했고, 이후 의정부·논산·대구·광주 지방검찰청 검사를 지냈다. 2012년 이명박 정부 내곡동 특별검사 특별수사관을 지냈으며, 2014년 말 부터 4·16세월호참사 특별조사위원회의 진상규명 소위원회 위원장, 2017년 초부터 세월호 선체조사위원회의 제1소위원회 위원장으로 활동했다. 언제나 노동을 존중하며 사회적 약자들을 돕는 가슴 따뜻한 법률가를 지향한다. 2025년 현재 법무법인(유한) 클라스 한결 변호사로 활동 중이며, 저서로는 《머나먼 세월호 1,2》가 있다.

 이번 탄핵심판에서 국회와 검찰, 경찰로부터 수집한 방대한 사건 기록과 상대방이 제출한 증거들을 신속하게 검토하고, 12·3 비상계엄 선포 과정에 대한 사실관계를 정리하여 대리인단 내부에서 공유하는 역할을 했다.

탄핵소추 대리인단 내부에서 조용히 힘을 보태고 싶었다. 대리인단의 한 사람으로 일하는 그 자체만으로 영광이었다. 탄핵심판 진행 과정에서는 직접 곽종근 전 육군 특수전사령관에 대한 증인신문을 하게 되었다. 곽 전 사령관은 군 통수권자가 바로 눈앞에 앉아 있고, 국민들의 관심이 집중되어 있는 상황에서 사실대로 얘기하는 것이 쉽지 않았을 거다. 그러나 담담하게 12·3 계엄 관련해서 자신이 겪은 일을 사실 그대로 이야기했다. 있는 그대로 얘기한 것이 진실을 밝히는 용기 있는 일이 되었다.

결정적 고비를 넘긴 순간, 파면 걱정을 덜었다

곽 전 사령관 말고도 다른 군 장성들이 재판정에서 증언을 했다. 각자의 영역에서 전문가라고 할 수 있는 국무총리와 장관들이 재판정에서 증언했는데, 그 자리에서 사실을 말하지 않고 자기변명만 하는 태도가 한심해 보였다. 그와 대비된 곽 전 사령관의 모습은 지금도 잔잔한 감동으로 남아 있다.

탄핵심판 6차 변론기일 전인 2월 4일에 이진우 전 수방사령관과 여인형 전 방첩사령관이 증인으로 나왔는데 제대로 대답을 안 했다. 그런 경험이 있어서 증인들이 입을 다물거나 입장이 바뀔 수도 있다고 예상하고 증인신문을 준비했다. 증인신문을 준비하면서 관련 자료를 꼼꼼하게 살펴보았더니 곽종근 전 사령관이 국회에서도 여러 번 진술했고, 수사기관에서 몇 차례 조사받으면서 진술했는데, 전체적인 분위기를 볼 때 곽 전 사령관은 말을 바꾸거나 입을 다물지는 않을 것 같았다. 적어도 군인정신은 제대로 보여줄 것이라는 느낌을 강하게 받았다.

6차 변론 증인신문 과정에서 곽종근 전 사령관이 비상계엄 당시 윤석열 대통령에게 '국회의원을 끌어내라'는 지시를 받았다는 얘기를 할 때는 순간적으로 전율이 느껴졌다. '한 순간이지만 내가 이렇게 역사의 한 장면에 포함되어 있구나'라는 감동이 밀려온 순간이었다. 다시 살펴보아도 윤석열 대통령 탄핵심판 사건에서 곽종근 전 사령관의 그 답변으로 인해 윤석열 대통령의 파면은 결정적인 고비를 넘겨 더 이상 걱정하지 않아도 될 정도였다고 평가한다.

'2시간짜리 내란'과 사과 없는 직무 복귀

탄핵심판 전 과정이 즉각적으로 국민들에게 알려졌고 윤석열 전 대통령의 발언과 행동은 따로 구별할 것 없이 전부 다 국민들의 분노와 허탈감을 불러일으켰다고 생각한다. 그중에서 "2시간짜리 내란이 어디 있느냐"라고 말할 때는 도대체 자신이 저지른 행위에 대한 평가와 반성을 할 줄 모른다는 생각에 분노가 치밀었다.

그리고 윤석열 대통령이 최후진술에서 "직무에 복귀하면 개헌하겠다"라고 말할 때는 너무나 어이가 없어서 뭐라 할 말을 잃어버렸다. 12·3 비상계엄 선포로 인해 상처받은 국민들에게 한마디 사과 없이 다시 대통령직으로 돌아가겠다니? '몽상가의 망상'도 저 정도는 아니라고 생각했다.

예측 가능했던 늦은 선고, 그러나 불안했다

우리 대리인단을 비롯해 대부분의 국민들은 탄핵심판 선고가 아주 빨리 이루어질 것이라고 생각했고, 2월 말 선고나 3월 초 선고 등 여러 가지 이야기들이 있었다. 박근혜 전 대통령 탄핵 때는 2016년 12월 9일 탄핵소추안이 의결되고 거의 3개월 후인 2017년 3월 10일에 탄핵심판 선고가 있었다.

박근혜 전 대통령에 대해서는 우리 사회 대부분이 탄핵에 동의했는데, 윤석열 전 대통령 탄핵에 대해서는 찬성이 많았지만 반대의견도 만만치 않았다. 이런저런 사정을 차분하게 정리해보면, 윤석열 대통령 탄핵심판 선고는 2025년 3월 중순은 넘길 가능성이 있었지만, 우리 사회에서는 빠른 탄핵심판 선고에 대한 기대감이 높았고 그와 달리 탄핵심판 선고가 늦어질수록 불안감도 생겼다. 그러면서도 3월은 넘기지 않겠지 하면서 스스로 위안을 삼기도 했다.

이런 상황이다 보니 3월 28일까지 선고 기일이 지정되지 않아 불안감은 증폭되었고, 극도의 긴장감 속에서 대리인단이 급하게 모여서 현재 우리가 무엇을 할 수 있는지 논의하기도 했다. 다행스럽게도 4월 1일 선고기일이 지정되고 며칠 만에 '윤석열을 파면한다'는 선고 결과를 듣게 되었다.

성숙된 주권 의식, 국민들이 막아냈다

이번 탄핵심판 과정에 참여하고, 광장의 목소리를 지켜보며 세월호 참사 생각이 많이 났다. 그때보다 우리 국민의 주권 의식이 훨씬 성숙했다. 국가권력이 파괴하려고 했던 헌법질서를 주권자인 국민이 지켜내려고 했던 것이 세월호 참사와는 조금 달랐다.

2014년 4월 16일에 발생한 세월호 참사는, 국가의 부재를 보여준 끔찍한 참사였다. 참사 후 30분만에 출동한 해경 123정은 수백 명의 세월호 승객은 쳐다보지도 않고 선장 및 선원들만 살려냈다. 그리고 (국가의 구조 없이) 스스로 살아나온 세월호 승객 이외에 '가만히 있으라'라는 방송을 믿은 304명의 생명이 사라졌다. 이 모든 과정을 국민들은 TV 생중계로 지켜보는 것 말고는 아무 일도 할 수 없었다.

그에 반해 2024년 12월 3일 윤석열 대통령의 비상계엄 선포에 대해 시민들은 즉각적으로 국회로 달려가서 장갑차의 전진을 가로막았고, 국회 내부에 있던 무장 군인들이 국회의사당 안으로 진입하지 못하게 막았다. 그 후 2025년 4월 4일 헌법재판소에서 윤석열 대통령의 파면을 선고할 때까지 계속적으로 집회와 단식, 철야농성 등으로 힘을 모았다. 이것이 헌법재판소 재판관들의 전원일치 합의를 이끌어낸 원동력이라 생각한다.

국민의 기본권을 보장하는 헌법 조항, 적법절차원칙

대한민국 헌법 제12조 제1항은 적법절차원칙을 규정하고 있다.

"모든 국민은 신체의 자유를 가진다. 누구든지 법률에 의하지 아니하고는 체포·구속·압수·수색 또는 심문을 받지 아니하며, 법률과 적법한 절차에 의하지 아니하고는 처벌·보안처분 또는 강제노역을 받지 아니한다."

내가 대학생 때, 전두환 군사독재 시절 소위 공안사건이나 (운동권) 조직사건 중에 형사소송법이 정한 구속기간 20일 또는 최장 30일을 넘긴 경우가 많았다. 공권력에 의한 불법감금이다. 이것을 지적하는 법원 판사나 판결을 여직 본 적이 없다. 그런데 최근 수십 년이 지나서 재심재판을 통해 과거 공권력에 의해 자행된 불법이 확인되는 것을 종종 보게 된다. 그래서 나는 적법절차를 아주 중요하게 생각한다. 그 당시에 판사들이 적법절차원칙을 지켰다면 위법한 공권력 행사를 막고 국민의 인권을 지킬 수 있었기 때문이다.

적법절차원칙은, 1987년 6월 항쟁의 성과물로 우리 헌법에 처음으로 규정되었다. 우리 헌법의 적법절차원칙이란, 독자적인 헌법 원리의 하나로서 형식적인 절차만 지키라는 의미가 아니라 실체적인 법률 내용이 합리성과 정당성을 갖추어야 한다는 것을 의미한다. 따라서 적법절차원칙은 헌법에 규정된 형사소송절차에만 적용되는 것이 아니라 모든 국가작용에 적용된다. 예컨대 국회가 법률을 만들 때도 적법절차원칙을 준수해야 하고, 정부가 국민에게 세금을 부과할 때도 적법절차원칙은 지켜져야 한다.

내란 잔불 정리는 신속하게, 합당한 책임을 물어야 한다

대통령 윤석열의 비상계엄 선포는 우리 사회에 조용히 존재하고 있던 내란세력이 커밍아웃하는 계기가 되었다. 윤석열 전 대통령의 위헌, 위법한 비상계엄 선포 당시부터 파면된 이후에도 우리 사회의 내란세력은 도처에서 자기 목소리를 내면서 발호하고 있다. 대법원 전원합의체가 전례 없는 속도전을 펼쳐서 국민의 선택을 받아야 할 후보자의 법적 자격을 박탈하려고 시도했던 일이나, 비상계엄을 지지하고 윤석열 전 대통령의 탄핵을 반대했던 보수 정당 내부에서 절차에 따라 선출된 자당의 대통령 후보를 강제 교체하려다 실패한 일 등이 대표적인 사례다.

내란 잔불 정리를 위해서는 조용히 있다가 본 모습을 드러낸 내란세력의 행동을 신속하게 진압하고 그 책임자에 대해서는 합당한 책임을 물어야만 한다. 필요하다면 공직 사퇴와 형사처벌도 필요하다. 한편, 법조인들은 우리 사회에서 소위 가진 자들을 편드는 일을 많이 하고 있다. 물론 약간의 예외는 있지만, 대부분의 법조인들은 기득권자라고 할 수 있다. 그러니 법조인들의 터무니없는 행위에 대해서는 가차 없이 비판하고, 때로는 욕을 아끼지 말기를 바란다. 그것이 법조인들에게 최소한의 양심이나마 되돌아보게 만드는 기회를 줄 것이라 믿는다.

국민이 직접 선거로 뽑은 대통령이 헌법을 파괴하는 잘못된 비상계엄을 선포할 거라고 생각한 사람들은 없었다. 헌법질서 외부가 아닌 내부에서 헌법을 파괴하는 일이 발생했다는 것이 너무나 충격적이었다. 그래서 당시에는 '가짜뉴스 아니야'라는 반응이 대부분이었다. 그렇기에 "대통령 윤석열을 파면한다"라는 헌법재판소의 선언은, '주권자의 승리, 국민의 승리, 헌법 수호의 승리'로 역사는 기록할 것이다.

지난 10년간 현직 대통령이 두 명이나 탄핵된 건, 우리 헌법이 흔들리고 있다는 위험 신호로 볼 수 있다. 지금 당장은 아니지만 잘못된 비상계엄 선포가 만든 상처를 치유한 다음, 내란 세력 잔불 정리를 마치고, 1987년 6월 민주화운동의 성과물로 만들어졌던 현재의 헌법이 2016년 촛불혁명과 2024년 빛의 혁명의 정신, 주권자의 목소리를 담은 새로운 헌법으로 바뀌어야 한다. 조만간 새로운 헌법 개정을 위한 우리 국민들의 힘찬 발걸음이 시작될 것이다.

권영빈 변호사 최종변론

모든 것은 사필귀정입니다!

윤석열 전 대통령 탄핵심판 사건의 마지막 날 2025. 2. 25. 화요일, 헌법재판소 대심판정에서 국회소추대리인단의 여러 변호사님들이 각자 준비한 최종변론을 해주셨습니다. 각자의 최종변론은 따로 또 같이 하나의 목표를 향한 것이었으며, 최종변론 전체가 모여서 '윤석열 파면'의 필요성과 정당함을 웅변해주었습니다. 저는 그 자리에 있었지만 최종변론을 하지 않았습니다. 최종변론을 준비하지도 않았습니다.

    2024. 12. 3. 윤석열 전 대통령의 느닷없는 비상계엄 선포, 이후 국회의 탄핵소추 의결, 그리고 헌법재판소에서 진행된 탄핵심판의 전 과정을 국민들은 실시간 생중계로 직접 눈으로 보고 느꼈습니다. 이 탄핵심판의 결론은 너무 당연하게도 "대통령 윤석열을 파면한다"이고, 그것은 사필귀정입니다.

    최종변론을 준비하지 않았던 제 입장에서 이 지면을 통해 최종변론의 형식을 빌어 감사의 마음을 전하고 싶습니다.

    2024. 12. 3. 밤 비상계엄 선포 후, 2024. 12. 7. 저는 딸과 함께 여의도 국회의사당 앞을 찾았습니다. 아주 많은 시민들이 모여 있

었습니다. 그날은 국회에서 윤석열 전 대통령에 대한 탄핵소추 의결이 되지 않았습니다.

그다음 어느 주말에 딸에게 이끌려 경복궁 앞에서 열린 윤석열을 탄핵하라 집회에 참석했습니다. 그곳에는 젊은 이삼십 대 젊은 이들을 비롯하여 셀 수 없이 많은 시민들이 있었습니다.

저는 그렇게 여의도와 경복궁 앞에 모였던 시민들에게 고마움을 느낍니다.

2025. 3. 어느 날부터 경복궁 앞에서 무기한 단식농성이 시작되었습니다. 많은 사람들이 단식농성에 참여하여 윤석열 전 대통령 탄핵심판 선고를 빨리하도록 기원했습니다. 헌법재판소의 탄핵심판 선고가 늦어지면서 단식농성은 점차로 철야농성으로 바뀌었습니다. 미안하게도 저는 점심을 먹고나서 단식농성장과 철야농성장을 방문하여 그 분들의 진정성을 아주 가까이서 느꼈습니다. 그 분들에게도 고맙다고 인사드립니다.

2025. 2. 6. 탄핵심판 6차 변론기일, 곽종근 전 특수전사령관이 증인으로 출석했습니다. 그 자리에서 '윤석열 전 대통령이 증인한테 데리고 나오라고 지시한 대상이 국회의사당 안에 있는 국회의원들 맞느냐'라는 변호인의 질문에, 곽종근 전 특수전사령관은 "정확히 맞습니다"라고 힘주어 대답했습니다. 탄핵심판의 결론을 이끄는 순간이었습니다.

2025. 2. 13. 탄핵심판 8차 변론기일, 조성현 수도방위사령부 제1경비단장이 증인할 차례였습니다. '지난 해 12. 4. 오전 0시 31분

부터 1시 사이에 이진우 전 수방사령관으로부터 국회 본청 내부로 진입해 국회의원을 끌어내라는 지시를 받은 적 있나'라고 헌법재판관이 물어보자, 조성현 제1경비단장은 "본청 안으로 들어가 의원을 끌어내라"는 지시를 받았다고 정확하게 답변했습니다. 헌법재판소 대심판정이 진실로 가득찬 순간이었습니다.

저는 헌법재판소에서 진실을 말해준 장군 곽종근과 대령 조성현에게 고마움을 전하고, 동시에 윤석열 전 대통령의 비상계엄이 성공하지 못하도록 소극적인 임무수행으로 저항했던 군인들에게 감사 인사를 드립니다.

존경하는 헌법재판관님들께서도, 이 사건 탄핵심판이 별탈 없이 잘 진행되어 조만간 역사적인 선고를 앞둔 시점에 이 사건 탄핵심판에 관심을 가져준 모든 분들게 감사드리는 저의 마음을 충분히 헤아려주실 것으로 믿습니다. 감사합니다.

헌법은 우리들의 지향점

송두환 변호사

"오늘 헌법재판소의 탄핵 파면 결정이 이러한 역사적 진전, 대한민국 민주헌정질서가 더욱 단단하게 토대를 굳혀서 건강하게 자리 잡는 그런 도정의 출발점이 되기를 기원합니다. 그리고 이를 위해 우리 모든 국민이 향후 사태를 예의주시하면서 모두의 힘과 지혜를 모아서 함께 노력할 것을 다짐했으면 좋겠습니다."

2025년 4월 4일,
윤석열 대통령 파면 결정 직후 헌법재판소 심판정 앞에서

1980년 사법시험 합격 후, 1982년 임용되어 1990년까지 판사로 지냈다. 2000년 민주사회를 위한 변호사모임 회장, 2003년 대북송금 특검 등을 역임했고, 2007년부터 2013년까지 헌법재판소 재판관으로 활동하며 2013년에는 헌법재판소장 권한대행을 맡은 바 있다. 2021년부터 2024년까지 국가인권위원장을 지냈다.

  탄핵소추 대리인단의 대표변호사 가운데 한 명이자 연장자로서 구성원들의 정신적 나침반 및 심리적 안전판 역할을 했다. 헌법재판소에서 펴낸 대한민국 헌법 소책자를 늘 지니고 다닌다.

2024년 12월 3일 늦은 밤, TV 화면이 예고 없이 바뀌더니 대통령이 나와서 비상계엄을 선포한다고 했다. 현실 감각이 떨어져 진짜 벌어지고 있는 일인지 받아들여지지 않았다. 뜬금없고 터무니없었으며 시대착오적이라는 생각뿐이었는데, 점점 돌아가는 상황이 심상치가 않았다. 더욱 놀라운 것은 계엄을 한 논리의 비약이었다. 국회의 줄탄핵과 예산 삭감을 언급하더니, 갑자기 종북 반국가 세력을 일거에 척결하겠다고 했다. 논리적으로 어떤 사실관계가 있으면 그에 관한 성격 규정을 하고 나서 그에 대한 대응책을 말하는 것이 순서다. 그런데 이번 비상계엄 선포는 사실관계의 주장과 결론으로서의 대응책 사이의 논리적 연결을 도저히 인정할 수 없었다. 가능한 추측은 대통령 입장에서 불만스러운 정치적 상대들을 그냥 종북 반국가 세력으로 몰아버리겠다는, 그 오랜 나쁜 버릇을 꺼내들고 억지 부린다고밖에 볼 수 없었다.

공동체 원칙을 부정한 도전

우리가 국가 공동체를 만들고 존중하는 이유를 생각해보자. 개인의 자유가 중요하지만 개인으로 고립돼서 살면 너무 취약하고 불편하다는 사실을 깨달아서 우리를 지켜줄 국가라는 공동체를 결성하지 않았나. 그래서 그 공동체가 합의한 원칙과 질서 체계를 어떤 한 사람이 독단적인 생각으로 무시하고 공격하거나 파괴한다면 다른 어떤 행위보다도 더 심대한 범죄로 본다. 단순히 영향을 미치는 사람의 숫자가 많기 때문만이 아니다. 공동체의 원칙, 질서 체계는 사실 공동체 그 자체이기 때문이다.

대통령으로서 윤석열이 비상계엄 선포를 통해 벌인 내란사건은 보통의 민사사건이나 형사사건과 다를 뿐 아니라 과거 두 번의 대통령 탄핵사건과도 그 중대성 면에서 비교할 수 없다. 노무현 대통령 탄핵사건은 대통령이 기자회견에서 특정 정당을 지지하는 발언을 한 번 했던 것을 탄핵소추사유로 삼았다. 소추사유가 '일회적 발언'이었다. 박근혜 대통령 탄핵사건은 '특정 민간인의 국정개입을 허용하고 권한을 남용한 행위가 대통령의 공익실현 의무에 위배되는지 여부' 즉 대통령이 나라의 일을 특정 민간인에게 묻기도 하고 때로는 그가 알아서 하도록 방치했으니 국민의 신임을 배반한 것이라는 소추사유였다. 흠은 있지만 뭐랄까 상대적으로 봤을 때 평화적이다. 윤석열 대통령 탄핵심판 소추사유인 내란 행위처럼 국가 기강과 체계를 송두리째 뒤집어 엎어버린 사유와는 하늘과 땅 차이다. 이번 내란사건은 국가를 표상하는 헌법, 헌법 정신, 헌법 질서를 완전히 역행해서 파괴하고자 했던 행위이고, 그래서 우리가 어떻게 헌법, 헌법 정신, 헌법 질서를 다시 지켜내고 복원할 것인지에 관한 큰 과제를 남겼다.

그 당시 국회로 출동했던 군인들 가운데 '이래서는 안 돼'라고 확고한 판단을 내린 사람도 있었겠지만, 명령을 받고 '이래야 되나, 저래야 되나' 갈등했던 군인들도 틀림없이 많았을 거다. 우리 인간이란 얼마나 취약한 존재인가. 만약 그때 현장에서 군인 한둘이라도 불안하거나 당황해서, 또는 순간적으로 화가 나서 오발사고 같은 어떤 실수가 하나라도 터졌더라면 그런 우연한 작은 계기로 걷잡을 수 없는 상황이 벌어졌을 수도 있었다. 이러한 위험성의 의미와 크기에서 볼 때, 이번 내란사건과 비교해 위헌·위법성이 더 중대하다고 평가할 사유는 과거에도 또 미래에도 있을 것이라고 상상하기 어렵다.

그들이 실행에 옮겼던 최초의 준비 행위들을 보면 그 계획이 얼마나 무지막지했는지 알 수 있다. 결정문에서 포고령 관련된 부분을 보면 체포 시도에 착수했다고 봐야 한다. 우리나라를 돕는 천운이 작용한 것이지, 더 나쁜 결과도 충분히 가능한 상황이었다. 다행스럽게도 민주 시민들이 즉각 움직여 국회 앞을 막아서 지키고, 출동한 젊은 군인들이 상부의 지시에 소극적으로 저항한 덕분에 국회에서 비상계엄 해제 요구 결의를 할 수 있었다. 비상계엄은 즉시 해제됐지만, 이 엄청난 일은 반드시 법률적으로 정리되어야만 한다.

확실한 해결을 위한 첫 번째 문

"최악의 상황을 피했다는 의미에서 크게 다행이라고 생각합니다" 4월 4일 헌법재판소가 파면 결정을 내린 뒤 나는 심판정을 나와서 이렇게 말했다. '해결됐다'고 말하고 싶었지만 할 수 없었다. 마음 같아서는 해결의 대문이 활짝 열렸다는 표현을 쓰면 좋겠는데 그럴 수가 없었다. 아직은 내란이 끝난 게 아니니까. 그래서 1차적이라는 난어를 썼다. 내란의 우두머리에 대한 탄핵 파면 조치는 일련의 내란 행위에 대한 1차적 대응조치다. 그러니까 2차도 필요할 수 있고 3차도 또 필요할 수 있다. 이제 첫 번째 관문을 연 것에 불과하다.

나는 시작부터 헌재 결정은 8 대 0이라고 굳게 믿고 있었다. 이 사건의 경우 사실관계와 위헌, 위법성이 너무나도 단순하고 명백했기 때문이다. 그럼에도 선고기일이 나오기까지 적잖은 시간이 흐르면서 탄핵심판 인용을 고민하거나 주저하는 재판관도 있을 수 있겠다는 생각이 들었다. 정치적 사안에 대해서 진영 논리와 유불리로 생각하는 사람들이 있다. 탄핵하면 저쪽 진영이 유리하기 때문에 탄핵은 안 된다는 마음의 결론을 갖고, 모든 법률 지식과 머릿속 판단은 탄핵 인용이라고 말하더라도 왠지 거부하고 싶을 수도 있다. 사람은 누구나 자신이 설정한 사고의 틀 밖으로 발자국을 떼어놓지 않으면 아무것도 못한다. 아마도 그 분들이 발자국을 떼도록 다른 재판관들이 설득하고 조율하면서 노력하는 기간이 필요했던 것 같다. 그 과정에서 노심초사하고 마음고생했을 재판관 여덟 분 모두 정말 수고하셨고, 정말 두고두고 의미 있는 중요한 결정을 해주셔서 감사하다.

내란죄의 확실한 정리가 포용의 조건이다

 탄핵은 인용됐지만, 일회적 조치만으로 내란의 잔불을 정리하고 포용까지 할 수 없다. 가장 먼저, 내란죄 재판의 신속하고 적정한 진행이 굉장히 중요하다. 어느 정도의 신속이 바람직한가 묻는다면, 가능한 한 빠르면 빠를수록 좋고, 최대 6개월을 안 넘겼으면 한다. 이 6개월은 피고인이 구속된 사건을 결론내도록 법률로 정해놓은 기간이기도 하다. 불가능하지 않다고 본다. 벌써 상당한 증거조사가 이루어졌고 또 증거로 원용해서 쓸 만한 다른 자료들이 많이 있다. 문제는 윤석열 피고인이 현재 불구속 상태여서 1심 재판을 6개월 안에 끝내도록 강제할 방법이 마땅치 않다는 점이다. 예상컨대 이 사건의 주범이고 우두머리인 윤석열 피고인은 대규모 변호인단을 동원해 헌재에서 했던 이상으로 온갖 시비를 다 걸겠다는 작전일 거다. 그대로 유죄로 인정되면 법정형이 사형, 무기징역뿐이니 당연히 사력을 다하지 않겠나. 먼저 6개월 안에 내란죄 1심 재판을 끝낼 수 있도록 지연작전을 막을 방법을 찾아야 한다.

 그 다음으로 해결해야 할 문제는 재판에 회부된 김용현 전 국방부장관과 여러 군 사령관 등 관련자들을 신상필벌의 원칙에 입각해 충분히 살펴보고 꼼꼼하게 잘잘못을 가려내야 한다는 점이다. 나쁜 쪽으로 보면 어쨌든 출동은 했으니 피고인이거나 피고인이 될 가능성이 있는, 하지만 명령에 소극적으로 대응했거나 상황을 모르고 출동했기 때문에 책임을 묻기 어려운 이중적 지위에 있는 사람들이 있다. 그중에 고마운 사람들도 있다. 일반론으로 얘기하면 적극적으로 표창하거나 감사장을 줘야 할 경우도 있을수 있고, 어쩔 수 없이 형사 책임을 묻되 양형 파징에서 그리고 나중에 사면복권 심사에서 참작하고 고려할 수도 있을 것이다. 이런 모든 가능성을 열어 놓고 옥석(경중)을 잘 구별해야 한다.

윤석열 정부 아래 있던 실질적 권력 관계가 아직 곳곳에 그대로 남아 있는 상태로는 시동 걸기조차 쉽지 않겠지만 반드시 해결해야 한다. 그 이유는 단죄의 차원만이 아니라 내란사건으로 인해 첨예한 갈등을 겪고 있는 국가적 분열 상황을 빠르게 정리하고 정상화해야 하기 때문이다. 그러려면 국가 공권력이 윤석열 내란사건의 성격이 무엇인지 그리고 누구에게 얼마큼의 책임을 물을 것인지를 명백하게 그리고 설득력 있게 정리해야 한다.

헌법은 우리들의 판단기준이자 지향점이다

과거 1970년대를 생각해보면 법학 전반에서 헌법학이 차지하는 위치가 조금 경시된 측면이 있었다. 헌법을 상당히 장식적 의미 정도로 생각하는 사람들이 많았다. 서울대학교 법과대학에 헌법 강의가 있고 배점도 있었지만 당시에는 헌법학 교과서가 아주 얇았다. 시험도 예상하기 쉬운 문제가 나와서 적당하게만 답을 써내면 웬만한 점수를 받을 수 있었다. 사법시험이나 행정고시에서도 배점 높은 중요한 과목이 아니었다. 그러다가 헌법의 중요성을 인식하게 만든 결정적인 계기가 헌법재판소에서 사회적으로 의미 있는 중대한 결정들을 내리면서부터다. 그 사례들이 교과서에 실리면서 헌법학 교과서도 매우 두꺼워졌다.

　이번 사건을 거치며 행정부 공무원이나 사관학교 학생들이 헌법 교육을 어떻게 받고 있는지 궁금해졌다. 오래전 기억이긴 한데, 사관학교에 헌법 과목이 있고 전문 교수도 있었지만 모든 생도들이 필수적으로 받는 교육은 아니었던 것 같았다. 나는 공무원과 사관학교 학생들은 헌법 교육을 반드시 받아야 한다고 생각한다. 특히 사관학교는 헌법을 필수 과목으로 삼고 임관 여부에 헌법 교육의 성과가 영향을 미칠 수 있도록 해야 한다. 헌법은 법률 조항과 직접 관련이 없더라도 또는 법과 관련된 문제가 아니더라도 기본적인 가치 판단이 필요할 때, 어느 방향이 옳은지, 무엇이 옳은지를 인식하고 판단하는 최종의 기준이자 지향점이 되기 때문이다.

송두환 변호사 최종변론
탄핵은 헌법과 역사의 명령

1. 존경하는 헌법재판소 재판관님들께 이 탄핵심판 사건에 관한 소견을 말씀드릴 기회를 갖게 된 것을 큰 영광으로 생각합니다. 먼저, 지극히 과중한 부담 속에서도 이 사건의 공정하고 신중한 심리에 매진하여 오신 재판관님들께 깊은 경의를 표합니다.

2. 피청구인이 지난 해 12. 3. 돌연히 비상계엄을 선포함으로써 대한민국이 극심한 혼란과 갈등상황에 처한 지 이제 84일이 되었습니다. 이 기간 동안의 일들을 돌아보면 참으로 착잡한 심정을 금할 수 없습니다. 피청구인의 비상계엄 선포 당일 우리 국민들이 느꼈던 '황당함과 놀라움', '충격과 공포', '불안과 분노'는 지금도 그 느낌이 생생합니다.

그런데, 그날 이후 이 사태에 대한 조사, 수사, 재판이 진행되는 과정에서, 피청구인과 그 주변 일부 인사들이 그 당시 우리 모두 TV 생중계 화면으로 목도한 일들까지 부인하며, 상식에 반하는 궤변과 책임회피의 태도로 일관하고 있는 것을 보면서, 우리 국민들은 또 다른 고통을 경험하고 있는 것이 현재의 상황입니다.

3. 피청구인이 이른바 친위쿠데타 형태의 내란행위를 벌인 것에 대하여, 사실관계를 파악하고 그에 합당한 헌법적 대응을 하고자 하는 것이 바로 이 탄핵심판입니다. 그런데, 피청구인의 일련의 내란행위, 그 사실관계와 그 성격은 기실 매우 단순하고 명확합니다.

헌법 제77조 제1항에서 말하는 '전시, 사변 또는 이에 준하는 국가비상사태'도 아니었고, '병력으로써 군사상 필요에 응하거나 공공의 안녕질서를 유지할 필요가 있을 때'도 아닌 것이 객관적으로 분명한 상태에서, 피청구인이 지극히 주관적인 판단, 그리고 도저히 동의할 수 없는 동기와 목적으로 느닷없이 비상계엄을 선포하고, 그 과정에서 적법한 국무회의 심의 및 부서 등 절차를 갖추지도 않고, 헌법 제77조 제4항에 따라 지체 없이 국회에 통고할 의무도 이행하지 않은 것은 물론, 국회의 계엄해제 요구 의결을 불가능하게 하기 위하여 국회의 활동 등 일체의 정치활동을 금하는 내용의 계엄포고령을 발령하고, 국회의원의 국회 출입 통제 및 체포를 위한 병력을 출동시키는 등 일련의 내란행위를 함으로써 '헌법과 법률을 위배'한 사실은, 이 탄핵심판 사건에서의 증거조사 및 관련된 수사 및 조사 과정에서 이미 명백하게 드러났습니다. 이 점에 관하여는 더 이상 중복하여 말씀드리지 않겠습니다.

다만, 이 사건을 어떤 시각으로 바라볼 것인지, 그 성격을 어떻게 규정하여 어떤 헌법적 대응을 할 것인지에 관한 의견을 말씀드리고자 합니다.

4. 먼저, 위와 같은 피청구인의 행위에 있어서 그 위헌 위법의 중대성을 어떻게 평가할 것인지의 문제입니다. 이 점과 관련하여, 한 개의 질문 또는 의문이 떠오릅니다. '과연 이 사건에서의 위헌 위법보다 더 중대한 위헌 위법 사유가, 과거이든 미래이든 또 있을 수 있겠는가?' 하는 질문입니다.

2004년 노무현 대통령 탄핵심판 사건에서의 탄핵소추 사유는 요컨대, '기자회견에서 특정정당을 지지한 대통령의 발언이 공무원의 정치적 중립의무에 위반되는지 여부'였고, 2017년 대통령 박근혜 탄핵심판 사건에서의 소추사유는 '특정 민간인의 국정개입을 허용하고 권한을 남용한 행위가 대통령의 공익실현의무에 위배되는지 여부'가 그 핵심이었습니다.

그에 비하여, 이 사건의 소추사유는 '위헌, 위법한 계엄령 선포, 그리고 그 전후에 걸친 국회, 선관위 침탈, 다수의 정치인, 법조인 등 체포구금 시도 등 내란행위'에 관한 것입니다. 우리 형사법의 전체계 내에서 가장 중한 법정형이 규정된 범죄가 내란죄라는 점을 굳이 상기하지 않더라도, 헌법 법률 위반의 중대성 면에서 이 사건에 있어서의 위헌 위법성보다 더 무겁다고 평가할 사유는 과거에도 또 미래에도 있을 것이라 상상하기 어렵습니다.

5. 나아가, 대통령의 국법상 지위가 어떠한지 잠시 생각해 보겠습니다. 대통령은 '국정의 최고책임자', '헌법의 수호자'이면서 '국군 통수권자'입니다. 이는 헌법 제66조 및 제74조에서 명시하고 있

습니다. 따라서, 대통령은 위와 같은 엄중한 책무를 수행할 확고한 의사와 능력, 자격을 갖추고 있을 것이 요구됩니다. 그리고 대통령의 어떤 공적인 행위에 대한 평가는 당연히 위 국법상 지위와 그 성격에 비추어 행해져야 할 것입니다. 그러한 관점에서 이 사건의 경우를 살펴보겠습니다.

6. 돌아보면, 피청구인이 당초에 비상계엄을 선포할 때의 대국민담화 내용부터 납득하기 어렵고, 매우 괴이쩍습니다. 그 담화 내용을 보면, 국회의 탄핵 남발과 예산삭감 등으로 국정운용이 매우 어렵다는 설명을 하더니, 그 어떤 다른 사정의 설명이나 주장도 없이 갑자기, 종북 반국가세력을 일거에 척결하기 위하여 계엄을 선포한다고 선언하였습니다.

이 대목은, 피청구인이 그와 다른 정치적 견해를 가졌거나 대통령의 국정운영에 협조하지 않는 자는 그것만으로도 종북 반국가세력으로 인식하고 있다는 것을 드러내고 있습니다. 한편, 피청구인이 말하는 국정운영의 어려움이라는 사정이 있다면, 대통령으로서는 여야의 대립, 갈등, 국회와 정부의 불통 등이 그 원인인지를 살펴본 다음, 무엇보다 먼저 국회 또는 여야당 정치지도자들과의 대면, 대화, 설득, 협상 등 노력을 시도하는 것이 필요할 것입니다. 이러한 경우의 필요에 대비하여, 헌법은 제81조에서 '대통령은 국회에 출석하여 발언하거나 서한으로 의견을 표시할 수 있다'는 규정까지 두고 있습니다.

그런데 피청구인은 그러한 노력은 전혀 하지 아니한 채, 상대 당과의 대화, 대면 등을 완강히 거부하고, 불타협의 자세를 완고히 유지하던 끝에 난 데 없이 비상계엄을 선포하는 동시에 병력을 국회에 줄농시킨 것입니다.

이는 피청구인이 국정의 최고책임자, 헌법의 수호자로서의 지위와 책무에 대한 인식을 하지 못하고 있다는 것을 여실히 보여주는 것입니다.

7. 한편, 피청구인은 적어도 지난 해 봄 이후 정, 관, 군의 측근 인사들과 대화하면서 국정운영의 어려움을 해소하는 방안으로 '비상대권'을 여러 차례 운위하였다는 것이 드러나고 있는데, 이 또한 매우 우려되는 대목입니다. '비상대권'이라는 용어는 중세시대 서구의 이른바 절대왕정 또는 왕조 시대에 존재했던 개념으로, 근현대 국민주권국가의 헌법에서 엄격한 요건과 절차에 따라 제한적으로 인정되는 '국가긴급권'과는 발상의 기초가 다른 것입니다. 피청구인은 실제로 이 사건 비상계엄의 선포 및 일련의 내란행위를 함에 있어서 헌법과 법률에 정한 실체적, 절차적 요건 등을 전혀 괘념하지 않고 함부로 진행한 것으로 드러나고 있는데, 이는 피청구인이 과거 절대왕정 또는 왕조 시대의 비상대권 개념에 함몰되어, 현대 국민주권국가의 대통령직에는 전혀 맞지 않는 시대착오적 인식을 가지고 있다는 것을 보여줍니다. 이러한 점에서, 피청구인은 헌법 수호자로서의 의사와 능력, 자격, 나아가 국군통수권을 보유, 행

사할 능력과 자격을 갖추었다고 도저히 볼 수 없습니다.

8. 또 한편, 피청구인은 비상계엄 선포 당시 최우선적으로 선거관리위원회에 군 병력을 출동, 침투시켜 제압하고서도, 이제 와서는 '부정선거 음모론을 믿었던 것은 아니다, 단순히 선거관리 시스템 점검을 하고자 했던 것'이라고 주장하는데, 그러한 선거관리 시스템의 점검이라면 대통령의 통상적 행정권한 행사로 충분히 가능한 것이므로, 이는 결국 피청구인 스스로 '병력을 출동시켜야 할 국가비상사태는 아니었음'을 자백한 것과 같습니다.

9. 이 밖에 피청구인은 억지 주장과 궤변으로 밖에 볼 수 없는 여러 가지 주장을 하였는데, 이를 전부 매거하기가 어려울 정도입니다. 피청구인은 계엄 선포 당일 군인들이 국회에 출동, 진입을 하였으나 그로 인해 무슨 유혈사태가 벌어지지는 않았고, 오히려 군인들이 국민들로부터 폭행을 당했다고 주장하였는데, 이는 마치 야간주거침입 강도범인이 그 강도범을 집에서 밀어내려고 한 집 주인을 폭행범으로 모는 것과 같습니다.

우리 국민들은, 만약 그날 민주시민의식 있는 국민들이 즉시 국회 주변으로 달려가 계엄군의 국회 진입을 막아서지 않았더라면, 또 현장에 출동한 군인들이 그 제복 속에 소중히 간직하고 있던 민주적 양식과 양심에 따라 피청구인의 불법적 명령에 소극적 저항을 벌이지 아니하였더라면, 그리하여 피청구인의 의도와 계획이 그대로 진행되었더라면, 그 후 얼마나 끔찍한 사태가 벌어졌을지 상상하면서 지금도 몸서리를 치고 있습니다.

그런데도, 피청구인은 '세상에 2시간짜리 계엄이라는 것이 있는가', '의원 등 체포 또는 유혈사태가 실제 발생하지는 않았으니 결국 아무 일도 일어나지 않은 것', '국회의 해제 요구 의결을 당연히 예상한 경고용 계엄', 심지어는 '계몽령' 운운함으로써, 차마 할 말을 잃게 하고 있습니다. 그러나 단언컨대, 우리 국민들은 이 사건 비상계엄과 탄핵심판의 전 과정을 비상한 관심으로 지켜보고 있고, 피청구인측이 어떤 궤변을 농하더라도 그 허구성과 허위성을 쉽게 간파할 능력이 있으며, 따라서 현혹되지 않을 것입니다. 피청구인이 국민 대다수의 바로 눈앞에서 위헌 위법한 만행을 펼쳐보이고서 그 후에 억지 변명과 궤변으로 잘못을 덮을 수 있다고 생각한다면, 그것은 우리 국민들의 의식 수준과 판단능력을 얕잡아보는 오만함일 뿐입니다.

10. 피청구인은 나름 상당한 기간에 걸쳐 이 사건 비상계엄 및 일련의 내란행위를 계획해 왔는데 정작 그 실행 과정에서 예상치 못했던 변수들로 인하여 당초의 목적을 달성할 수 없게 된 것이라는 객관적 상황이 충분히 밝혀진 상태입니다.

그런데도 피청구인은, 그에 대하여 당당하게 과오를 시인하고 책임지는 자세를 보이기는커녕, 억지 변명과 궤변, 피해자 코스프레 등으로 일부 지지층을 향한 선동을 계속하고 있습니다. 그리하여 우리 사회는 최근 2개 진영으로 나뉘어 상대진영에게 증오와 분노의 언어를 쏟아내고 있습니다. 그리고, 피청구인은 그러한 혼란 상황을 이용하여 다시 한 번 정치적 반대자들을 반국가세력으로 몰아 일거에 척결할 기회를 갖고자 골몰하고 있는 것으로 보입니다.

그러나, 광인에게 다시 운전대를 맡길 수는 없습니다. 또한 증오와 분노로 이성을 잃은 자에게 다시 흉기를 쥐어줄 수는 없습니다. 헌법 수호자로서의 책무를 망각하고, 헌법규정과 그 정신에 역행하여 헌법과 헌정질서를 공격하고, 그러한 목적으로 국군 병력을 함부로 동원하여 헌법기관과 헌법체제를 공격함으로써, 헌법 수호자 겸 국군통수권자로서의 능력과 자격이 없음을 스스로 증명한 자를 대통령직에 복귀하게 할 수는 없습니다.

11. 피청구인의 무모하고 무도한 행위로 인한 헌정질서의 위기, 그로 인한 현재의 혼란과 갈등, 반목, 적대의 상황을 가장 빠르게 극복하기 위한 노력을 서둘러야 할 때입니다.

한 걸음 더 나아가, 오늘의 이 탄핵심판은 단순히 피청구인 한 사람의 대통령직 유지 여부를 가리는 데 머무르지 않습니다. 이것은 우리 헌법의 존엄을 지키고, 민주주의의 가치를 수호하며, 입헌민주공화국 대한민국의 헌정질서와 법치주의의 장래를 결정짓는 중대한 재판입니다. 우리의 입헌민주주의는 이제까지 여러 차례 위기를 경험한 바 있었으나, 그때마다 우리 국민들은 용기와 지혜로 이를 극복하여 왔습니다. 우리의 역사는 그 고통스러웠지만 위대하였던 그 발걸음을 기록하고 있습니다. 이 사건 탄핵심판은 우리 국민들이 다시 한 번 민주헌정질서의 위기를 넘어서 민주주의를 회복하는 역사의 한 장면으로 남을 것입니다.

12. 이제, 헌법이 그 스스로 헌법 및 헌정질서의 수호장치로 마련해 둔 이 탄핵심판 제도를 통하여, 피청구인의 비상계엄 선포와 일련의 내란행위의 위헌 위법성을 분명하게 공권적으로 확인하고, 피청구인을 대통령직에서 확정적으로 배제하여야 합니다.

그것이 헌법의 명령, 국민의 명령, 역사의 명령입니다. 따라서, 피청구인을 대통령의 직에서 마땅히 파면하여 주시기 바랍니다.

헌법의 마음

김이수 변호사

"민주주의가 보호하는 것들은 특별한 것들이 아닙니다. 상식적이고 평범한 것들입니다. 민주공화국, 인간으로서 존엄과 가치, 법 앞의 평등, 양심의 자유, 언론·출판의 자유, 집회·결사의 자유, 학문과 예술의 자유, 보통·평등·직접·비밀선거의 원칙 같은 것들입니다. 헌법에는 민주주의가 보호하는 이런 원칙들, 평범하지만 소중한 권리들이 적혀 있습니다."

최종변론문 중에서

1977년 사법시험에 합격해 1982년 대전지법 판사로 임용됐다. 서울지법·특허법원·서울고등법원 부장판사와 서울남부지법원장, 특허법원장, 사법연수원장, 헌법재판소 재판관과 소장 권한대행 등을 역임했다. 2014년 통합진보당 정당 해산 심판, 2017년 '박근혜 대통령 탄핵심판 사건' 등의 중요한 판결을 맡은 바 있으며, 2018년 헌법재판관을 끝으로 퇴임했다. 이후 변호사로 등록하지 않고 공익적 가치가 따르는 일에 전념했다.

 탄핵소추 대리인단의 대표변호사 3인 중 한 명으로, 이번 사건이 변호사로서 참여한 첫 번째 재판이다.

12월 14일 토요일 국회 탄핵소추안이 가결되고 다음 주 수요일인 18일에 국회 법사위에서 연락이 왔다. 그런데 우선, 나는 변호사가 아니었다. 2011년 사법연수원장으로 있을 시절부터 마음속에 품은 길이 있었다. 그 당시 사회적으로는 이른바 전관예우 문제가 시끄러웠다. 그런데 그때 마침 2년차에 접어든 41기 연수생들이 의뢰인으로부터 수임료를 받지 않고 공익 활동을 하는 변호사들, 예컨대 공익인권변호사모임 '희망법'에 소속해서 활동하는 동기생들을 돕기 위해 연수원 수료 후 기금을 걷기 시작했다. 사법연수원장으로서 이런 모습들을 지켜보면서, 나도 할 수 있으면 변호사 개업을 하지 않고 공익 활동을 해보고 싶다는 생각을 가졌다. 2018년도 9월에 헌법재판관 퇴직 후, 때마침 전남대학교에서 제안이 와서 2020년까지 연봉 3천만 원 정도를 받는 석좌 교수로 일했고, 2020년 7월 1일부터 조선대학교 이사장으로 자리를 옮겼다. 3년 임기를 무사히 마치고 연임되어 임기를 이어가던 와중이었다.

  대한민국의 민주주의와 법치주의 회복을 위한 이 재판만큼 공적인 일이 또 있을까. 하지만 변호사 등록이 안 돼 있어서 재판 일정을 맞출 수 있을지 걱정이었다. 또한 정치적인 사안이다 보니 혹시나 몸담고 있는 학교에 피해가 갈까 우려됐다. 고맙게도 학교에 계신 많은 분들이 이렇게 중요한 일인데, 설령 불이익을 입게 되어도 상관없다고 말씀해주셔서 용기를 낼 수 있었다. 부랴부랴 대한변호사협회에 변호사 등록부터 했다. 그리고 집주소로 개업 신고까지 마쳤다. 변호사 등록증이 나온 날이 12월 26일, 그 다음 날인 12월 27일에 잡힌 첫 변론 준비기일에 아슬아슬하게 나갈 수 있었다. 변론 준비기일 전 국회 측 탄핵소추 대리인단과 법사위 위원장이 미팅하는 사진이 언론 보도가 되었는데, 그때는 변호사 등록증이 나오지 않은 때라서 참석을 못했다. 확실하게 하는 게 좋으니까. 대리인단에 참여한다고 했는데 사진에 내가 없으니 여기저기서 연락이 왔었는데 이런 나만의 말 못할 사정이 있었다.

첫 번째 사건에서 만난 인상적인 사람들

헌법재판관과 인권위원장을 역임했던 송두환 변호사와 이광범 변호사 같은 명망 높은 분들이 공동대표로 들어오고, 김진한 변호사와 장순욱 변호사가 실무총괄로 진두지휘하면서 젊은 변호사들과 호흡하고 적재적소에 일을 잘 나눴다. 대표변호사의 역할이라 하면, 우선 큰 변론 전략을 생각하고 탄핵소추사유를 어떻게 정리할 것인지, 그 다음에 그때그때 상대방이 공격하는 사안에 어떻게 대응할지, 그리고 우리가 현재 어떤 상황인지 파악하는 등의 일이다. 소송 자체에 매달리다보면 전체 돌아가는 상황을 파악할 시야가 좁아질 수 있으니 대표변호사들은 실무를 맡은 변호사들이 그때그때 의견을 물어보면 의견을 더하는, 한마디로 큰 틀에서 사건을 바라보는 사람들이다.

내가 변호사로서 누구랑 같이 일을 해본 적이 없긴 하지만, 이런 팀이면 참 변호사 일도 해볼만 하겠다는 생각이 들었다. 그 정도로 젊은 변호사들이 일을 잘해줬다. 성관정 변호사는 대리인단 중에서 나이가 가장 어린데, 사건 관련한 모든 기록을 꿰뚫고 있어서 뭐든 물어보면 바로바로 필요한 답이 나왔다. 김선휴 변호사는 헌법재판소 연구관 출신이라 헌법 이론이나 통치행위론을 잘 알고 있는 데다가 참여연대로 공익 활동한 경험이 있어서 누구보다 열심히 했다.

문형배 헌법재판관처럼 철저하고 공정하게 재판을 진행하는 분도 처음 봤다. 탄핵심판 5차 변론기일인 2월 4일 당시 윤석열 대통령이 법정에 나와, 홍장원 전 국정원 1차장 증인신문을 자기가 직접 하겠다고 했다. 그때 문형배 재판관이 직접 신문을 제지하고 대리인을 통해 신문하도록 조치했다. 그러자 피청구인 측 변호사가 재판관에게 심하게 반발하고 심지어 재판정 밖에서도 발언을 했다. 그런데 같은 날 사실 정청래 위원장도 증인으로 나온 여인형 전 방첩사 사령관에게 질문을 하나 더 해도 되겠냐고 문형배 재판관에게 요청했지만 거절됐다. 그러니까 공정성에 있어서 절차와 형식상 양측을 똑같이 대한 거다. 시간 배분도 그렇다. 법정에서 우리가 15분 하면 상대방이 16분 할 수도 있고 경우에 따라 달라질 수 있는데, 문형배 재판관은 철저하게 동일한 기준을 적용했다. 우리 15분 주면 상대편 15분 주고, 그다음 신문에서 우리한테 10분 주면 저쪽에도 10분을 주는 식이다. 초시계 보면서 15분에서 1초만 넘어도 바로 발언을 잘라버렸다.

탄핵사유에서 내란죄를 철회한 이유

1월 16일이었다. 탄핵소추사유를 5가지로 정리한다고 하면서 김진한 변호사가 내란죄를 사실상 철회한다고 표현했다. 소추사유를 구성하는 사실관계는 그대로 두고 헌법위반과 계엄법 위반으로만 구성하겠다는 뜻이었다. 형법상 내란죄 위반으로는 판단을 받지 않겠다는 뜻을 표현한 것이다. 따라서 이번 탄핵심판에서 헌재는 비상계엄 선포와 이와 관련한 일련의 행위(포고령의 발령, 국회 침탈, 선관위 침탈, 법조인 체포)가 헌법과 법률에 위반되는지만 판단하면 되는 것이고, 형법상 내란죄 성립 여부는 반드시 판단해야 할 필요가 없어졌다. 그 부분은 형사재판을 통해 법원이 판단할 문제가 된 것이다.

박근혜 대통령 탄핵재판 때도 다른 유형의 소추사유와 사실관계가 중복되는 각종 형사법 위반 부분(뇌물죄 등)을 쟁점에서 제외하고 심판한 바 있었다. 박근혜 대통령은 헌법 제7조에 따라 국민 전체에 대한 봉사자이기 때문에, 공익을 위해서 일하는 것이어야 하고, 자기 측근인 최순실을 위해서 권력을 행사할 수는 없다는, 공익 실현 의무 위반으로 탄핵사유를 구성하여 심판했다.

만일 형사법 위반 부분을 그대로 유지하면 형사소송법상의 전문법칙의 준용 문제 즉, 반대신문권이 보장이 안 된 사람들의 진술을 담은 조서를 증거로 쓸 수 있느냐 없느냐 등의 문제가 쟁점이 될 수 있다. 그렇게 계속해서 끌려 다니다가 내란 재판 결과까지 보자고 하면서 절차 진행이 지연될 염려가 있었다. 또한 헌법재판소가 먼저 결론을 내리면 나중에 법원의 형사재판 결과와도 달라질 염려도 있다. 따라서 헌법재판을 하는 입장에서는 내란죄를 구성하는 사실관계는 그대로 두고 형법상 내란죄 판단을 구하는 부분만 철회하는 것이 실리적인 면에서 매우 타당했다.

그런데 피청구인 측에서 국회 의결부터 다시 받아야 한다며, '사기 탄핵'이라는 주장을 하는데 정말 화가 났다. 적어도 박근혜에 대한 탄핵사건을 경험했던, 법을 아는 사람들은 이런 말을 해서는 안 된다. 우리를 지지하는 측에서도 그 당연하고 반드시 책임을 물어야 할 부분을 어째서 철회를 했느냐고 따지는 사람들이 적지 않았다. 그때가 우리 대리인단에 대한 여론이 가장 안 좋던, 궁지에 몰린 시기였다. 특히 김진한 변호사가 마음고생을 많이 했는데 재판의 경과를 돌이켜보면 이 판단이 얼마나 현명한 결정이었는지 다시 한번 알 수 있는 부분이다.

아무도 피해를 본 사람이 없다는
비상식적인 논리

　윤석열 전 대통령의 탄핵사유는 민주주의와 법치주의의 근본적인 질서를 무너뜨리는 헌정질서 위반이고, 박근혜 전 대통령의 탄핵사유는 측근의 사익을 위하여 권력을 행사한 부분에 초점이 있었다. 그 영향력의 범위를 보자면, 박근혜 대통령 탄핵사건은 특정 관계인들하고 관련된 사건이고, 비상계엄은 전 국민과 연관되어 있다. 사익의 추구와 민주주의와 법치주의의 기본 질서를 무너뜨린 것의 무게는 다르다.

　비상계엄으로 피해 본 사람도 없고, 아무 일도 없다고 주장하는 사람들이 있다. 윤석열 대통령의 주장도 그 선상에 있다. 나는 살면서 비상계엄을 몇 차례 경험했다. 대학에 입학한 해인 1972년 10월 17일 10월 유신 때 처음 겪었고, 1979년 10월 26일 박정희 대통령이 시해되고 선포된 비상계엄(지역계엄)과 1980년 5월 17일 비상계엄 전국 확대조치를 경험했다. 비상계엄으로 포고령이 발동되면서 광범위한 기본권이 제한이 이루어짐을 그래서 잘 알고 있다. 포고령의 발동으로 금지되는 행위가 생기면서 그 자체로 국민의 기본권이 광범위하게 침해되는 것이다.

　만약 이번 비상계엄이 지속됐으면 국회의 기능을 대신할 비상 입법기구가 만들어졌을 것이고, 국회가 해산되었을 것이다. 국회의원 집단을 반국가세력이라고 몰고, 다 부정선거로 당선된 사람들이니까 당연히 국회의원 못 하게 해야 한다면서 국회를 해산할 수도 있다. 만약 비상계엄 상태가 한 달만 이어졌어도 이런 엄청난 돌이킬 수 없는 사태가 초래되었을 것이다. 그럼에도 경고성이거나 아무런 실질적 피해가 없으니 넘어가자는 게 말이 되는 소리인가.

결정적인 순간, 직접 출석한 대통령의 대활약

헌법 제7조 제1항은 '공무원은 국민 전체에 대한 봉사자'라고 명시했다. 대통령도 공무원이다. 따라서 전체 국민에 대한 봉사자인 거다. 박근혜 대통령 탄핵 때 공익실현의무를 끌어낸 똑같은 조문이다. 헌법 제69조에서는 대통령의 헌법준수의무를 규정하고 있다. 이번 탄핵심판 결정문에서도 대통령에게는 사회통합의 책무가 있다는 점을 상당히 힘주어 강조했다. 대통령과 국회 간의 정치적 갈등이 심해질 때 협치의 모범을 보여달라는 당부도 했다. 쉬운 일은 아니지만, 이번 사건을 통해 어느 당의 누가 되든 앞으로 대통령이 되는 사람은 이 부분을 확실하게 신경 쓰고 접근했으면 한다.

하지만 심판정에서 직접 만난 윤석열 전 대통령은 국민 전체에 대한 봉사자라는 의식도 없고, 헌법을 준수한다는 의식도 전혀 없는 것으로 보였다. 비상계엄으로 국민에게 충격을 주고 국가의 품격을 떨어뜨리고 경제에 커다란 부정적 영향을 주었음에도 불구하고 국민에게 죄송하단 말을 단 한 번도 안 했다. 심지어 지금 이 순간까지 자기는 아무 잘못이 없고 오히려 잘했다고 주장하고 있다. 죄송하다는 말을 하는 거 같아서 들여다보면 본인을 지지한 사람들한테, 그 뜻을 못 맞춰줘서 죄송하다는 이야기만 했을 뿐이다.

너무나도 뻔뻔한 그의 성품은 사실 재판에 큰 도움이 됐다. 그가 심판정에 직접 출석하면서 의외로 이런저런 기여를 했다. 박근혜 대통령 탄핵 당시 헌법재판소 재판관들은 굉장히 힘들었다. 결론 내는 것 자체는 그렇게 어렵지 않았는데, 재판 진행 중에 대통령 측 대리인들이 심판정에서 난장을 피웠기 때문이다. 실제로 당시 탄핵심판의 후반부쯤 영상을 보면 재판관들이 뒷골 잡는 장면이 자주 나온다. 그런데 이번에는 윤석열 대통령이 직접 나와 앉아 있으니 대리인들의 그러한 막나가는 모습은 보이지 않았다.

윤석열 대통령이 "12·3 비상계엄 당시 중앙선거관리위원회에 대한 군 투입을 자신이 직접 지시했다"고 직접 발언한 장면은 내가 꼽은 결정적 순간이다. 선거관리위원회에 군대가 들어간 사실을 법정에서 입증하기에는 우리가 가지고 있는 기록만으로는 불충분했다. 누가 시켰는지도 안 나오고 국회는 중계가 됐지만, 선거관리위원회는 중계가 안 됐으니까 자료도 부족했다. 그런데 윤석열 대통령 본인이 재판정에 나와서 자기가 무슨 전산시스템을 점검하라고 지시해서 들여보냈다고 자백해버렸다. 대통령의 지시로 선관위에 계엄군이 들어간 것을 입증하려면 꽤 복잡한 과정을 거쳐야 했을 텐데, 스스로 자백을 한 덕에 쉽게 밝혀졌다.

서로가 서로를 지켜주는 헌법과 국민

경험상 헌법재판소 구성원들은 항상 이 생각을 품고 있다. 법원은 언제까지나 존재할 수 있는데 헌법재판소는 국민들의 선택에 따라서는 언제든지 없어질 수 있다고. 바로 이 점이 법원에서 일하는 사람들과 헌법재판소에서 일하는 사람들이 다르게 생각하는 점이다. 헌법재판소는 우리 사회가 갈등과 분열이 있는 상태에서 화해와 평화로 가는 방향을 제시해주는 역할을 한다. 나는 앞으로도 쭉 헌법재판소가 우리 사회에 남아 이런 역할을 해줄 것으로 믿는다. 이번에 탄핵 선고가 늦어지면서 헌법재판소에 대한 신뢰가 흔들렸던 것도 사실이었다. 나 또한 진짜 헌법재판소가 이러다 어떻게 되는 것 아닌가 하는 생각까지 들었다. 하지만 걱정은 기우였고, 전원일치의 통합된 결론을 내려주었다. 재판관들이 헌법재판소의 역할에 대해 폭넓게 생각하고 고민했다는 것이 느껴진 완벽한 판결이었다.

이런저런 비판을 받기도 하지만 '87체제'(1987년 대통령 직선제 개헌으로 구축된 현행 헌법 체제)가 꽤 좋은 체제라 생각한다. 87체제 헌법의 가장 큰 특징은 헌법재판소를 설치하고 선거관리위원회를 독립된 헌법기관으로 둔 것이다. 제2공화국 헌법에도 선거관리위원회에 대한 조문 하나가 있었는데 지금은 조문이 더 추가되어서 훨씬 더 강한 헌법상 독립기관으로 만들었다. 헌법재판소도 실립 후 37년을 지나는 동안 제 역할을 곧잘 하고 있다. 헌법재판소가 법적인 분쟁을 해결하면서 '이것이 헌법이다'라는 걸 선언해주고 그대로 가게 만드는 것이 헌법이 작동하는 구조다. 만약 누군가 표현의 자유가 침해됐다고 주장하면서 헌법소원을 내면 헌재가 헌법을 토대로 기본권 침해 여부를 판단한다. 헌법재판소뿐만 아니라 모든 국가 권력기관이 이처럼 헌법의 토대위에서 권력 행사를 해야 한다.

우리의 민주주의에 자부심을 가지자

이번 대통령 파면은 헌법재판소의 결정이지만, 국민의 승리라고 말할 수 있다. 국민들 한 명 한 명이 결정적인 힘을 보태주면서 헌재가 결정에 당위성을 얻었으리라 본다. 헌법재판소는 국민의 여론하고 떨어져 있을 수는 없다. 대통령은 국민의 신임을 받은 선거에서 뽑힌 사람 아닌가? 이 사람이 이제 더 이상 국민의 신임을 받지 못한다고 하려면 국민 의사를 살필 수밖에 없다. 예를 들어 '국민 90퍼센트가 지지를 하는데, 헌법재판소가 보기에는 신임이 별로 없다', 이런 식으로 민심과 동떨어진 판단을 하기란 쉽지 않다.

변론이 종결되고 탄핵 선고를 기다리며 피 말리는 시간을 보냈다. 법률적인 주장은 이미 다 했기 때문에 이젠 국민들의 뜻을 모아서 헌법재판소에 전달하는 게 우리가 할 수 있는 일이었다. 그리고 매우 중요한 의미가 있었다고 생각한다. 윤석열 대통령 측에서도 나름 조직적으로 움직였다. 탄핵 반대 여론조사 결과가 높아지면 바로 제출하고, 탄핵에 반대하는 일곱 명의 헌법학자, 형법학자들의 의견서를 냈다.

그동안 우리 사회 각계각층에서 시국선언이 이어지고 있었다. 교황청 소속의 유흥식 추기경이 탄핵 촉구 영상 담화문을 올렸고, 한국에 있는 사제단도 시국선언을 했다. 도올 김용옥 선생의 시국선언이 있었고, 한강 작가 등 작가들의 시국선언, 한국작가회의 긴급시국선언, 교사 시국선언, 서울대 교수 시국선언, 한국독립영화협회 영화인 시국선언, 대한변호사협회의 시국선언 등이 이어졌다. 우리 대리인단은 위와 같은 자료는 물론이고, 우리나라의 대표적 보수논객인 조갑제, 정규재, 김진 선생 등의 인디뷰와 갈림도 모두 보아 제출했다.

개신교 측의 시국선언이 없어 확인해보니 KNCC(한국교회협의회) 소속 교단장들이 정치적으로 중립을 지켜야 된다면서 시국선언을 막았다고 들었다. 그런데 마침 WCC(세계교회협의회) 총무 제리 필레이 목사가 문형배 재판관 앞으로 서한을 보내줘서 3월 31일 헌재에 제출할 수 있었다. 그 서한은 요약하자면 다음과 같았다. 대한민국의 민주주의와 법치주의의 현재와 미래를 좌우할 중대한 분기점에서 판결의 장기화는 국민의 신뢰를 흔들고 민주주의의 기반을 약화시킬 수 있다는 점에 우려가 된다면서, 가능한 신속하고 책임 있는 결정을 촉구한다는 내용이었다.

    그리고 무엇보다 우리가 지치지 않고, 계속해 나아갈 수 있었던 것은 한겨울에 얇은 은박지를 뒤집어쓰면서 밤을 새웠던, '키세스 응원단'이라고 불렸던 그 수많은 젊은 시민들의 염원과 열정을 매일같이 접했기 때문이었다. 탄핵 선고 이후에도 많은 젊은이들이 헌법 전문이나 헌법 결정문 필사를 한다고 들었다. 놀랍지 않은가? 이들이야말로 민주주의 정신들을 체화시켜 가고 있는 시민들이다. 그들 덕분에 이제 민주주의에 대해서만큼은 그 어떤 나라보다도 우수하다는 자부심을 가져도 충분하다.

김이수 변호사 최종변론

신뢰와 헌법

헌법재판소가 힘들고 어려운 여건 속에서 당사자 쌍방에 공평한 기회를 보장하고, 법이 정한 절차와 헌법재판소가 확립한 선례에 따라 오늘까지 2회의 변론준비기일과 11회의 변론기일을 진행해 주신 데 대해 먼저 경의를 표합니다. 이 기회를 통해 국회소추대리인단은 피청구인에 대한 파면사유와 필요성을 충분하게 주장하고 소명 입증할 수 있었습니다. 감사합니다.

오늘 저는 신뢰와 헌법, 신뢰와 대통령에 관하여 말씀드리려고 합니다.

공자의 제자 자공子貢이 스승에게 정치에서 무엇이 중요한지 물었습니다. 공자孔子는 대답하였습니다. "식량을 풍족하게 하는 것, 군비를 넉넉히 하는 것, 백성들이 믿도록 하는 것이다." 자공이 다시 물었습니다. "어쩔 수 없이 한 가지를 버려야 한다면 어느 것을 먼저 버려야 합니까?" "군대를 버린다." 자공은 또 다시 묻습니다. "또 한 가지를 버려야 한다면 어느 것을 버려야 합니까?" "식량을 버린다. 예로부터 죽음은 모두에게 있는 것이지만, 백성들의 믿음이 없으면 나라는 존립하지 못한다." 논어의 안연顏淵편 제7절에 나오는 구절입니다.

　우리 국민들에게 정치에서 무엇이 중요한지 묻는다면 어떤 대답이 나올지 궁금합니다. 전쟁과 굶주림의 참혹한 기억을 간직하고 있는 세대라면 아마도 국방이 가장 중요한 것이고, 또한 식량이라고 할지 모르겠습니다. 그런데 공자가 살았던, B.C. 5세기 춘추시대의 말기는 그야말로 굶주림과 전쟁이 끊임없이 이어졌던 시대였습니다. 그 혼란의 시대에서 공자가 통찰한 정치의 근본은 '백성의 믿음이 없으면 나라는 설 수 없다'는 것이었습니다.

　그 통찰은 오늘날의 시대에도 그대로 적용됩니다. 국민의 믿음, 신뢰가 없으면 나라가 설 수 없습니다. 어느 정권이나 실수와 잘못은 있기 마련입니다. 중요한 것은 잘못을 줄이려는 노력, 그리고 실정이 발생했을 때, 이를 인정하고 원인을 분석하여 같은 잘못을 되풀이하지 않도록 노력하는 자세입니다. 그러한 태도가 국민의 공감을 불러일으킬 때 신뢰는 유지될 수 있을 것입니다.

　피청구인은 실패와 실정을 인정하지 않았습니다. 인정하지 않았으므로 사과도 없었습니다. 모든 잘못을 야당과 전 정권에 대한 책임 전가로 일관하였습니다. 어느덧 피청구인의 주변에서는 아집, 불통, 격노란 말들이 흘러나왔습니다. 특히 그의 인사권 행사는 최악이었습니다. 인권을 보호해야 할 기관에 인권을 가장 무시하는 인물을 임명하였고, 청렴과 국민 권익을 보호해야 할 기관에는 권력을 남용하는 인물을, 권력을 감시해야 할 기관에는 권력에 아부하는 인사를 거리낌 없이 임명하였습니다.

배우자에 대한 의혹은 피청구인의 가장 큰 리스크였다고 할 수 있습니다. 국정에 밀착해 적극 개입한다는 말들이 정권 초부터 지속적으로 나오고 있었습니다. 주가 조작, 명품 백 수수 혐의 등에 대해, 야당이 제출한 특별검사 법안에 대통령은 거부권을 고집스럽게 행사하였습니다. '채상병특검법' 등 다른 법안들에 대해서도 마찬가지였습니다.

피청구인도 국민으로부터 신뢰와 존경을 얻고 싶었을 것입니다.

그가 자신의 위기를 벗어나기 위해 사용한 것은, 국가긴급권과 국군통수권이었습니다. 비상계엄이라는 극단적인 수단으로, 자신의 정치적 반대자를 척결, 곧 없애버리고자 하였습니다. 주권자를 보호하는 데 사용해야 할 헌법상의 권력을 주권자를 공격하는 도구로 사용했습니다.

그의 비상계엄은 헌법에 명시적으로 규정된 요건과 절차에 전혀 맞지 않았고, 국회의 계엄해제 의결을 폭력을 써서 저지하려 했으나, 노렸던 반전은 일어나지 않았습니다. 계엄 실행과정이 실패로 돌아가자 피청구인은 심지어 자신의 명령을 수행한 부하들에게조차 신의를 다하지 않습니다. 자신의 책임을 모면하기 위해, 부하들에게 모든 죄책을 떠넘기며 그들의 충성심을 배반하였습니다. 이러한 피청구인이 국민으로부터 신뢰와 존경을 얻으려 했다면 참으로 아이러니한 일입니다.

대통령은 국정최고책임자로서 최고의 권력자입니다. 헌법은 대통령이 최고의 권력을 갖고 있기에 그에게 헌법 수호 책임을 부여하고 있습니다(헌법 제66조 제2항). 대통령이 취임식에서 헌법을 준수'하겠다는 선서(헌법 제69조)를 하는 순간은 취임식의 하이라이트며 가장 엄숙한 시간입니다. 헌법을 수호하고 준수하겠다는 것은 국민들과 대통령과의 약속이므로, 그 약속을 지키는 것이야말로 국민들로부터 신뢰를 받는 절대적 조건입니다.

피청구인이 위반한 헌법규정과 원칙들은 민주주의 체제를 지키는 가장 중요한 것입니다. 따라서 피청구인은 대통령으로서 헌법 수호의 책임을 다하지 못했다는 정도에 그치는 것이 아니라 적극적으로 헌법을 파괴하는 행위로까지 나아간 것입니다. 국민들이 부여한 신뢰를 최악의 방법으로 배신함으로써 민주공화국에 대한 반역행위를 저지른 것입니다.

공자는 정치에 대한 신뢰가 없으면 나라가 존립하지 못한다고 강조하였습니다. 공자가 말한 '정치에 대한 신뢰'를 오늘날의 언어로 바꾸어 말한다면, '헌법에 대한 신뢰', '민주주의에 대한 신뢰'라고 말할 수 있습니다. 민주주의가 보호하는 것들은 특별한 것들이 아닙니다. 상식적이고 평범한 것들입니다. 민주공화국, 인간으로서 존엄과 가치, 법 앞의 평등, 양심의 자유, 언론·출판의 자유, 집회결사의 자유, 학문과 예술의 자유, 보통·평등·직접·비밀선거의 원칙 같은 것들입니다. 헌법에는 민주주의가 보호하는 이런 원칙들, 평범하지만 소중한 권리들이 적혀 있습니다.

이들은 우리 일상에서 상식적이고 평범한 것들이지만, 결코 당연한 것은 아니었습니다. 이 평범한 민주주의 가치를 지키기 위해서 많은 사람들이 목숨을 걸어야 했고, 피를 흘려야 했습니다.

자신의 삶을 걸고 싸워온 이 가치는 그대로 미래로 이어져 가야합니다. 역사는 우리에게 경고합니다. 민주주의는 스스로 지키지 않을 때, 왜곡되고 훼손되며 결국 무너지고 맙니다. 우리의 평범하고도 소중한 일상을 지키기 위해서 우리는 민주주의자, 곧 깨어있는 민주시민이 되어야 합니다.

작년 12월 3일 피청구인은 비상계엄을 선포함으로써 이 모든 원칙과 권리들을 무너뜨리려고 했습니다. 평화로운 일상이 습격당한 그 순간에 우리는 민주공화국 최고의 권력이 오히려 민주주의와 헌법의 가장 큰 적이 될 수 있음을 확인할 수 있었습니다. 야당을 괴물로, 민주주의의 적이라고 규정한 피청구인이 스스로가 괴물이고 민주주의의 적이라는 정체를 드러낸 것이었습니다. 피청구인의 행위는 단지 자신에 대한 신뢰를 추락시킨 것만이 아닙니다. 그것은 민주주의와 헌법, 그리고 국민들의 평화로운 일상에 대한 신뢰, 모두를 흔들어 놓았습니다.

이제 공동체의 상식과 보편적인 원칙, 그리고 정치와 헌법에 대한 신뢰를 회복해야 합니다. 이는 어느 정파를 지지하거나 반대해서가 아닙니다. 오로지 대한민국이라는 민주주의 공동체를 위해서입니다.

헌법이 무너진 현실 속에서 시민들이 헌법전을 찾아 읽고, 필사까지 하고 있다고 합니다. 헌법 조문을 읽고 필사하며 슬픔과 좌절감을 느끼는 경우도 있지 않을까, 걱정스럽기도 합니다. 하지만 지금이야말로 시민들이 민주주의와 헌법을 그 합당한 깊이에서 제대로 이해할 수 있는 '축복의 시간'이 될 수 있습니다. 대한민국 미래의 희망을 볼 수 있기 때문입니다. 헌법의 작동을 이해하는 시민들이 많아질수록 우리의 평화롭고, 아름다운 일상이 유린되는 일은 생기지 않을 것입니다.

존경하는 재판관님,

오늘 우리가 이 자리에 모인 이유는 바로 민주주의와 대한민국의 가치를 침해한 권력자에 대한 탄핵심판을 위해서입니다. 그에 대한 검증은 끝났습니다. 사람에게 충성하지 않는, 하지만 충성만을 받고자 했던 인물. 상식을 뛰어넘는 언동으로 일방통행만을 일삼았던 인물. 손에 왕王자를 새기고 나타난 인물. 대규모 군사퍼레이드를 즐기며, 역대 독재자 대통령들을 찬양한 인물, 헌법을 준수하거나 수호하기는커녕 파괴한 인물. 그가 대통령이 된 후 부끄러움은 온전히 국민의 몫이 되었습니다.

본 대리인은 감히 말씀드립니다.

지금 우리는 대한민국 민주헌정사에 있어서 최대의 고비인 지점을 지나가고 있습니다. 이 재판은 민주주의와 헌법을 지키는 재판이며, 대한민국의 존립을 지키는 재판이 될 것입니다. 우리는 민주주의의 가치를 믿으며 그 가치를 수호하고자 합니다. 오늘 우리는 모두 민주주의자입니다.

부디 피청구인 대통령 윤석열을 파면하여 주십시오.

관용과 통합은
단죄에서 시작된다

정청래 국회의원

"각오하고 나선 길 아닙니까? 쩨쩨하게 굴지 마십시오. 내란의 죄를 저질렀다면 그에 합당한 벌을 받아야 합니다. 그것이 헌법 수호이고 사법 정의입니다. 하루빨리 공정한 탄핵심판을 통해서 국민들이 발 뻗고 편안하게 주무실 수 있도록 최선의 노력을 다하겠습니다. 고맙습니다."

2025년 2월 4일,
탄핵심판 4차 변론기일, 헌법재판소 심판정 앞에서

17대, 19대, 21대, 22대 국회의원. 2022년~2024년 더불어민주당 최고위원, 2022년~2023년 국회 과학기술정보방송통신위원회 위원장과 2024년~2025년 국회 법제사법위원회 위원장을 역임했다.

    2024년 12월 14일 헌법재판소에 대통령 윤석열 탄핵 소추의결서 정본을 접수하는 것부터 시작해 2025년 4월 4일 피청구인 대통령 윤석열에 대한 탄핵 선고가 나오기까지 국회 탄핵소추위원 역할에 충실했다. 탄핵소추 대리인단을 100퍼센트 믿고 지지하며 어려운 일이 있을 때마다 지원했다. 국회 탄핵소추위원단은 정청래 의원이 단장을, 최기상 의원이 간사 겸 대변인을 맡았고, 민주당 박범계 의원, 이춘석 의원, 이성윤 의원, 박균택 의원, 김기표 의원, 박선원 의원, 이용우 의원, 조국혁신당 박은정 의원, 개혁신당 천하람 의원으로 구성되었다. 국회 탄핵소추위원단 11인은 변호인으로 구성된 탄핵소추 대리인단과 완벽한 협업을 통해 윤석열 대통령 탄핵 인용에 큰 역할을 했다.

엄청난 충격이었다. 국회에 들어가기 위한 월담을 어디서 몇 시에 했는지 기억이 전혀 없다. 보좌관과 통화하면서 담 넘는다고 얘기한 시간이 10시 48분이라는데 생각이 나지 않는다. 아파트 지하 1층 주차장에서 출발해 국회에 도착하기까지 네 차례 통화했다는데 그 15분에서 20분이 머릿속에서 지워져 있다. 아무리 기억을 떠올리려고 해도 떠올릴 수가 없다. 평소 기억력이 좋다고 자부하는데, 육십 평생을 살면서 처음 겪은 일이다.

 국회 본회의장에 들어와 표결할 수 있을 때까지 기다렸다. 12월 4일 0시 30분 무렵 국회의원들이 소리를 질렀다. 계엄군이 본회의장 바로 앞에까지 왔다고 했다. 그때부터 본회의장 2층 기자석을 계속 봤다. 계엄군한테 두들겨 맞고 끌려갈 때 어떻게 끌려갈까를 생각했다. 아무도 모르게 끌려갈 수는 없었다. 그런데 2층 기자석은 불이 꺼진 채 계속 어두웠고 기자는 단 한 명도 보이지 않았다. 기자들이 이걸 카메라로 찍어야 되는데… 평소에 별로 좋아하지도 않는 기자들이 그 자리에 없다는 것이 너무너무 두려웠다. 그러다 입구까지 온 계엄군을 막겠다고 소화기까지 뿌릴 때는 총 몇 방이면 끝이구나, 이제는 어딘지도 모를 곳에 끌려가서 개죽음을 당하는구나 싶었다. 계엄군의 무력을 힘으로 이길 국회의원은 없으니까. 그런데 어느 순간 우르르 2층 기자석으로 기자들이 몰려 들어왔다. 이제 살았다, 여전히 죽을 수도 있지만 그래도 그들이 지켜본다는 것만으로도 살았다는 생각이 들었다. 그때부터 본회의장에 들어온 의원들 숫자를 세고 셌는데 또 세고 셌다.

혼란스러웠지만 계엄은 해제됐다. 그리고 본회의장 밖으로 나갔다가 깜짝 놀랐다. 그 늦은 시간 그렇게 많은 사람이 와 있을 줄은 몰랐다. 수많은 인파를 본 순간 계엄을 해제할 시간을 확보해준 보좌관들, 당직자들, 시민들한테 너무 감사했다. 저분들이 아니었으면 나는 죽었다는 생각을 했다. 장갑차 앞을 막아선 시민, 정문 앞을 지킨 시민들, 나중에 알았다. 그분들이 계엄을 막아준 것뿐 아니라 날 살려줬구나, 저분들이 내 생명을 구해줬구나. 계엄을 해제할 수 있게 해줬고 또 개인 정청래 목숨을 살려준 거다. 그날 하루만이 아니었다. 그로부터 열흘이 지난 12월 14일 오후 1시 여의도공원을 가로질러가는데 중간의 큰길을 도저히 건너갈 수가 없었다. 너무 많은 사람들이 여의도를 꽉 채우고 있었다. 이분들이 나의 생명을 지켜줬고 대한민국의 민주주의를 지켜주고 있는 분들이구나. 이 간절함을 국회의원의 한 사람으로서 있는 힘을 다해 되갚아 드려야겠다는 마음뿐이었다.

당황스러운 기쁨, 당황스러운 환희

살면서 가끔 당황스러운 기쁨, 당황스러운 환희를 만날 때가 있다. 예상하지 못한 많은 사람들이 헌법재판소 앞으로 몰려와서 '윤석열 파면하라'를 외치고, 누가 지시하지 않았는데 한겨울에 광화문에, 여의도에, 한남동과 남태령에 수백만 명이 모였다. 12월 13일과 14일 여의도에서 나눈 예상치 못한 대화 또한 당황스러운 감동으로 다가왔다. 이번 집회는 여러모로 당황스러운 구석이 있었다. 보통 집회 현장에 나가면 나를 모르는 사람이 거의 없는데 이번에는 나를 모르는 분들을 자꾸 만나게 되는 거다. 국회 정문 앞에 앉아서 시험공부를 하던 학생도 나를 몰랐다. 여기서 공부가 되냐고 물었다가 의외의 답을 들었다. "추워서 머리도 맑아지고 공부가 잘돼요." 나를 모르는, 정치와 민주당에 큰 관심 없는 사람들이 이렇게 많이 민주주의와 헌법을 지키겠다고 한 겨울, 한밤에 광장에 나온 거다. '데모'를 하러 여의도에 왔다는 다섯 명의 남자 중학생도 나를 몰랐다. "뭘 알고 여기를 왔냐?"고 물었더니 똑 부러지는 답을 했다. "저희도 알 건 다 알아요. 학교에서 헌법 배웠어요. 근데 헌법을 망가뜨리려고 하잖아요."

당황스러움과 기쁨을 동시에 느끼면서 끊임없이 독재자로부터 핍박받고 탄압받으면서도 굴하지 않고 민주주의를 지켜온 우리의 원동력에 대해 생각해봤다. 우리는 민주주의나 자유가 유린당하면 언제나 일어나 싸워 지켰다. 그럴 수 있는 대한민국 민주주의의 요체는 과연 무엇일까. 어느 고장이든 그 지역만의 사투리가 있다. 그 사투리는 10년, 20년이 아니라 수백 년, 수천 년 동안 기록하지 않아도 말과 습관 등의 생활양식으로 이어진다. 우리의 민주주의도 사투리와 같지 않을까? 대한민국 국민들은 자연스럽게 체화한 민주주의를 면면히 이어가고 있는 것은 아닐까.

동학농민운동으로부터 이어진 강인한 민주주의 역사

1894년 동학농민군은 우금치를 넘지 못했지만 2025년도 동학의 후예들은 남태령을 넘었다는 말이 상징하듯이 이 땅에는 1894년 동학농민운동부터 시작된 대한민국 민주주의의 역사가 이어져 오고 있다. '이 땅의 주인이 왕이 아니라 백성이다', '사람이 곧 하늘이다'를 내세운 동학은 당시 통치 권력의 눈으로 보면 역모였다. 고종은 진압할 능력도, 설득할 능력도 없어서 일본군을 끌어들였고, 그들과 조선 군대에 의해서 만 명 가까운 농민이 우금치에서 학살당했다.

그것으로 동학농민운동이 끝난 줄 알았는데 거기서 살아나간 동학교도, 동학 정신은 죽지 않았다. 대표적으로 김구 선생이 동학교도다. 대한민국 민주주의 운동의 계보를 보면 대부분 동학농민운동으로부터 이어진다. 나는 대한민국 민주주의의 첫 깃발을 들었던 동학정신의 후예들이 독립운동을 하고 4·19 혁명과 부마항쟁을 전개하고, 5·18 광주 민주화 운동과 1987년 6월 항쟁에서 대한민국 민주주의를 위해서 피 흘려 싸웠다고 생각한다. 대한민국 민주주의의 발랄함, 회복력, 놀라운 끈질김과 같은 특성의 뿌리가 모두 동학농민운동에서 비롯됐다고 생각한다. 실제로 1987년 6월 건국대학교 민주광장에 모인 수천 명이 스크럼을 짜고 명동으로 진출하자고 할 때도 동학농민혁명가를 함께 불렀다.

당시 그 스크럼의 일원으로 나도 동학농민혁명가를 목청껏 불렀다. 그때는 깊이 생각 안 했지만, 지나서 생각해보니 그런 내가 바로 동학의 후예였다. 조선 왕정은 동학교도를 잡으면 사형시키고 삼족을 멸했다. 그럼에도 불구하고 용기를 잃지 않고 희망을 잃지 않고 만주에서까지 일본군과 맞서 싸웠다. 그렇게 척박한 환경에서 살아남은 대한민국 민주주의는 시작부터 강인했던 거다. 누가 교육을 하든 안 하든 그 강인한 정신과 이야기가 이어져서 1960년대부터 1980년대까지 민주주의를 유린하고 탄압한 박정희, 전두환 군부독재와 맞서 싸울 수 있었다. 그리고 그 강인함으로 2024년도 비상계엄을 해제하고 2025년 헌법과 민주주의를 파괴하려는 대통령을 탄핵했다. 그러니 10년 후에도 20년 후에도 혹은 30년 후에도 만일 누군가가 민주주의를 또다시 유린하고 헌법을 파괴하려 든다면 강인한 대한민국 국민들이 다시 또 뛰쳐나올 거라고 확신한다.

피를 잉크 삼아 쓴 헌법에 감사한다

탄핵소추를 시작할 때부터 머릿속을 떠나지 않았던 문구가 몇 가지 있었다. 첫 번째는 프랑스 작가 알베르 카뮈가 이야기한 '프랑스 공화국은 관용으로 건설되지 않는다. 어제의 죄를 벌하지 않으면 내일의 범죄에 용기를 주는 거다'이고, 또 다른 문구는 '헌법의 적을 헌법으로 물리친다', 그리고 '민주주의의 적을 민주주의로 물리친다'는 말이다.

    탄핵소추위원이 되면서 거의 매일 한 번씩 헌법을 읽었다. 예진에 눈에 안 들어왔던 문구들이 내 뺨을 치듯이 연신 새롭게 다가왔다. 만약에 지금의 헌법이 1987년에 개정한 헌법이 아니었다면 이번 비상계엄을 막을 방법이 없었다. 헌법에 새겨진 한 글자 한 글자가 다 우리 국민의 자유와 권리를 지키는 방패인 셈이다. 그런데 결국은 지금의 헌법도 우리 국민들이 만들지 않았나. 이 한 문장, 이 한 단어를 넣기 위해서 얼마나 많은 사람이 피 흘리고 죽어갔는가. 그래서 최종변론에서 '130년 동안 달려온 민주주의 역사에서 피를 잉크 삼아서 한 자 한 자 쓴 헌법'이라고 말했다. 헌법에 대한 고마움이고 국민에 대한 감사고 어느 이름 모를 골짜기에서 민주주의를 위해 목숨을 바친 역사 속 그분들에 대한 헌사다.

    1987년 이전까지 헌법은 독재자, 권력자 들이 국민을 지배하고 영구 집권하기 위해서 만들어낸 도구였다. 국민이 무조건 따르도록 강요하는 명분으로 악용됐다. 지금의 헌법은 완전히 다르다. 우선 국회 해산권을 없앴다는 점이 확연히 달라진 부분이다. 만약 국회 해산 조항이 계속 있었으면 삼권분립은 유명무실해진다. 국회에서 계엄을 해제하고 대통령 탄핵소추를 의결할 수도 없다. 우리 헌법 제77조에는 대통령이 비상계엄을 할 수 있는 조건을 엄격하게 제한하고 있다. 예를 들어 국회에 즉시 통보

해야 되고 국회가 과반수 의결로 해제 의결하면 해제하여야 한다고 의무 조항이 들어있다. 헌법 제77조에 위임을 받아서 만든 계엄법 제2조 제6항에도 똑같이 엄격한 제한 조건들이 존재한다. 이 조항 때문에 이번 비상계엄이 위헌이 된 거다. 그러니 이 조항들이 너무 고마웠다. 헌법재판관들이 개인적으로 윤석열 대통령을 반대하든 지지하든 관계없이 헌법재판소가 8 대 0으로 파면시킬 수밖에 없었던 근거다.

헌법의 적을 헌법으로 물리치기

헌법을 들여다보면서 헌법 제11조와 제84조가 툭 걸렸다. 헌법 제11조 제1항은 '모든 국민은 법 앞에 평등하다'이고 제2항은 '사회적 특수계급은 인정되지 아니한다'이다. 그런데 헌법 제84조는 '현직 대통령은 내란 또는 외환의 죄를 범하지 아니하고는 형사소추되지 아니한다'라고 명시되어 있다. 헌법 제11조와 제84조, 두 조항이 모순이지 않나. 헌법 제11조는 법 앞에 평등하다는데 현직 대통령은 살인죄를 저질렀어도 재임 기간 5년 동안은 죄를 묻지도 않고 벌도 받지 않는다. 의문이 생겼다. 그런데 자꾸 읽다 보니 헌법 제66조에 대통령이 하는 여러 중요한 역할들이 보였다. 외국에 대해서 국가를 대표하고 국가의 계속성을 책임진다. 국가를 이루는 국민, 주권, 영토를 지키는 책임이 대통령한테 있다. 그리고 행정부 수반이고 조국 통일에 대한 책무가 있고 국군을 통수한다. 5년 임기 동안 대통령이 할 수 있는 권한이 막강하고, 해야 하는 의무가 너무나 중요하고 큰 거다. 그 권한과 책임과 비교하면 강도죄, 살인죄를 묻는 것이 더 큰 손해다. 이런 개념으로도 해석이 가능하다.

우리 헌법은 기본적으로 국민의 권리, 인권 보호, 국민주권주의 등이 핵심인데 학술적으로 보면 법치주의와 민주주의가 때로는 대립한다. 그래서 평상시는 5천만 국민 중에서 단 한 사람 대통령에게 헌법적 특권을 부여한다. 대통령은 민주적 정통성이 있으니 살인죄, 강도죄 등등을 벌하는 법치주의는 5년 동안 덮어두는 특혜를 대통령에게 준다. 따라서 우리 헌법의 정신은 법치주의보다 민주주의를 우월하게 여긴다고 할 수 있다. 그런데 내란과 외환죄를 저질렀다면, 경우가 완전히 달라진다. 그때는 민주주의가 아닌 법치주의로 처벌한다. 그래서 이번 헌재의 탄핵사건 선고 결정문을 잘 살펴보면 "피청구인 대통령 윤석열을 파면한다"라고 맺는 결론에 이르기 전에 "국민으로부터 직접 민주적 정당성을 부여받은 피청구인을 파면함으로써 얻는 헌법 수호의 이익이 대통령 파면에 따르는 국가적 손실을 압도할 정도로 크다고 인정된다"고 밝힌다. 바로 이 문장이 헌법 제11조와 제84조를 설명하고 있는 거다.

우리 헌법은 이렇게 법치주의와 민주주의가 조화롭게 구성되어 있다. 이번 탄핵심판은 이토록 훌륭한 우리의 헌법을 파괴하려고 했던 '헌법의 적' 윤석열 대통령을 헌법으로 물리쳤다는 점에서 법치주의가 잘 작동하고 있음을 확인한 사례다. 또한 우리 국민이 들고 일어나서 민주주의를 파괴하려는 적을 물리쳤다는 점에서 민주주의가 작동하고 있음을 역시나 확인했다. 다시 말해 법치주의와 민주주의 두 가지 헌법적 측면에서 역사적 의미가 있는 재판이었다.

마지막 열흘, 이건 위험한 징조다

2025년 2월 25일, 11차 변론으로 재판은 모두 끝났다. 마음이 가벼웠다. 완벽하게 8 대 0으로 그리고 빠르게 선고가 날 것이라고 생각했다. 그런데 한 주 한 주 미뤄지더니 아무 소식 없이 3월 14일이 지나갔다. 겁이 나기 시작했다. 헌법재판소의 판결에도 재판관 임명을 안 하는 것은 재판관 2명이 퇴임할 때까지 선고를 미루려는 계산이라는 생각이 들었다. 피청구인 측의 지연작전이 성공하고 있다고 해석할 만한 간접 정보들도 들어왔다. 어떻게 할 것인가. 당시 나의 판단은 위험성 100퍼센트, 중대성 100퍼센트였다. 혼자 고민하다가 민주당 핵심 지도부와 회의를 가졌다.

4월 18일까지 선고를 안 하면 두 재판관 임기가 끝난다. 재판관 두 사람을 새로 임명하면, 처음부터 다시 해야 한다. 어쩌면 윤석열 대통령의 복귀 시나리오일 수도 있다. 그러면 우리 국민은 뭐가 되나, 역사는 뭐가 되나, 나는 역사의 죄인이 되는 것인가. 12월 3일 계엄 당시 느꼈던 살벌함, 똑같은 위기감이 엄습했다. 어쩌면 안 먹힐 수도 있지만, 뭐라도 해봐야 하는 순간이었다. 물론, 재판관들의 판단에 우리가 개입할 수는 없다. 우리가 어찌할 수 있는 영역이 아니다. 판결은 재판관들의 몫이다. 그럼 우리는 우리가 할 수 있는 것을 다 해보자. 그래서 총공세 기조를 잡았다. 의총에서 결의를 하고 의원들이 헌법재판소에 가서 기자회견을 하기 시작했다. 그러다 백혜련 의원이 계란을 맞았다. 나는 이 또한 천우신조라고 생각한다. 그 계란 투척 사건이 벌어지고 난 다음에 헌법재판소 앞 극우 시위자들이 정리되기 시작했다. 헌법재판관들이 출퇴근하면서 심리적 압박으로 느꼈을 수도 있는 험악한 분위기가 어느 정도 정리된 거다.

엄벌과 선처를 동시에

이번 헌법재판소의 결정문 중에, 국회가 신속하게 비상계엄 해제요구 결의안을 가결시킬 수 있었던 것은 호소형 계엄이라 주장하는 피청구인 윤석열 대통령 역할이 아니라 시민과 소극적으로 임무를 수행한 군인들 덕분이라는 내용이 있다. 재판 과정에서 사령관급이 아닌 군인들이 증인으로 나올 때 나도 이와 관련된 생각을 깊게 했다. 영관급 군인들 그리고 그 밑 계급 군인들은 하고 싶지 않은 명령을 받고 그 순간 항명죄로 처벌받을 것과 시민들에게 총부리를 들이대면 안 된다는 양심 사이에서 많은 번민과 갈등을 느꼈을 것이다. 명령권이 있는 사람이 가장 잘못했고 사령관급이 잘못한 거지 명령을 받은 그 밑 계급 군인들까지 처벌하자고 주장하는 것은 옳지 않다고 생각했다. 또 지휘관이 아닌 군인들이 헌법재판소 심판정에서 진실을 증언할 용기를 갖길 바랐다. 그래서 2월 11일 탄핵심판 7차 변론기일에 헌재 출석에 앞서 "우두머리나 중요 종사자의 명령에 의해 어쩔 수 없이 계엄에 가담했거나 소극적으로 임무 수행을 한 군인들, 오히려 시민들을 보호한 군인들은 사법적 아량을 베풀면 좋겠다. 오히려 이런 군인들은 국민 이름으로 포상해야 하지 않을까 생각한다"고 말하기도 했다.

하지만, 탄핵소추를 시작할 때부터 마음에 품었던 '프랑스 공화국은 관용으로 건설되지 않는다. 어제의 죄를 벌하지 않으면 내일의 범죄에 용기를 주는 거다'라는 카뮈의 말을 잊어서는 안 된다. 나치 부역자 처벌에 반대하는 주장에 맞서며 했던 이 문장은 우리 역사에서 그리고 세계사에서 진정한 관용과 용서는 어떻게 이루어지는가를 다시 한 번 돌아보게 한다. 우리의 역사는 프랑스와 달리 반민족행위특별조사위원회부터 좌절됐다. 친일반민족행위를 한 자들을 처벌하지 못했고 오히려 그들이 온전할 수 있는 기반을 마련해줬다. 그 후예들은 여전히 우리사회 곳곳에 세력을 형성하고 굳건하게 자리 잡고 있다. 이것이 반민특위 좌절의 후과다.

그렇다면 프랑스는 어떻게 관용의 나라가 됐을까. 사실상 프랑스에 나치 독일의 지배기구인 프랑스 군정청이 있던 기간은 약 4년밖에 안 된다. 그린데 프랑스의 연감 『퀴드』 2003년 판에 따르면 나치협력자 청산결과는 이렇다. 조사대상 150만~200만 명, 체포되어 조사받은 자 99만 명, 사형선고 6,766명, 사형집행 782명, 유기징역 2,802명, 공민권 박탈 578명, 부역죄 선고 9만 5,000명, 공직자 12만여 명 행정처분 등이다. 프랑스는 제일 먼저 지식인, 언론인과 문필가 그리고 법관과 같은 나치의 지배 논리에 정당성을 만들어준 엘리트들을 처벌했다. 그들의 악영향이 그만큼 컸다는 거다. 시간이 지나 일부가 풀려났지만 정상적인 사회 활동은 불가능했다. 피선거권, 투표권을 박탈했고, 공직은 물론 언론, 국영기업체에서 일할 수 없게 했다.

'가해자는 용서를 빌고, 피해자는 용서를 하는 거다'라는 너무 당연하고 옳은 이야기를 프랑스는 실행하고 지켰다. 그렇다. 철저한 조사와 재판 그리고 엄혹한 처벌이 어느 정도 이루어지자 피해자들이, 프랑스 국민들이 이제 그만하자. 이제 관용을 베풀자고 했다. 그러자 정부가 '이제 그만해도 되겠습니까?' 물었고 시민들의 응답으로 프랑스는 관용의 나라가 된 거다. 애초에 무관용으로 처벌했기 때문에 관용을 베풀 수 있었던 거다. 그리고, 우리는 역사적으로 이 무관용의 원칙이 적용된 적이 없었기 때문에 관용의 나라가 될 수 없었다. 반민특위의 좌절로 피해자가 마음을 풀고 한을 풀고 용서할 마음을 가질 기회를 모두 박탈당한 거다.

이번만큼은 그 좌절을 되풀이하지 말자. 가해자가 용서를 빌고 피해자는 용서를 할 수 있도록 내란 특검법을 통해서 이 내란에 가담했던 사람들은 일단 다 처벌의 심판대 위에 올리자. 그리고 면밀하게 법과 민주주의의 원칙으로 경중을 따져서 죄를 묻자. 대통령이 사면하면 안 된다. 그 사면은 국민들의 목소리를 듣고 해야 된다. 국민들이 '저 사람이 징역 10년 살았는데 20년 살았는데 이제 죽을 날도 가까운데 그래도 말년에 가족들 품에 안겨서 생을 마감할 수 있도록 풀어주자'고 할 때 풀어주자. 결국은 국민들 마음이 풀릴 때까지 정부는 기다려줘야 된다. 이런 과정, 절차가 생략된 채로 아무리 국민 통합을 주장해봐야 안 된다. 엄하게 단죄해야 국민들이 원망이 사라지고 마음이 풀릴 계기가 마련된다. 그래야 내란범들에게 동정이 생기고 관용이 생긴다. 진정한 국민 통합이란, 국가는 가해자를 단죄하고 가해자는 국민 앞에 용서를 빌고, 그래서 국민들이 용서할 마음이 생길 때 이루어질 수 있다.

정청래 의원 탄핵소추요지

헌법의 적을 헌법으로 물리치자

존경하는 헌법재판소 재판관님들께.

국회 소추위원, 국회 법제사법위원회 위원장 정청래입니다.

대한민국은 법치국가이고 모든 법의 으뜸은 헌법입니다.

대한민국 헌법 130개 조항을 압축 요약해 놓은 헌법 전문에서 불의에 항거한 4·19 민주이념을 계승한다고 되어 있습니다. 이는 사실상 5·16 군사 쿠데타를 불의한 것으로 규정해 헌법 정신에서 탄핵하고 있습니다.

대한민국의 주인은 국민입니다. 헌법은 제1조에서 대한민국은 민주공화국이고 대한민국의 주권은 국민에게 있고 모든 권력은 국민으로부터 나온다고 주권재민의 정신을 선언하고 있습니다. 국민의 것은 국민의 것입니다. 국민으로부터 위임받은 권력이 위헌, 위법적으로 국민 위에서 군림할 수는 없습니다.

헌법 수호의 파수꾼 헌법재판관님. 2024년 12월 3일 아침은 평범했습니다. 대한민국 수도 서울의 기온은 영하 2도였습니다. 국민들은 늘 그렇듯이 출근을 서두르고 있었고, 그날 아침 뉴스 헤드라인은 명태균 핸드폰 행방 논란이었습니다. 세계 방산 매출 100대 기업에 우리 기업 4곳이 포함됐고, 대한민국 한강 작가의 노벨 문학상 수상 관련 좋은 소식도 있었습니다. 미국 바이든 정부의 우크라이나 군사 지원 뉴스는 있었지만 휴전선 전방은 조용했고, 어떤 국민들도 군사적 위협을 느끼지 않은 평온한 하루였습니다.

그렇지만 재판관님들도 보셨듯이 그날의 밤은 평온하지 않았습니다. 비상계엄 선포 소식을 접한 수많은 국민들은 설마 가짜 뉴스일 거라고 생각했습니다. 그러나 너무나 비현실적이었던 계엄 선포는 엄연한 현실이었습니다.

피청구인 윤석열은 2024년 12월 3일 비상계엄 선포 긴급 담화문에서 '국회는 범죄자 집단의 소굴이 되었고, 자유민주주의 체제 전복을 기도하고 있고, 국회가 자유민주주의 체제를 붕괴시키는 괴물이 된 것 같다. 대한민국이 당장 무너져도 이상하지 않을 정도로 풍전등화의 운명에 처해 있다. 우리 국민의 자유와 행복을 약탈하고 있는 파렴치한 종북 반국가 세력들을 일거에 척결하고 자유 헌정 질서를 지키기 위해 비상계엄을 선포한다'고 했습니다.

이 궤변을 누가 믿겠습니까? 대한민국 국민들 누가 봐도, 당장 무너져도 이상하지 않을 정도의 대한민국은 결코 아니었습니다.

피청구인 윤석열의 12월 3일 비상계엄 선포 이후 대한민국은 혼란에 빠졌고 대한민국 전체가 몸살을 앓고 있습니다.

12월 3일 내란의 밤부터 민주주의 나라, 대한민국의 국격은 실추되었고, 경제의 적, 불확실성이 해소되지 않으면서 국민들은 한 달 넘게 불안과 공포에 휩싸여 내란성 불면증에 시달리고 있습니다.

국민들의 저항과 국회의 신속한 대응으로 비상계엄이라는 독새 시도기 수포로 돌아간 후에도 피청구인은 망상에 근거한 자신의 경거망동을 반성하기는커녕 수사에 응하지도 않았고, 법원이 발부한 체포영장의 집행도 막무가내로 거부했습니다. 이것은 대한민국의 사법 체계를 뿌리째 부정하는 것입니다. 소추위원 이전에 국민의 한 사람으로서 이런 사람이 대한민국 국정의 최고 책임자 자리에 있었다는 것이 참으로 참담합니다.

이 탄핵심판은 이런 사람을 군 통수권을 행사하는 자리로 다시 복귀시킬 것인지 말 것인지를 결정하는 재판입니다. 그 결론이 어떠해야 하는지는 너무도 자명합니다만, 피청구인의 폭거로 빚어진 국가적 혼란 상태가 하루빨리 종식되어야 하므로 신속한 심리를 간곡히 요청드립니다.

헌법 수호 최후의 보루이신 헌법재판관님, 대한민국 국가 경쟁력은 바로 국민입니다. 국민들은 위대합니다. 비상계엄 소식을 듣자마자 달려나온 국민들께서 국회 본청까지 쳐들어온 계엄군을 막아서고 장갑차 앞에서 온몸으로 저항했습니다. 국민들이 국회의원들의 본청 출입을 도왔습니다. 이처럼 국민들께서 골든타임을 확보해 주신 덕분에 국회의원들이 계엄 해제 요구안을 통과시킬 수 있었습니다.

오늘날 대한민국이 전 세계의 부러움을 받을 정도로 정치, 경제, 그리고 문화적으로 우뚝 서게 된 것은 한국 현대사를 치열하게 살아내신 우리 선조들과 현재를 살아가는 우리들의 합작품입니다. 이토록 자랑스러운 대한민국을 하루아침에 전 세계 웃음거리로 만든 것이 피청구인의 비상계엄 선포였습니다.

그러나 민주주의를 지켜내려는 국민들의 열망으로 피청구인의 독재 기도를 막아낼 수 있었고, 세계는 다시 대한민국 민주주의의 놀라운 회복력에 주목하고 있습니다. 이 모든 것이 국민들 덕분입니다. 국민 여러분들께 진심으로 감사드립니다.

존경하는 헌법재판관님, 피청구인은 헌법 제69조에 따라 '나는 헌법을 준수하고 국가를 보위하겠다'는 선서를 하고 대통령에 취임했습니다. 그러나 피청구인은 헌법을 수호하기는커녕 헌법을 유린했습니다. 대한민국의 헌법과 민주적 시스템을 송두리째 무너뜨리려 했던 피청구인 윤석열을 왜 파면해야 하는지 그 이유를 말씀드리겠습니다.

첫째, 피청구인 윤석열은 계엄의 조건을 위반했습니다.
헌법 제77조 제1항에 '대통령은 전시 사변 또는 이에 준하는 국가 비상사태에 있어서 병력으로서 군사상의 필요에 응하거나 공공의 안녕, 질서를 유지할 필요가 있을 때에는 법률이 정하는 바에 의하여 계엄을 선포할 수 있다'고 되어 있습니다. 대한민국은 전시 상황도 국가 비상사태도 아니었고, 병력으로서 공공의 안녕, 질서를 유지할 만큼 혼란도 없었습니다. 같은 내용을 규정하고 있는 계엄법 제2조 제2항도 동시에 위반했습니다.

둘째, 피청구인 윤석열은 계엄 선포의 절차를 위반했습니다.

계엄법 제2조 제5항은 '대통령이 계엄을 선포할 때에는 국무회의의 심의를 거쳐야 한다. 제6항, 국방부 장관 또는 행정안전부 장관은 국무총리를 거쳐 대통령에게 계엄의 선포를 건의할 수 있다'고 되어 있고, 헌법 제82조는 '대통령의 국법상 행위는 문서로써 하며, 이 문서에는 국무총리와 관계 국무위원이 부서한다, 군사에 관한 것도 또한 같다'고 되어 있습니다. 현재까지 국무위원들의 증언에 따르면 형식과 절차에 따른 정상적인 국무회의는 없었고, 현재로서는 국무회의 문서도 부존재해 보입니다. 이처럼 피청구인이 선포한 비상계엄은 내용에 앞서 절차 면에서도 전혀 헌법과 계엄법을 따르지 않았습니다.

셋째, 국회는 비상계엄이나 어떤 경우라도 침탈할 수 없음에도 불구하고 위헌, 위법하게 침탈해 국회의 기능을 마비시키려 했습니다. 헌법 제77조 제5항에는 '국회가 재적 의원 과반수의 찬성으로 계엄의 해제를 요구한 때에는 대통령은 이를 해제하여야 한다'고 되어 있습니다.

비상계엄을 해제할 수 있는 곳은 유일하게 국회입니다. 이런 국회의 권한과 권능을 방해하려고 국회를 무장 병력으로 봉쇄하려 했습니다. 이는 명백한 국헌문란 행위, 내란입니다.

넷째, 피청구인 윤석열의 계엄 포고령 1호 제1항, '국회와 지방 의회, 정당의 활동과 정치적 결사, 집회, 시위 등 일체의 정치 활동을 금지한다'는 것은 헌법 제77조 제3항을 정면으로 위반했습니다. 이 조항 어디에도 국회에 관한 특별한 조치를 할 수 없습니다. 이 포고령 1호는 정치 활동의 자유, 정당 활동의 자유를 보장한 헌법 제8조, 언론·출판의 자유를 보장한 헌법 제21조 등을 명백하게 위반 했습니다.

다섯째, 계엄군이 중앙선관위를 위헌, 위법하게 침탈한 것도, 사법부의 주요 인사를 체포, 구금하려고 했던 것도 모두 헌법과 법률을 위배했습니다. 이는 헌법 제77조 제3항, 형법 제91조, 헌법 제114조를 명백히 위반했고, 헌법 제105조, 제106조에서 규정한 사법권의 독립에 정면으로 위반했을 뿐만 아니라 헌법의 삼권 분립 정신에도 위배된다 할 것입니다.

이 밖에도 피청구인 윤석열은 12·3 내란 사태 이후 법관이 발부한 체포영장마저 거부하였고, 극히 일부 지지자들에게 기대어 국가 혼란을 부추기고 있고, 부정선거라는 망상에 사로잡혀 있습니다.

대통령 관저 농성전 때문에 일촉즉발 무력 충돌 사태까지 염려 될 지경이었습니다. 체포되는 순간까지 사법 체계를 불인정했습니다. 피청구인 윤석열이 수사 기관에 저항하는 것을 보면 헌법 수호 의지가 손톱만큼도 없습니다. 만에 하나 탄핵이 기각되어 피청구인이 다시 대통령직에 복직하면 또다시 제2의 비상계엄을 저지를지 모른다는 외심을 반기에 충분한 언행을 계속하고 있습니다.

피청구인 윤석열은 지금도 비상계엄이 고도의 통치 행위로서 사법 심사의 대상이 아니라는 철 지난 이론에 기대어 반성과 성찰을 거부하고 있습니다. 피청구인 윤석열은 아직도 자신이 무슨 잘못을 했는지 모르고 있을 뿐만 아니라 계엄과 독재 시도를 정당화시키려는 궤변을 늘어놓고 있습니다.

그를 파면함으로써 하루빨리 대한민국을 정상으로 돌려놓아야 합니다. 위헌, 위법한 비상계엄을 선포하여 피로써 지켜온 헌법을 총칼로 파괴하려 했던 피청구인 윤석열을 파면함으로써 얻을 헌법 수호의 이익이 여타의 손실보다 압도적으로 크다 할 것입니다.

프랑스 소설가 알베르 카뮈는 '어제의 범죄를 벌하지 않는 것은 내일의 범죄에 용기를 주는 것과 똑같이 어리석은 것이다'라고 일갈한 바 있습니다.

아울러 지연된 정의는 정의가 아닙니다.

자랑스러운 대한민국 민주주의 역사의 여정에서 돌출된 헌법의 적, 민주주의 적이 다시는 준동하지 못하도록 만장일치로, 신속하게 피청구인 윤석열을 파면해 주시기를 바랍니다.

존경하는 헌법재판관님들의 현명한 판결을 기대합니다.

끝까지 경청해 주셔서 감사합니다.

감사의 말

정청래 의원 (국회 소추위원 국회 전 법제사법위원회 위원장)

이번 탄핵심판 과정에서 감사를 표할 분들이 정말 많다. 112일간 동고동락한, 자기 자리에서 최선을 다해 수고해준 모든 분에게 특별히 감사 인사를 전한다. 국회 탄핵소추위원인 나는 이번 탄핵 심리에서 검사 역할이었다. 국회탄핵소추단 11인은 변호인으로 구성된 탄핵소추 대리인단과 완벽한 협업을 통해 탄핵 인용을 이끌어내는 데 큰 역할을 했다. 국회 탄핵소추위원 겸 탄핵소추단 단장인 나를 믿고 함께해준 탄핵소추단 간사 겸 대변인 더불어민주당 최기상 의원과 더불어민주당 박범계 의원, 이춘석 의원, 김기표 의원, 박균택 의원, 박선원 의원, 이성윤 의원, 이용우 의원, 조국혁신당 박은정 의원, 개혁신당 천하람 의원에게 그간의 노고에 감사하단 말을 전한다. 아울러 탄핵소추단 소속 의원 보좌진의 활약과 그 공 또한 매우 컸다. 피청구인이 말한 것 중에 사실과 맞지 않는 것들, 중요한 사건들, 군인들이 했던 행위들을 모든 국회 회의록과 관련 기사를 다 검색하고 샅샅이 찾아내서 정리하고 자료화 했다. 보좌진들이 열심히 뛰며 충실하면서도 신속하게 자료를 마련해준 덕분에 탄핵소추단과 대리인단이 원활하게 탄핵심판에 임할 수 있었다.

　국회 사무처의 협조가 무엇보다도 중요했다. 국회 사무처 김민기 사무총장이 물심양면으로 전폭적 지원을 해줬다. 국회 사무처 기조실은 12월 3일 비상계엄 선포 당시 군인들이 이동했던 통로와 경로를 CCTV로 다 확인하고, 경로를 일일이 그려주어서 증거 확보와 정리에 큰 도움이 되었다. 아울러 기조실장과 기조실 직원들께 감사를 표한다.

　국회 속기사분들에게도 감사 인사를 전한다. 최후 변론 직전까지, 회의록을 헌재에 제때 제출할 수 있게 해준 일등공신이다. 탄핵심판 과정 내내 약 120명 속기사가 퇴근도, 주말도 없이 밤낮으로 회의록을 정리해 대리인단에 넘겨줬다. 탄핵심판 과정 내내 회의가 얼마나 많았겠나. 국방위, 행안위, 법사위, 국조 특위까지 동시에 진행되었는데, 법사위 회의만 해도 한 번 하면 8시간이 넘고, 기록이 몇 백 쪽 이상 나왔다. 한 번에 12~13시간씩 회의한 내용을 그때그때 작업해서, 가본 내용과 맞는지 크로스체크까지 해서 대부분 이틀 안에 말끔하게 정리된 정본을 보내줬다. 그 덕에 대리인단이 자료를 헌법재판소에 제출하고, 그 자료들이 모두 증거로 채택될 수 있었다.

　국회 방호과 직원들께도 감사드린다. 그분들은 12월 3일 비상계엄 당시 침탈을 최전선에서 몸으로 막아낸 분들이다. 탄핵심판 과정에서 방호과 직원 여덟 분 정도가 탄핵소추위원을 밀착 보호했다. 우리가 요청하기도 전에 먼저 동선을 파악하고, 일정이 끝날 때까지 옆에서 지켜주었다. 특히 서부지법 폭동 사태 터지고 나서 긴장감이 높아졌다. 만약 그분들이 없었다면, 정말로 불안하고 두려웠을 것이다.

국회 법사위 수석전문위원, 행정실장과 행정실 직원들의 행정지원이 탄핵심판 과정에서 큰 힘이 됐다. 감사의 마음을 전한다.

탄핵심판 기간에 헌법재판소를 지킨 종로경찰서 최장성 경호팀장을 비롯한 경호팀의 모든 팀원에게 감사하다. 탄핵소추안이 접수된 날부터 선고일까지, 그러니까 112일 넘게 24시간 밖에서 대기하며 헌법재판소 재판관을 비롯해 국회 탄핵소추단, 탄핵소추 대리인단이 헌재에 무사히 올 수 있도록, 재판 진행 과정에서 별일 없도록, 또 안전하게 귀가할 수 있도록 확실하게 책임지고 경호를 해주었다. 그 덕분에 누구도 다치지 않고, 무사히 재판을 끝낼 수 있었다.

2월 25일 11차 변론기일 최종변론 마지막 영상을 만든 제작팀도 빼놓을 수 없다. 12월 3일 비상계엄 선포 이후로부터 두 달이 넘게 지난 시점이라, 피청구인이 한 일을 국민들과 함께 다시 기억하자는 의도로, 전문 영상 제작팀에 의뢰했는데 단 3일 만에 그렇게 수준 높은 영상을 만들어냈다. 무척 바쁜 일정이었음에도 제작팀으로부터 역사의 한 순간에 참여해서 오히려 감사하다는 말을 들었을 때 뭉클했다.

그리고, 행정적인 업무부터 대리인단이 재판정에서 발표한 프레젠테이션 자료 작업까지, 헌신과 능력과 영혼을 다 쏟아낸 윤혜연 보좌관을 비롯한 우리 보좌진에게 특히 감사드린다. 믿고 지켜봐 주신 국민 여러분에게도 진심으로 감사드린다. 탄핵심판 기간에 의원실로 전화가 정말 많이 왔다. 고생한다, 얼마나 힘들었냐, 믿고 있다와 같이 의원들과 보좌진 힘내라고 전화를 주신 거다. 지금 탄핵심판 제대로 하고 있느냐며 꾸짖거나 욕하는 전화는 단 한 통도 없었다. 특히 탄핵심판 선고기일이 지연되면서 아무것도 할 수 없어서 정말 힘들었는데, 그때도 의원실로 '너희가 뭘 잘못해서 그런 게 아니다, 잘될 거다'라는 응원의 전화가 많이 왔다. 그런 시민들이 함께 있었기에 버텼다. 더불어 소극적인 임무 수행과 용기 있는 증언으로 대한민국과 국민을 지켜주신 군인들께 깊은 감사 인사를 전한다.

마지막으로 탄핵심판 과정 내내 능력과 시간과 정성을 쏟은 국회 탄핵소추 대리인단 17분께, 이 자리를 빌려 힘든 여정에 함께 해주셔서 감사하다는 깊은 인사를 다시 한 번 전하고 싶다. 역사는 직진하지 않지만 결코 후퇴하지 않는다. 역사는 전진한다. 정권은 짧고 국민은 영원하다. 정권과 국민이 싸우면 끝내 국민이 승리한다. 국민이 지킨 나라, 아, 대한민국!

국민이 지키는 나라

첫판 1쇄 펴낸날 2025년 7월 7일
5쇄 펴낸날 2025년 7월 25일

지은이 대통령(윤석열) 탄핵소추위원 법률 대리인단, 국회 소추위원 국회 법제사법위원회 위원장
발행인 조한나
기획 김수진
책임편집 김하영 조정현
편집기획 김교석 문해림 김유진 박혜인 함초원
디자인 한승연 성윤정
마케팅 문창운 백윤진 김민영
회계 양여진 김주연

펴낸곳 (주)도서출판 푸른숲
출판등록 2003년 12월 17일 제2003-000032호
주소 서울특별시 마포구 토정로 35-1 2층, 우편번호 04083
전화 02)6392-7871, 2(마케팅부), 02)6392-7873(편집부)
팩스 02)6392-7875
홈페이지 www.prunsoop.co.kr
페이스북 www.facebook.com/prunsoop 인스타그램 @prunsoop

ⓒ대통령(윤석열) 탄핵소추위원 법률 대리인단, 국회 소추위원 국회 법제사법위원회 위원장
ISBN 979-11-7254-067-8 (03300)

* 잘못된 책은 구입하신 서점에서 바꾸어 드립니다.
* 본서의 반품 기한은 2030년 7월 31일까지입니다.